中国少数民族设计全集

The Design Collection of Chinese Ethnic Minorities

东乡族

中国少数民族设计全集编纂委员会　编

图书在版编目（CIP）数据

中国少数民族设计全集. 东乡族／中国少数民族设计全集编纂委员会编；邱珂等著. —太原：山西人民出版社，2019.10
ISBN 978-7-203-11115-3

Ⅰ.①中… Ⅱ.①中…②邱… Ⅲ.①东乡族（古族名）–民族文化–研究–中国 Ⅳ.①K28

中国版本图书馆 CIP 数据核字（2019）第 227636 号

中国少数民族设计全集. 东乡族

编　　　者：	中国少数民族设计全集编纂委员会
著　　　者：	邱　珂　等
责 任 编 辑：	何赵云
复　　　审：	吕绘元
终　　　审：	阎卫斌
装 帧 设 计：	谢　成

出 版 者：	山西人民出版社　人民美术出版社
地　　址：	太原市建设南路 21 号
邮　　编：	030012
发 行 营 销：	0351 – 4922220　4955996　4956039　4922127（传真）
天猫官网：	https://sxrmcbs.tmall.com　电话：0351 – 4922159
E — mail：	sxskcb@163.com　发行部 sxskcb@126.com　总编室
网　　址：	www.sxskcb.com
经 销 者：	山西出版传媒集团·山西人民出版社
承 印 者：	山西出版传媒集团·山西新华印业有限公司
开　　本：	889mm×1194mm　1/16
印　　张：	31
字　　数：	360 千字
印　　数：	1—1 000 册
版　　次：	2019 年 10 月　第 1 版
印　　次：	2019 年 10 月　第 1 次印刷
书　　号：	ISBN 978-7-203-11115-3
定　　价：	380.00 元

如有印装质量问题请与本社联系调换

中国少数民族设计全集编纂委员会

总 主 编（按年龄排序）
　　　　　　张夫也　王立端　戴晋明　廖　军　王　琥　李豫闽　过伟敏　顾　平
　　　　　　王　强　李　岗
执 行 主 编　王　琥
编 务 统 筹　张明山

中国少数民族设计全集编辑工作委员会

主　　任　刘伟冬
编　　委（排名不分先后）
　　　　　　王　琥　王　峰　王　强　王立端　王浩滢　白　波　过伟敏　许　星
　　　　　　许边疆　李　岗　李　丽　李豫闽　成光虎　肖　飞　余　强　汪传跃
　　　　　　罗　力　杨明朗　陈　述　陈见东　邱　珂　胡万明　顾　平　郑　静
　　　　　　郭立忠　姬　莹　张夫也　张泽国　张明山　张秋平　张耀引　梁盛平
　　　　　　樊　进　谢　玮　熊　伟　熊　微　熊建新　蔡克中　葛　芳　鞠　斐
　　　　　　魏　洁　廖　军　戴晋明

中国少数民族设计全集出版工作委员会

主　　任　胡彦威　周　伟
执 行 主 任　姚　军　欧京海
编 务 统 筹　阎卫斌　周小龙
编　　辑（排名不分先后）
　　　　　　王新斐　史美珍　冯　昭　冯灵芝　吉　昊　吕绘元　刘小玲　任秀芳
　　　　　　孙　琳　孙宇欣　李广洁　李建业　李　靖　员荣亮　张小芳　张志杰
　　　　　　张书剑　何赵云　陈俞江　吴春华　武　静　周小龙　柳承旭　郝文霞
　　　　　　赵　玉　赵晓丽　席　青　秦继华　高　雷　郭向南　阎卫斌　崔人杰
　　　　　　傅晓红　蔡咏卉　翟丽娟　樊　中　薛正存　魏　红　魏美荣
整 体 设 计　谢　成

中国少数民族设计全集·东乡族

本册著者　邱　珂　杨明朗　詹伟国　杨晓丹
　　　　　　王　睿　孟永刚
参与撰写　陈炳灿　庄　泓　黄树根　汤繁稀
　　　　　　姚惠婧　张　雪　虞正韬　李雪松
　　　　　　殷君士　许梦露　董　琪　陈　惠
　　　　　　汤丹丹　申　辰　王欣欣　胡浩然
　　　　　　张灿斌　张　明　虞洁琼　赵祎祎
　　　　　　肖巧妮　张婧怡

求同存异　和合共荣

刘伟冬

中华民族，是一个由56个民族组成的大家庭。在漫长的文明发展史中，汉族和各少数民族都为中华文明的繁荣发展贡献了自己的聪明才智。纵观中华文明史，其实就是一部各族群之间"求同存异，和合共荣"的文化演进史。

从根子上讲，4000年前的"中国"，仅指北方中原地区，居住在这里的相传是上古时期黄帝部落和炎帝部落的后裔，故而自称"炎黄子孙"。其时的"中国"，不过是黄河中下游（西起陇山，东至泰山）区域。在千年发展与民族融合之后，尤其是晋末"衣冠南渡"，南迁的中原汉族与南方百越民族彻底融合，来自北方的鲜卑等民族融入汉族，使汉族前所未有地壮大发展，逐渐形成后来疆域辽阔、人口众多、物产繁盛、文化昌明的中华民族的主体族群。特别值得强调的是，自从作为一个民族整体之后，中华民族就从未中断过自己的民族发展史——这在世界历史上是硕果仅存、独一无二的。

中华民族具备兼容并蓄、虚心好学的民族天性。仅以设计学范畴的事例讲：在数千年文明发展历史中，中华民族在不断向外输出优秀的文明成果（如烧造之陶瓷砖瓦、营造之榫卯斗拱、织造之丝绸刺绣、锻造之"失蜡"分模等），影响全人类的日

常生活与生产方式的同时，也不断地吸纳域外各民族的优秀文明成果，如汉魏之印度佛教和西域音乐、隋唐之西亚服饰和家具、宋元之东洋印染和漆艺、明清之西洋机器与建筑……在中华民族内部，这样的文化交流更是从未停止过，而且是风生水起、枝繁叶茂，愈发流畅、深入，中华民族各族群之间"求同存异，和合共荣"的文化大演进，共同创造了中华民族极为灿烂辉煌的造物文明历史。仍以设计学范畴为例：原本是匈奴人发明的单足绳圈，被晋代的汉族人设计成铁质双镫；最早是鲜卑人原创的毡毯卷边，被晋代的汉族人改造成"高桥马鞍"，这宗中国式马具设计案例，被誉为"13世纪中国传入欧洲的最重要文化成果"（李约瑟语）。再如，西域（今新疆地区）是全世界最早的皮靴生产地，哈尼族为主的红河地区出现了全世界最早的梯田。再如，全世界最早的"干栏式建筑"和全世界最早的稻米人工育种、栽培，均起源于长江中下游的百越地区；全世界最早的竹藤编结器物起源于闽越地区……由中华民族共同创造、发明，后来又影响了全人类文明进程的优秀造物设计案例很多，不胜枚举。几千年中华民族的文明史，就是各种文化多元融合、共同发展的最好例证。不了解中华民族内部各族群的文明交流史，就无法真正理解中国文化史，也不能理解为什么中华民族总是能在逆境中成长强大。甚至可以说，能否完整地理解中华民族的文化史，是检验每一个当代中国知识分子（特别是文史哲专业的学者）文化立场的"试金石"。

随着改革开放的逐渐深入，各民族地区的经济与社会状态已发生了天翻地覆的变化。令人遗憾和担心的是，由于各地区政策执行力度不平衡，保护措施不得力，少数民族的文化特性正在逐步衰退，有些地区的少数民族文化特征甚至已经消失殆尽，仅仅

存在于徒具形式，充满口号、标语的民族文化村旅游景点中。有学者预言，再不加快整理抢救工作，中国的少数民族可能在物质形态和文化内涵的特征上，若干年后将不复存在。

从少数民族地区反映古代中国社会某些面貌的文化遗存看，这些少数民族之所以一直与汉族地区差距巨大，存在多方面的原因，其中历代汉族统治者对少数民族的歧视政策是主要原因。此外这些地区本身就处于偏僻荒地，不是沙漠就是山区，自然条件远不及汉族聚集地区，社会发展水平滞后。20世纪50年代，有相当比例的少数民族在当时仍处于原始农耕社会或奴隶制社会，不要说通电、通水、通汽车，不少人一辈子连铁器长什么样都没见过。部分少数民族聚集地的各种自然条件也较差，缺肥少水，基本生活来源，一靠老天爷恩赐的"望天收"农作物；二靠家庭手工作坊制作些竹藤编结物和土织、土陶等土特产来换取粮食；三靠养猪、兔、羊和鸡、鸭、鹅等家禽来换取日用品，如灯油、农具、衣物和油盐酱醋等；四靠为土司、头人和大户们出卖劳力（社会底层奴隶身份），年老即被抛弃。中华人民共和国成立后，党和政府在这些地区实行社会主义改造，打倒以土司、巫师和头人为首的剥削阶级，将土地和生产资料一律收归集体所有，解放了全体少数民族民众，使他们历史上第一次有了自由劳作和生活的权利。

中华人民共和国成立之初，党和政府就高度关注民族事务问题，为如何保护、关心各少数民族制定了一系列方针、政策，也为当代中国社会处理民族问题、保护民族文化树立了光辉典范。中央人民政府政务院于20世纪50年代初发布了《关于民族事务的几项决定》，为新中国民族政策奠定了最初的思想基础，其主要内容是：一、各大行政区军政委员会（人民政府）须指导各有关

省、市、行署人民政府认真推行民族区域自治及民族民主联合政府的政策和制度，并随时向政务院报告推行经验，请示者须事前向政务院请示。二、各大行政区军政委员会（人民政府）须指导各有关省、市、行署人民政府认真并有计划地实行政务院在1950年颁发的《培养少数民族干部试行方案》，并将该项工作进行情况定期加以检查，每半年向政务院报告一次。中央民族学院及西北、西南、中南各军政委员会和新疆省人民政府的民族学院，必须依计划实行，并向政务院报告。三、政务院于1951年下半年适当时间将同时召开有关少数民族的卫生、教育及贸易三个专业会议，责成政务院文教委员会、中财委指导中央卫生部、教育部、贸易部开始筹备，并责成中央民族事务委员会协助进行。有关部门如农业部、文化部也须派人参加。四、责成中央人民政府各委、部、会、院、署、行注意建立有关民族事务的业务。五、在政务院文教委员会内设民族语言文字研究指导委员会，指导和组织少数民族语言文字的研究工作，帮助尚无文字的民族创立文字，帮助文字不完备的民族逐渐充实其文字。六、扩大中央民族事务委员会委员名额，责成中央民族事务委员会提出补充名单的建议，并于1951年下半年召开中央民族事务委员会扩大会议，检查与总结关于推行民族区域自治及民族民主联合政府的经验。

20世纪50年代，中央人民政府和政务院，曾多次组织"中央慰问团""土改工作队"和"普查工作队"等，花费大量人力和物力，深入各少数民族地区，进行了大量较为翔实的社会历史调查。50年代这轮由政府统筹、由中央民委组织行政领导和人类学、社会学专家学者以及民族同志组成工作队与考察队的少数民族大考察活动，1953年正式启动，1956年结束（个别地区延期至1958年才结束）。直接成果之一，就是为1956年国务院公布的55

个少数民族的正式定名和划分，提供了可靠的依据。

从当时考察的资料看，各少数民族的社会发展水平参差不齐，不少民族呈现类似汉族曾经历过的各种历史发展状况，为我们今天考察、了解并研究过去的历史以及各学术分支问题，提供了绝好的活体范本。比如以"设计发生学"研究为例，以山寨（村落）为主的初级社会组织形态，原始手工业在农耕环境中的地位，原始造物的手工技艺与设备、工具等，都是我们极感兴趣的研究对象。

在西北、西南和东北各少数民族聚集地区，有些古时流传下来的本民族手工造物技术，迄今仍保存良好。其吸收了汉族和其他兄弟民族的技术长处之后演变出来的各时段手工造物技术，则印证了各民族互相融合、取长补短的史实。更有些原始手工艺，特别具有艺术和历史研究价值。以维吾尔族人为例，本世纪初，笔者在新疆喀什城艾格孜艾日克老街看到几样手工艺绝活：其一是整条街的维吾尔族乐器店，除了热瓦普、曼陀林和冬不拉等少数维吾尔族知名乐器外，全是些笔者叫不上名来却似曾相识的弹拨乐器和拉弦乐器，于是从心里认可了"西域古乐成就了中国传统民乐"这句话所言不谬。其二是亲眼所见一个拖着鼻涕的不到10岁的维吾尔族小男孩，拿着电砂轮在铜壶上信手飞快地刻着精美细腻的图案，一不要底稿，二没有图纸，真是佩服得五体投地，也相信了"汉族人长于热铸，西域人长于冷锻"这个说法。其三是在喀什近郊著名的大巴扎"金器一条街"上看见近百家金店生意红火，家家门前毡毯上都围坐着一群金店伙计和顾客，正在热烈讨论、共同设计着花样繁多的未来金饰嫁妆，感受到了"中国传统样式的金银首饰工艺，最富有创意的设计和最先进的工艺制作，原来在维吾尔族人手里"这句大实话。还有，笔者

求同存异　和合共荣

在云南景洪县城集市上，曾亲眼见过景颇族老乡用古老的"焖烧法"烧出的红彤彤的土陶——跟笔者一知半解的仰韶彩陶的烧制工艺几乎一模一样。还有，笔者在大西北甘陕宁各省亲眼所见的回族、保安族、裕固族和东乡族老乡巧手做出的那些花样繁多、样式复杂的面塑造型，真是个个精妙绝伦。这方面的事例实在太多了。

50年代的少数民族地区社会大普查，以及半个多世纪以来社会各界对其丰富而珍贵的考察、研究，意义深远，价值极为重大。这些地区客观上保存的较为完整的、与数千年前中国原始社会最初形态近似的许多社会特征，为我们研究社会的最初形态形成和当时的经济、文化、政治的基本状况以及"设计发生学"的相关课题，提供了珍贵的类型学"活化石"范本，价值非凡。改革开放以来，这些少数民族地区也获得了前所未有的巨大发展，人民生活日新月异；但与此同时，少数民族地区的民族性在不可避免地愈发衰减、退化，甚至消失。如果我们再不采取保护措施，若干年后，各少数民族的许多宝贵民族文化遗产将无法挽救地彻底消亡，这部分同属于全人类精神财富和中华民族集体智慧的宝藏，我们将再也看不到了。

在"设计发生学"问题上，我们一向秉持文化多元论的观点，认为人类文明是全世界人民共同创造的，各国家、地区、民族均做出过大小不一、形态各异的贡献；同理，中华民族的灿烂文明是中国的各族人民共同创造的，每个民族都对中华传统文化做出过贡献，也都应当得到尊敬和肯定。中国的各少数民族在中华文明漫长的演化过程中，都曾经以自己独特而充满智慧的文明成果，补充、完善甚至改良着中华文明。比如，古代西域的龟兹古国各民族创造或引自西亚的弹拨乐器和拉弦乐器以及音律、曲

式，彻底改造了中国古代音乐，新创作出代表中国古乐精髓的江南丝竹；南疆的维吾尔族和北疆的哈萨克、塔塔尔、塔吉克等族首创了制革术，并引进古波斯革皮书籍装帧术和制靴术、制毡术、毛衣编结术；海南岛的黎族率先种植棉花并纺织棉布，传入内地后棉织业逐渐形成中国古代手工行业的"天下第一营生"……保护少数民族的民族文化特性，就是保护我们的历史遗产，就是传承我们的文明。我们应进一步发扬文化兼容的优良传统，把振兴中华的百年民族复兴梦，逐步落实为将大中华建设成为中国各民族共同拥有的美好家园。

由上千名来自全国各高等艺术院校的教授、研究生组成的55支团队参与编撰的《中国少数民族设计全集》（55卷），正是有识之士基于对各少数民族的民族文化特性正在快速衰减、消亡的严重现实问题的深切忧虑而进行的抢救、发掘、整理中国少数民族文化遗产的重要文化工程。经过两年精心筹划，六年努力写作，在国家出版基金管理部门的支持下，在山西人民出版社和人民美术出版社的策划和组织下，目前《中国少数民族设计全集》的书稿编撰工作已基本完成，即将付梓。在长达八年的漫长过程中，全国兄弟院校各团队涌现出的各种可歌可泣的事迹经常感动着笔者，并不时鞭策着全体作者克服千难万险，一路向前。有的分卷作者身患绝症仍不眠不休地忘我工作，有的分卷作者遭遇各种意外仍坚持工作。特别是，很多民族同志公而忘私、不计较个人得失，有人不惜将自己赚钱的企业关张歇业，全身心地投入各自所负责分卷的繁重编撰工作中；有人义无反顾地将自己珍藏多年的本民族实物、资料和研究成果无偿提供给相关分卷作者。大家万众一心，克服各种复杂得难以想象的困难，以确保这部凝聚了众人八年心血的巨著，能按计划如期完成。借此机会，笔者谨

求同存异　和合共荣

　　代表本丛书编委会全体成员,向领导、编辑和作者们表示衷心的感谢!

　　作为一项文化创举,笔者深信《中国少数民族设计全集》必将在未来岁月的长期检验中,愈发显现其非凡的、独特的文化价值。

2017年夏季于南京

前言

东乡族是以地理方位命名的少数民族，主要聚居在甘肃临夏东乡族自治县境内，少数散居在积石山保安族、东乡族、撒拉族自治县；在新疆、青海、宁夏等地均有少量定居的东乡族人。

东乡族历来自称"撒塔"，即"撒尔塔"，泛指中亚一带的穆斯林，也就是回民，这些人成为东乡族族源的主体。在历史长河中，"撒尔塔"逐渐与当地回、汉等民族融合而成东乡族。东乡族历史十分悠久，融合发展了多方文化，形成了今天的东乡族。在历史上，东乡族的先民在长期的劳动生产中创造了自己的文化.。东乡族的造物艺术相传源于中亚的工匠。

东乡族的设计造物发展同它的伊斯兰教宗教信仰有密切关系。这种信仰让东乡族在造物艺术方面具有一定的伊斯兰艺术特点，例如服装的色调、样式，手工艺所讲究图案艺术等等；又如清真寺的设计建筑，阿拉伯文书写习惯，都使东乡族的造物艺术和中国其他信奉伊斯兰教的一些民族有相似或相同之处。

东乡族居住的东乡族自治县全境属于黄土高原丘陵地区，四面环河。区域内是纵横交错的山脉。并且东乡族的相当长的各种手工业的传统，甚至在东乡地区有许多地名与工匠有关，如"伊哈赤"即为陶瓷匠之意，"免谷赤"为银匠之意，"阿娄赤"为编织匠之意，"坎迟赤"为麻织匠之意，"阿拉松赤"为皮匠之意，"托木赤"为铁匠之意等等。

《中国少数民族设计全集 东乡族 卷十》传统民居建筑、传统服饰与首饰、传统饮食与餐饮器设计、传统日常生活杂用器物设计、

传统生产工具设计、传统民俗行序及用物设计这七个部分全面系统介绍与东乡族吃、穿、住、用、行息息相关的设计造物活动。全书以设计做为本体，结合人机学、材料学、符号学、社会学、民俗学、考古学等多面学科交叉研究，从多个角度展现和诠释东乡族传统造物设计方法和特征。本卷挑选具有东乡族代表性、典型性的103个案例，以东乡族建筑设计类为开篇，采用实地实景照片、图文并茂的形式加以设计分析。这些案例种类和内容是可以反映东乡族人设计造物的整体面貌和基本特征。

从建筑方面看，东乡族的宗教建筑大体有两种：即清真寺（东乡语中称"麦赤"）和拱北。由于东乡族自治县多为山地，东乡族的清真寺建筑非常紧凑，往往布局一般是"三堂合一"，即礼拜堂（大殿）在中间，水堂和经堂在两边，这样相对功能集中也缩小了占地面积。大门附近，还建有直插云霄的宣礼塔，用来召唤人们做礼拜。大殿的外观建筑有两种，一种是园拱顶这是一种典型的伊斯兰式建筑，园拱顶中高耸起一个小尖顶，上面配有一弯新月，高大堂皇的中央穿顶和月牙，表现出天宇的肃穆气氛，园拱顶给人以庄严感，而小尖顶的月牙又给人以向上升腾的动势。另一种是中国传统的宫殿式建筑，表现出宗教与政治相结合的威严感。大殿内部简洁、朴实，没有雕塑、绘画，象征伊斯兰教不拜偶像，只拜真主的宗教，为了方便于向西礼拜，大殿一律坐西朝东。

拱北是东乡族的老教各教派为其教主修建的陵墓，也是各教派的教主传教的地方。建筑上还有石雕雕刻饰件。这种木雕、石雕、砖雕，最早是由回、汉匠人传入的，后来东乡族人也掌握了这些技术，并融合了自己民族所喜爱的内容与形式。它们有浮雕、透雕等表现形式，一般多用写生的花木和几何图案为内容，不出现人物形象。它们有些作品艺术水平较高。木雕多表现在插梁、飞椽、斗

拱、隔扇，以及门窗的菱花、隔心、绦环方面。雕刻内容多为抽象图案如旋子、六子、梅花、轱辘草等，木雕技法上有阴刻线、浮雕、镂雕等，为建筑物增添了华贵的艺术感。

东乡族人民大部分分散居住在偏远的大山深沟之中。由于东乡族自治县位属于高寒带地区，在与恶劣的自然环境抗争的过程中，形成了独特的建筑风格。所以，通常情况下住在山区的农户大多为独立院落，多为依山而建用一丈多高的围墙围起来的四合院，东乡族人称呼"庄窠"。院内的房屋坐北向南，以北为上房。房屋建筑为土木结构，一门两窗。在东乡族的建筑艺术中，广泛应用木雕和砖雕的工艺。

从服饰方面看，东乡族男子的服装与临夏回族基本相同，但也有其特点。在春秋季节多戴白、黑、驼毛三色号帽。男子多穿短衫（白衬衣）和深色坎肩。老年人多穿"准白"大衣，颜色则以黑、灰、白色为时尚，下穿青色或蓝色的及踝长裤。头戴黄白纱巾（"台丝达日"）。冬季穿羊皮袄御寒，不挂布面。皮袄在袖口、衣襟和下摆缝有黑色或红色的宽边。东乡族妇女服饰相当漂亮，色彩艳丽，喜穿裙子，包头巾，尤喜红色与绣花的装束；有些穿戴与中亚人的服饰习俗较为接近。上着圆领对襟绣花长袍，下穿绣花滚边套裤，足登高跟绣花鞋，头戴盖头。后来，东乡族服饰渐与西北回族相仿，简洁、朴素、大方。东乡族女子的盖头通常有绿、黑、白三种颜色，有青年、中年、老年之分。一般少女和少妇戴绿色的，中年妇女戴黑色的，显得端庄沉稳、质朴厚重，上了年纪的老年妇女戴白色的。东乡族妇女的盖头讲究精美，大部选用丝绸、乔其纱等中高档细料制作，中青年人的盖头多为同色的团花面料，老年的一般为平面面料。中老年妇女在盖头下戴着白色小圆帽。小女孩爱戴圆形折皱帽，帽沿一侧有小穗子。

前言

东乡族人讲究礼节，尊敬老人，热情好客。客人到家，立即请到炕上，沏上冰糖桂圆"三香茶"，端上脆酥香甜的酥盘、馓子、油果，美味可口的"手抓羊肉"。对尊贵的客人还要以"孕鸡娃"相待。东乡族"孕鸡娃"吃法是将鸡解成13块，客人按辈份尊卑享食。鸡尾最珍贵，要让年长者或最尊贵的主客品尝。

从传统手工艺看，东乡族自治县地名中至今保留着许多以工匠命名的村庄。这里绝非一般手工匠人的居住之地，很可能就是那些为蒙古军队服役的回族匠人的扎营地点。尽管元代这些东乡族先祖制作的工艺品很难再看到，但这些地名至少也说明那时已有这些工匠，他们从事着制碗、加工金银首饰、编织、制革、锻铸等手工业生产，内容很丰富，从而给东乡族的造物艺术奠定了基础。

由于东乡族畜牧业发达，其中大量的羊皮毛就成为东乡族人促进了以制褐子和擀毡最负盛名蓬勃发展。经过几百年定居生活，东乡族的手工业到晚清又有了发展，种类有所谓毛毛匠（即制皮毛业）、织褐、擀毡、铁制、石雕等等。所谓擀毡首先是用树条将羊毛弹松，然后将疏松的羊毛用帘子包上。以滚水冲洗，最后将羊毛铺在板上，人工擀匀，一床毡才算制成。可见费工是很大的，三人一天最多只能擀一床毡，尽管辛勤劳作，但效率不高。东乡族的毡匠当时多集中在东岭和大树乡的南北二岭，生活仍然很艰难。制毡业在东乡族中也较普遍，这是因为东乡族自治县处于高寒山区，必须用毡御寒。

从日常生活生产器物和宗教器具看，东乡族崇尚简洁质朴，因而他们的民居中的木质以本色天然为主。室内的生活设施也是较为质朴的家具。一般进门正中靠墙的地方摆放板柜，里面存放食物和衣物等，柜上摆放了茶盘、汤壶、首饰盒等日常生活用品。墙上则悬挂一些阿拉伯文对联或中堂"克尔白"图片。除此之外，家境好的有专门的经堂，宗教器具更为丰富，如拜毯、经架、香炉等。民居中火炕是必备设施，炕上如炕桌、炕桌等一应俱全。

东乡族人住在黄土高原地区，水对东乡族就是弥足珍贵的。喜欢清洁的东乡族，在各家的屋梁上都悬挂着一个沐浴的吊桶，每个房间的阶梯上摆有汤壶，方便他们饭前便后随时能洗手。本卷精选案例包括生活洁具、乐器、生产用具、宗教用品等，从不同种类、不同角度全面解析。

本卷的编撰出版，要感谢各位参编的老师和同学，是他们夜以继日的辛苦付出，才使本卷有机会与读者见面。在暑假的编写过程中，主编、参编人员顶着酷暑，以工作室为家，天天在工作室里奋战。

这里特别感谢南昌大学艺术与设计学院教授杨明朗、副教授吴国荣、副教授郑皓华、王睿老师、万朝红老师、郑惠民老师、九江学院詹伟国以及南昌大学艺术与设计学院硕士研究生黄树根、陈炳灿、姚惠婧、张雪、邹萍秀、汤繁稀、庄泓、虞正韬、邓奔。南昌大学艺术与设计学院本科生李雪松、张灿斌、张明、胡皓然、殷均仕、许梦露、汤丹丹等，为本卷的编撰也付出了许多心血，是他们的热情与付出，才使得本卷得以完成。大家基于共同的兴趣，聚集在一起，朝着既定的目标不懈努力。

编写过程中，全体参编人员收集、整理了若干资料，针对每一个案例都进行了仔细的调研，并得到东乡族自治县劳务输出办公室主任马占明先生和东乡族自治县政协委员马振乾先生对本卷案例的帮助和建议。目的在于将更详实的内容、更准确的信息、更深刻的思考传递给广大读者。在本卷的编撰过程中，参阅了众多学者的论著，本人邱珂于2019年入东南大学艺术学博士后流动站学习，更得到了许多博物馆、图书馆的帮助，也得到了南昌大学艺术与设计学

前言

005

院教授熊兴福、教授吴江的大力支持。

能够参编此书，还要特别感谢全书的执行主编王琥教授的力荐和指导！《中国少数民族设计全集》整套书采用案例图文分析的方式展开，本卷也不例外。对东乡族传统的建筑和服饰、以及设计器具等一系列造物系统的整理和分析，对东乡族设计文化和特色造物的总结，期待对未来设计工作者和爱好者有所启迪。

本卷通过实地考察和文献阅读梳理东乡族设计的脉络发现：东乡族的造物理念凝聚了数代人的经验和智慧，它以特有民族文化特色和造物文明，为我们后辈所深深折服。

由于编者自身学识所限，再者时间、精力有限，虽然整个编撰团队已经夜以继日，辛勤付出，但是书中难免有疏漏或不足之处，恳请广大专家、学者、各界人士批评指正，不胜感激！

目录

第一章　东乡族传统建筑

东乡族东乡县卧龙山石峡口拱北　002
东乡族东乡县唐汪唐家清真大寺　008
东乡族东乡县唐汪汪家清真大寺　013
东乡族东乡县大湾头拱北　017
东乡族东乡县红柳滩清真寺　022
东乡族东乡县达板陈家清真寺　027
东乡族东乡县北庄拱北　031
东乡族东乡县北庄清真寺　035
东乡族东乡县锁南清真大寺　038
东乡族韩泽林拱北　043
东乡族锁南民族小学门房　049
东乡族东乡县伊哈池拱北　054
东乡族东乡县木质民居　059
东乡族东乡县达板民宅　064

第二章　东乡族传统服饰

东乡族黑坎肩　070
东乡族男子服装　073
东乡族毡褂　076
东乡族绣花鞋　080
东乡族"放足"绣花鞋　083
东乡族鞋垫　087
东乡族新娘服装　091
东乡族中年妇女衣服　095
东乡族老妇装　098
东乡族少女服装蓝色　101

东乡族少女服装粉色 106
东乡族少女服装黑色 111
东乡族耳套 116
东乡族夹袄 119
东乡族钱袋 123
东乡族男子钱袋 128
东乡族肚兜 131
东乡族头巾 134
东乡族袜子 137
东乡族绣花枕套 141

第三章 东乡族传统餐饮

东乡族笼屉 146
东乡族酥盘 151
东乡族唐汪川杏干 155
东乡族油罐 158
东乡族陶锅 162
东乡族铜火锅 168
东乡族石那哈（把勺） 172
东乡族锅台 176
东乡族羊肉包子 181
东乡族尕鸡娃 185
东乡族花卷 190
东乡族手抓羊肉 195
东乡族油果 199
东乡族三香茶 205
东乡族铜茶壶 210

　　东乡族铜空锅　215
　　东乡族铜土光　219

第四章　东乡族传统生活用具
　　东乡族六角桶　226
　　东乡族铜炭火壶　232
　　东乡族咪咪　238
　　东乡族厨柜　243
　　东乡族米柜　249
　　东乡族几案　254
　　东乡族付盖阿拉松箱子　258
　　东乡族炕桌　263
　　东乡族栲栳　267
　　东乡族烙铁　272
　　东乡族柳条箱　277
　　东乡族托松罐罐　283
　　东乡族托松葫芦　288
　　东乡族熨斗　292
　　东乡族粘土烛蜡　297
　　东乡族撒木撒钵　300
　　东乡族铜汤甘　304
　　东乡族牙签套件　308
　　东乡族什雅　312
　　东乡族佛勒　317
　　东乡族毛巾架　321
　　东乡族梳妆盒　326
　　东乡族灯罩　331

东乡族马镫　335
东乡族木柜　339

第五章　东乡族传统生产工具

东乡族独轮车　344
东乡族单铧犁　350
东乡族井车　355
东乡族短柄米榔头　361
东乡族草叉　365
东乡族宽锄　368
东乡族耧　372
东乡族草墩　376
东乡族船磨　380
东乡族土坯拓子　385
东乡族小牵钻　389
东乡族皮匠工具　393
东乡族火药工具　397
东乡族堪池扎——铡刀　402
东乡族筛子　406
东乡族升子　410

第六章　东乡族传统手工艺

东乡族擀毡　416
东乡族石雕　422
东乡族砖雕　426
东乡族木雕　431
东乡族剪纸　436

  东乡族草叶纹四系瓷罐　441
  东乡族开天古教砖雕　447
  东乡族梅瓶　450

第七章　东乡族传统民俗
  东乡族拜毯　456
  东乡族木香瓶　462
  东乡族香炉　466

第一章 东乡族传统建筑

东乡族东乡县卧龙山石峡口拱北

图一 东乡族东乡县卧龙山石峡口拱北主图1

本案例采集自甘肃省东乡县卧龙山石峡口。卧龙山石峡口拱北位于甘肃省临夏州洮河之滨的东乡县唐汪镇卧龙山，占地面积40多亩。拱北始建于清嘉庆年间，民国17年（1928年）初被毁。复建后，1958年再毁。1978年后陆续建设。拱北依山傍水，地理位置极其优越。拱北的建筑格局更是气势宏伟，建筑风格集伊斯兰文化和我国古典建筑为一体。

卧龙山石峡口拱北主要墓主人是穆罕默德·罕乃非耶。民间有一个这样的传说，卧龙山石峡口拱北是教众为了纪念先贤穆罕默德十九世后裔罕乃非耶修了墓冢。先贤于宋元之际从波斯来到中国，当时唐汪川正遭遇水患，水患危害着住在唐汪川的各族人民的生活和生产，罕乃非耶引导群众疏通河水，导其入峡，后来水患才得以逐渐解除。石峡口拱北经过多年精心重建，雕梁画栋，飞檐翘角，建筑中融合了竹菊、松树、牡丹、龙凤、麒麟等多种图案。石峡口拱北现在已是上下八卦两栋三层砖木结构的气势磅礴建筑，包括二层楼房12间和过庭、宿舍、厨房等建筑设施80多间。新建的石峡口拱北不但修建了一座礼拜大殿，还有别具一格的八卦墓庐，走在拱北内可感受到楼台、庭院、走廊的肃穆森严。新石峡口拱北有石墙三道，均长达百米，且均接通水电。站在石峡口卧龙山花岗岩平台上，壮丽的景观一览无遗：俯瞰茅陇峡洮河水汹涌翻滚，远眺吧咪山连绵起伏，回首可见绿树成荫、鸟语花香的唐汪川全景，使人心旷神怡，流连忘返。

卧龙山石峡口拱北是中阿结合、现代设施为一体的格局新颖的建筑，现在也是临夏地区的名胜古迹之一。据大拱北清真根源记载：石峡口拱北是中国伊斯兰教嘎吉忍耶教众东下中原的圣地。

图片来源
图一、图二、图九至图十　邱珂　摄影、制图
图三至图八　董琪　制图

图二　东乡族东乡县卧龙山石峡口拱北主图2

图三　东乡族东乡县卧龙山石峡口拱北线描图

图四　东乡族东乡县卧龙山石峡口拱北线描图

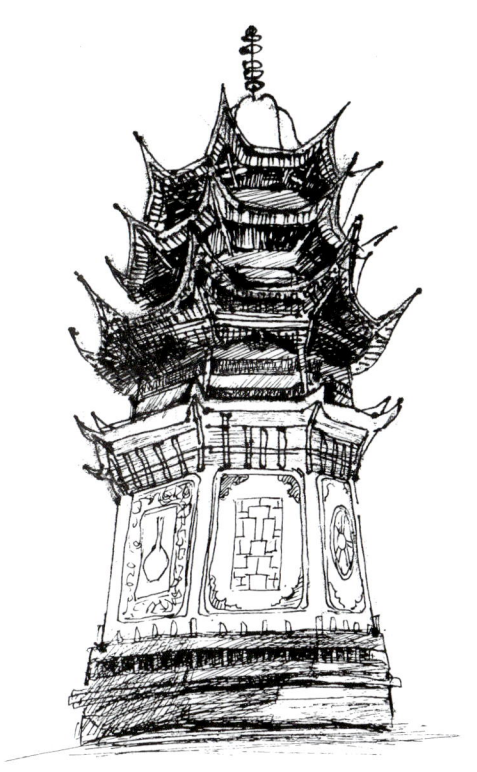

图五　东乡族东乡县卧龙山石峡口拱北——金顶线描图

图六　东乡族东乡县卧龙山石峡口拱北——大门手绘图

第一章　东乡族传统建筑

005

图七　东乡族东乡县卧龙山石峡口拱北——翘檐木雕手绘图

图八　东乡族东乡县卧龙山石峡口拱北细节图

图九　东乡族东乡县卧龙山石峡口拱北入口细节图

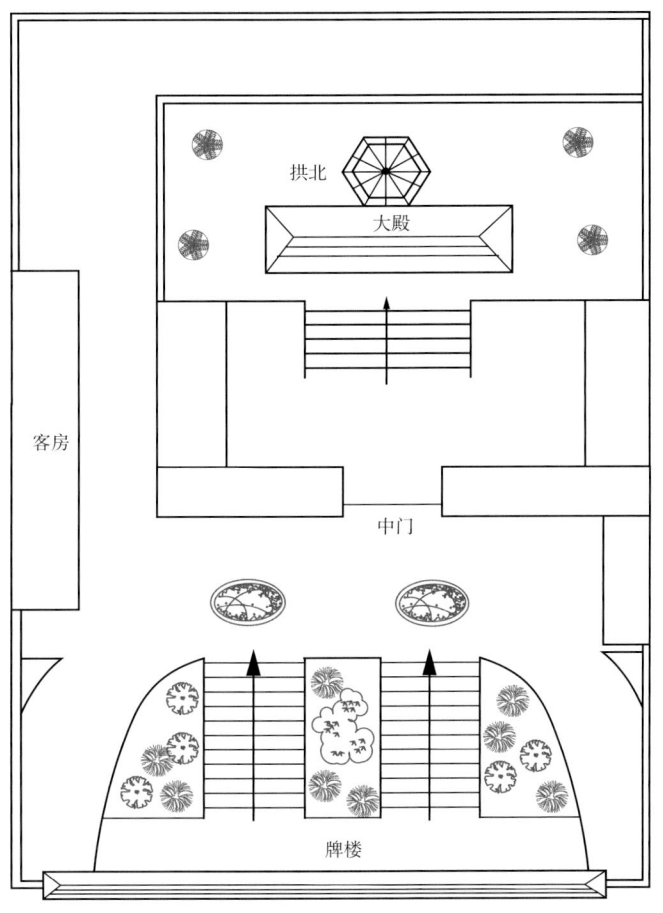

图十　东乡族东乡县卧龙山石峡口拱北平面图

东乡族东乡县唐汪唐家清真大寺

图一　东乡族东乡县唐汪唐家清真大寺——礼拜殿主图

本案例为甘肃省临夏东乡县唐汪乡唐家清真大寺。唐家清真大寺位于东乡县唐汪乡，大寺建筑包括礼拜大殿、宣礼塔、讲经堂等，整座建筑是一座典型的现代阿拉伯式风格与欧式风格结合的建筑。

靠近唐家清真大寺，可看到大寺门之上是一座高五层的宣礼塔，宣礼塔与寺门合二为一。宣礼塔是一座通体白色的建筑，建筑正面饰有"唐家大寺"四个大字，建筑窗户的形式是半圆顶式，宣礼塔最吸引人之处是塔体的正反两面四五层之间各建有一圆形大钟，而建筑的塔顶为一低矮半圆球形，半圆球形塔顶中间有一细长钢结构尖顶，直指蓝天。踏入寺门，可看到左面为一座礼拜大殿，礼拜大殿是一座通体白色的建筑，建筑面宽五间，建筑正面有白色立柱四根，立柱的柱顶为莲花状，均漆为黄色，立柱支撑着整个殿顶，殿檐下方的正面有一蓝色巨匾，巨匾上用阿拉伯文库法体书写着"清真言"，礼拜大殿顶正中是一座有二层楼高白色宣礼塔状建筑，其形制跟正殿类似，由白色立柱支撑，立柱为黄色，顶部也有一低矮圆包饰其笔直尖顶，大殿两侧各建有一座三层高宣礼塔状附属建筑。唐家清真大寺的正对面是一栋二层高的平顶楼房，楼房为白色钢混结构，楼房通体白色立柱，立柱之间用仿木结构水泥装饰成半圆形，前出檐。唐家清真大寺整座建筑布局加上全体白色的装饰，给人以洁净、震撼、肃穆之感，也让人感到清真大寺的奥妙无穷。唐家清真大寺大门上方的宣礼塔融入了西方教堂风格，不但具有古典的感觉，且建筑显得小巧玲珑。唐家清真大寺的大殿和宣礼塔的建筑风格标新立异，建筑采用乳白色大理石饰之，建筑色泽简洁明快。

唐家清真大寺是信奉伊斯兰教的东乡族人进行宗教生活的重要场所之一。

图片来源
图一、图三、图五至图八　邱珂　摄影、制图
图二、图四　董琪　制图
图九　邹萍秀　制图

图二　东乡族东乡县唐汪唐家清真大寺——礼拜殿手绘上色图

图三 东乡族东乡县唐汪唐家清真大寺——宣礼阁

图四 东乡族东乡县唐汪唐家清真大寺——宣礼阁手绘线稿图

图五　东乡族东乡县唐汪唐家清真大寺——礼拜殿内景图1

图六　东乡族东乡县唐汪唐家清真大寺——礼拜殿内景图2

图七 东乡族东乡县唐汪唐家清真大寺——礼拜寺

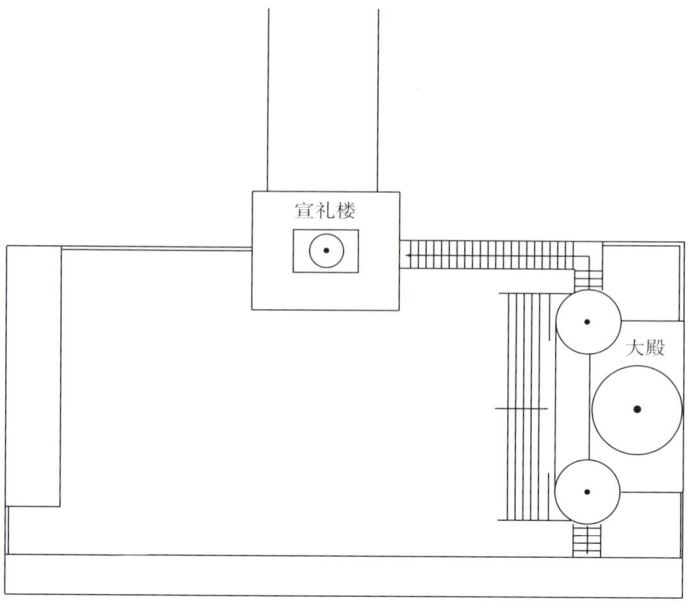

图八 东乡族东乡县唐汪唐家清真大寺平面图

图九 东乡族东乡县唐汪唐家清真大寺立面图

东乡族东乡县唐汪汪家清真大寺

图一 东乡族东乡县唐汪汪家清真大寺主图

本案例为甘肃省临夏东乡县唐汪汪家清真大寺。汪家大寺位于唐汪乡汪家村。始建于清，后几经劫难，复建于1982年，占地2.5亩，大殿7间，唤醒楼5层，学房20间，四大门宣联合者麻提360户、1750人。

汪家清真大寺现占地面积4.5亩，建筑总面积2000平方米，为宫殿式建筑群落。寺门设计精巧，挺拔高耸，飞檐翘角，门上方饰有"汪家清真大寺"六字。往里走是汪家清真大寺的宣礼塔，宣礼塔正对寺门，为砖木结构，高五层，六角攒尖顶，铺盖灰筒瓦，绿琉璃剪边，顶冠以堆花绿琉璃宝瓶。宣礼塔底层，其一对联书："天命至尊身体力行始悟箴言，认主独一口诵心随唤醒笃诚。"礼拜大殿在宣礼塔的后方，该寺大殿和大门以及大门之上的宣礼塔都是按照传统建筑模式修建的，主要使用木料、砖块、水泥等混合而成。大殿为传统的单檐庑殿式房屋。内部宽阔而狭长，大殿屋脊上方没有饰以月牙。殿檐下漆为桔黄色，不饰其它颜色，殿四角高翘，上覆绿色琉璃瓦，顶配三组宝瓶。大殿前有8根柱子，上面有卷棚，雕梁画栋，飞檐翘头。大殿屋面峻拔陡峭，四角轻盈翘起，玲珑精巧、气势非凡，它有着庞殿建筑雄浑的气势。大殿内部宽敞、简洁、朴实,可同时容纳几百人做礼拜,没有动物雕塑、绘画,象征伊斯兰教不拜偶像,只拜真主。置身于汪家清真寺内可感受到寺院内树木葱郁,幽雅洁静。

汪家清真大寺是伊斯兰文化与我国传统文化交融的产物。它气势恢宏,庄重古朴的建筑风格是临夏东乡地区较为常见的传统式建筑,这种清真寺既反映了民族性,又富有中国化,是具有时代精神的传统建筑文化。

图片来源
图一至图二、图五至图七　邱珂　摄影、制图
图三至图四　董琪　制图

图二　东乡族东乡县唐汪汪家清真大寺——大门

图三 东乡族东乡县唐汪汪家清真大寺——宣礼阁

图四 东乡族东乡县唐汪汪家清真大寺——宣礼阁手绘线稿图

图五 东乡族东乡县唐汪汪家清真大寺建筑细节图

图六 东乡族东乡县唐汪汪家清真大寺建筑细节图

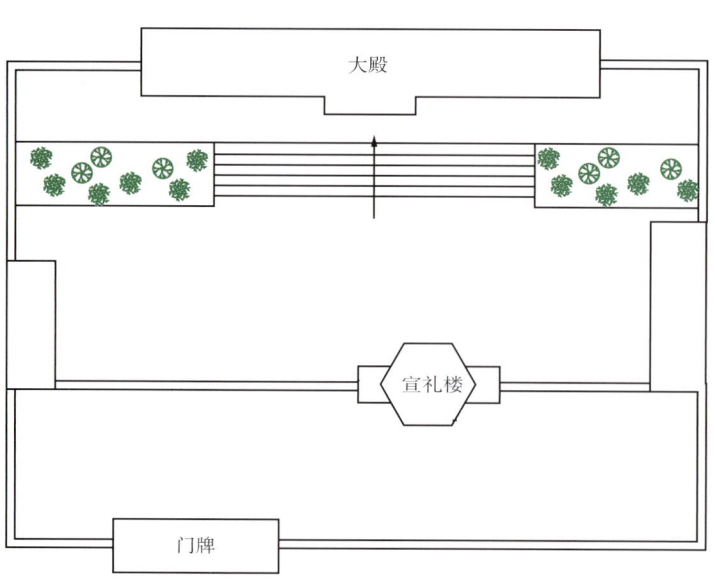

图七 东乡族东乡县唐汪汪家清真大寺平面图

东乡族东乡县大湾头拱北

图一　东乡族东乡县大湾头拱北主图1

本案例为甘肃临夏东乡县大湾头拱北。大湾头拱北是一座位于北岭乡湾头村的大拱北，它始建于清代初，后来经历了多次修建、扩建、复建、再建，现在已经是一座占地面积3亩，且建有砖木结构八卦亭16间的大拱北，此拱北的墓主人系库布忍耶门宦10代掌教人和先哲。东乡县大湾头拱北建筑因其山势原因，所以从山门到墓庐这段距离，整体建筑参差不齐，且其自然环境与中轴线相结合的平面布局使四个墓庐左右对称，前后呼应，整体建筑与周围环境巧妙地融合在一起。

东乡县大湾头拱北主要是张姓穆斯林，所以也叫大湾头门宦或张门门宦。纵观大湾头拱北可发现其建筑装饰较为独特。大湾头拱北的大门的建筑风格是仿阿拉伯式的圆拱顶式建筑，大门两侧和顶部都刻有文字，为汉文和阿拉伯文书法，大门两侧有绿色石狮各一座，其下有各种图案石雕。石狮在大湾头拱北的建筑中出现显得极为特别，因为伊斯兰教反对塑造具有生命的物体，所以可发现在伊斯兰文化中极少有生命体的图案出现，而石狮最早源于古波斯，传入我国后成为了我国传统文化中的吉祥物，但该门宦在拱北门旁立石狮，充分体现了该门宦受中国传统文化影响的程度之深，且在中国伊斯兰教史上是前所未有的。在拱北门前立石狮，象征了镇宁整座建筑之意。一进入大门，可以看见一座庭院，庭院中正对大门为一六边形砖木结构的拱北主体建筑，建筑正面牌匾上书"源至造化"，建筑结构为重檐式，彩绘斗拱带垂柱，瓦顶采用绿琉璃材质，顶部有一组宝瓶。庭院还有一座亭子，亭子建筑形式为六角攒尖式重檐状，底座为六边形，斗拱带垂柱，梁枋彩绘，木雕图案甚多，瓦顶也采用绿琉璃材质，顶部饰宝瓶。建筑中主体拱经底部砖雕多幅，其中鱼跃龙门图形象生动地向人们展现了一条鲤鱼很自在地游荡在水波中，其上又有一巨龙凝视着这条大鱼，龙目狰狞，极富象征性；又有一幅葡萄图，雕刻得形象生动，树体枝叶繁茂，葡萄果实累累，好一派丰收的景象。

东乡县大湾头拱北建筑，现在已不是单纯的陵墓建筑，它的建筑物除坟墓及其覆盖建筑外，还包括静室、礼拜大殿及居室等。另外，大湾头拱北建筑形式和风格也发生了变化，坟墓之上的建筑物，已不是单纯的拱顶形建筑物，而是广泛采用中国传统的亭台楼阁建筑形制。

图片来源
图一至图九　董琪　制图

图二　东乡族东乡县大湾头拱北主图2

图三　东乡族东乡县大湾头拱北主图3

图四　东乡族东乡县大湾头拱北——大门

图五　东乡族东乡县大湾头拱北手绘上色图1

第一章　东乡族传统建筑

图六　东乡族东乡县大湾头拱北手绘上色图2

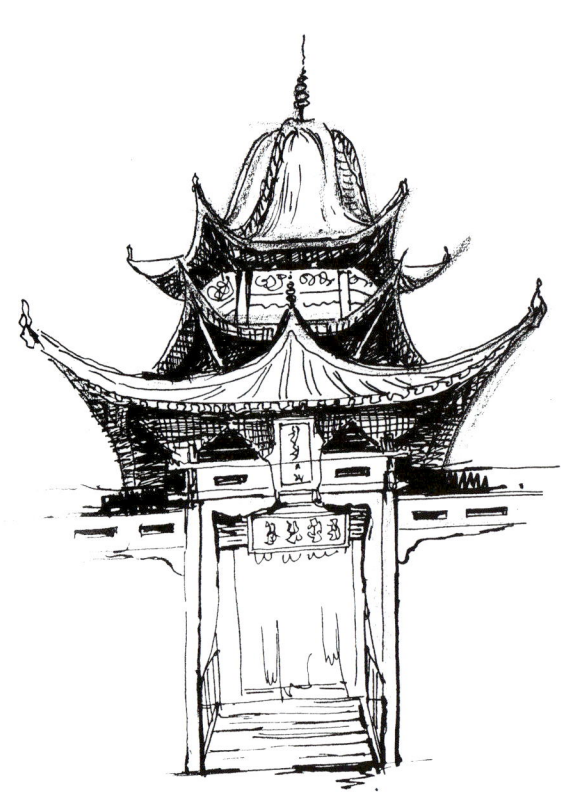

图七　东乡族东乡县大湾头拱北手绘线稿图

图八　东乡族东乡县大湾头拱北——大门手绘线稿图

图九　东乡族东乡县大湾头拱北——金顶手绘线稿图

东乡族东乡县红柳滩清真寺

图一　东乡族东乡县红柳滩清真寺主图

本案例为甘肃临夏东乡县红柳滩清真寺。红柳滩清真寺为传统式建筑。中国传统殿宇式建筑形式广泛用于宫殿、宗教建筑中，它的特征是以砖木为主要构材，梁柱式，与国外的建筑迥异，以斗拱为结构关键，屋顶坡面，脊端及檐边、转角各种曲线，柔和壮丽，为我国建筑之冠冕。殿宇往往建于台基之上，与崇峻屋瓦互为呼应，房屋正面为并立木质楹柱与玲珑窗户相间而成，鲜用墙壁，左右两面如为山墙，则又少有开窗辟门者；主要殿堂有其附属建筑物，联络周绕，如厢、夹室、廊庑、前殿、山门等；其装饰原则有严格规定，分化结构，保留素面，以冷色青绿与纯丹作反衬，在建筑物外部，彩画装饰之处，均约束于檐影下之斗拱横额及柱头部分；平面布局通常均取左右均齐之绝对整齐对称之布局。

红柳滩清真寺作为传统殿宇式清真寺之一，它的院落幽深、方正整齐，大殿位置显赫，居于正中台基之上，两边配以厢房，屋顶为硬山顶，大门及大殿门柱上饰以对联；清真寺大殿前檐有飞椽，屋顶置阴阳瓦，殿前设有金柱。清真寺宣礼楼为六角建筑，顶多为攒尖顶，以围栏保护安全，没有墙面。由于临夏砖雕、木雕名声远播，尤其擅长亭台楼阁、清真寺等的建筑，所以我们从清真寺可以看到尤其注重礼拜殿和宣礼楼的精雕细刻。

红柳滩清真寺　直到今天依旧保持着古典的风貌，为临夏清真寺文化平添了古朴凝重典雅的魅力。

图片来源
图一、图三、图五至图九　邱珂　制图
图二、图四、图十　曹易　制图

图二　东乡族东乡县红柳滩清真寺手绘上色图

图三　东乡族东乡县红柳滩清真寺——宣礼阁　　　　图四　东乡族东乡县红柳滩清真寺——宣礼阁手绘线稿图

图五　东乡族东乡县红柳滩清真寺——宣礼阁细节图

图六 东乡族东乡县红柳滩清真寺建筑细节图1

图七 东乡族东乡县红柳滩清真寺建筑细节图2

图八 东乡族东乡县红柳滩清真寺外立面砖雕

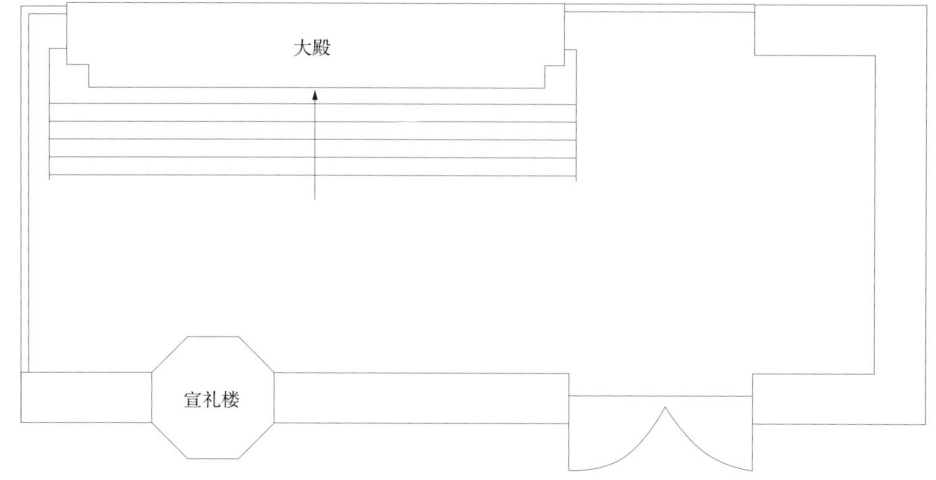

图九　东乡族东乡县红柳滩清真寺平面图

图十　东乡族东乡县红柳滩清真寺——宣礼阁线稿图

东乡族东乡县达板陈家清真寺

图一　东乡族东乡县达板陈家清真寺主图

本案例为甘肃临夏东乡县达板陈家清真寺，位于甘肃省临夏回族自治州东乡县达板镇。东乡县达板陈家清真寺建筑风格属于传统建筑，是临夏地区传统建筑清真寺之一。

达板陈家清真寺拥有着古色古香的宫殿式庭院，飞檐翘角参差不齐，饶有情趣，建筑墙上雕刻着雕工精湛的砖雕、木雕和彩绘图案，绿瓦红柱搭配大殿配殿的大木起脊式建筑和斗拱屋顶带前卷及后殿，使整个建筑显得古朴典雅、宁静庄重。

达板清真寺的主体建筑礼拜大殿，它虽然继承了中国传统建筑的形貌特征、结构体系等，但在空间造型上具有一定的创造性。礼拜大殿是供集体礼拜的地方，要求有足够的空间可以容纳足够的人在里面做礼拜。为解决这个问题，穆斯林建筑工匠在中国传统的屋顶形制基础上，创造了一种独特的"勾连搭"形式，即把一个大屋顶分成三个小屋顶，将四面坡屋顶连成一体，正脊部分则形成三起两落之势，这样既降低了屋顶的高度，又拓展了殿内空间。这种"勾连搭"形式是中国其他古典建筑所不具有的，是一种独具特色的造型，是中国传统建筑与伊斯兰教宗教要求结合的产物，是几百年来穆斯林建筑师的精心杰作，在中国古代建筑史上也占有重要地位。

东乡达板陈家清真寺是伊斯兰文化与中国传统的文化交融的产物。"伊斯兰教与中国传统文化相融的结果决定了传统清真寺以'顺从'的方式对中国传统建筑的基本观念、形式、方法加以继承。然而，这种继承并不是简单地复制，或是完全因袭，而是一种创新，这种创新，也正是智慧的闪光。"

图片来源
图一至图二、图四至图八　邱珂　摄影、制图
图三　董琪　制图

图二　东乡族东乡县达板陈家清真寺

图三　东乡族东乡县达板陈家清真寺手绘上色图

图四　东乡族东乡县达板陈家清真寺建筑细节图

图五　东乡族东乡县达板陈家清真寺大殿内景图1

图六 东乡族东乡县达板陈家清真寺大殿内景图2

图七 东乡族东乡县达板陈家清真寺大殿内景图3

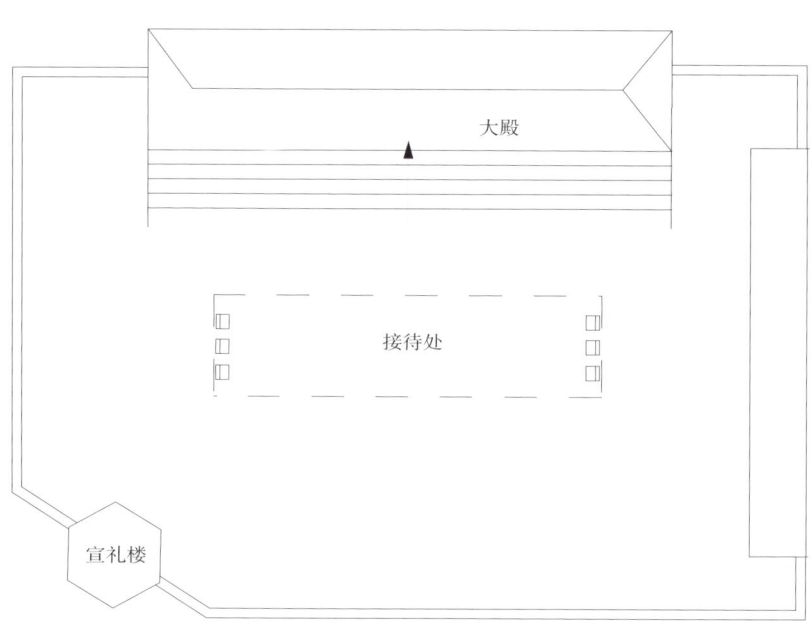
图八 东乡族东乡县达板陈家清真寺平面图

东乡族东乡县北庄拱北

图一 东乡族东乡县北庄拱北主图

本案例为甘肃临夏东乡县北庄拱北。北庄拱北位于春台乡北庄村，始建于清道光年间，复建于1987年，占地0.5亩。东乡县北庄拱北建在深山谷中、偏僻寂静、人烟稀少之处。北庄拱北建筑是南北朝向的，坐南朝北，墓亭在整个拱北建筑的最北侧。北庄门宦拱北属虎非耶学派，是整个临夏地区非常有名的门宦。

北庄拱北有着中国传统式亭子的大屋顶，显得分外显眼，屋檐翘角，优美的弧线让人不忍移目他视。走进拱北，可以看到拱北内八卦亭前的走廊里竖立着两通碑，一通为汉文，一通为阿拉伯文和波斯文，原碑立于光绪年间，现碑为复刻。碑文《建修北庄马太公追远亭碑记》，叙述了北庄门宦创立的过程，该碑中阿合璧，是临夏金石历史上的名碑。北庄拱北中阿合璧式建筑"拱北"是伊斯兰教格迪目（老教）各教派为其教主和先贤修建的陵墓，也是各教派教主传教的地方。虽然北庄拱北的墓亭和诵经殿是两个建筑体，但却是连接在一起的，在诵经殿内部由一道门相隔。墓亭是六角的宝塔形建筑，用砖堆砌为盔顶状。

墓亭在外部看到是三层的宝塔，其实内部是空心、通高的，而诵经殿则运用了木质抬梁结构建筑而成。历代传教继承人的棺椁共同放置在一座类似亭子的歇山顶式建筑内，此建筑四面没有围墙，只有立柱及栏杆，建筑体量极大。

东乡北庄拱北的建筑外观形式使人直观地感受到建筑艺术之美，而它展示出的中阿合璧、伊儒交融的内涵则让人深思。

图片来源
图一、图二、图四至图八　邱珂　摄影、制图
图三　董琪　制图

图二　东乡族东乡县北庄拱北手绘上色图

图三　东乡族东乡县北庄拱北——
　　　大殿翘檐手绘线稿图

图四　东乡族东乡县北庄拱北——牌坊门手绘线稿图

图三　东乡族东乡县北庄清真寺手绘上色图1

图四　东乡族东乡县北庄清真寺手绘上色图2

东乡族东乡县锁南清真大寺

图一 东乡族东乡县锁南清真大寺主图1

本案例为甘肃省临夏东乡县锁南清真大寺。它位于东乡县城之东端，大殿是由工厂厂房改建的，屋架还是原封未动的钢木屋架。室内米哈拉布布置简单。另外在大殿东侧搭设了轻钢屋架临时用的凉棚，很生动形象地反映了大殿功能发展演变的过程。唯独位于大殿背侧的邦克楼做得比较用心，是中国传统建筑形式，六角三层，下层全部封闭成室，二三层全部开敞，形如凉亭。

锁南清真寺建筑的布局是"三堂合一"，即礼拜堂在中间，水堂和经堂在两边。其中礼拜堂的奠基较高，需拾级而上。在清真寺大门处还建有一幢细细高高的宣礼塔，用来召唤教徒做礼拜。大殿的建筑风格属于传统性建筑。礼拜大殿是大木起脊式的，大殿由前卷棚、大殿殿身和后窑殿三部分组成，这三部分都有起脊的屋顶，上面用勾连搭的形式连在一起，形成一座完整统一而又起伏灵活的大殿建筑。大殿的装饰都用白色瓷砖，斗拱为彩绘木料，柱子也是木头。雕刻有牡丹、荷花、菊花、梅花、竹子，分别象征着春、夏、秋、冬四季，彩绘主要以绿色为主，配黄、蓝、白及少量红色。礼拜堂内简洁朴实，没有雕塑、绘画，象征伊斯兰教不拜偶像，只拜真主。大殿为了方便向西礼拜，礼拜堂一律坐西朝东。

东乡县锁南镇上的好几所清真寺，虽然教派不一，但和锁南清真大寺一样都是传统式的建筑风格。

图片来源
图一至图九　邱珂　摄影、制图

图二　东乡族东乡县锁南清真大寺主图2

图三　东乡族东乡县锁南清真大寺主图3

图四　东乡族东乡县锁南清真大寺建筑细节图

图五　东乡族东乡县锁南清真大寺大殿

图六 东乡族东乡县锁南清真大寺宣礼阁

图七 东乡族东乡县锁南清真大寺宣礼阁细节图

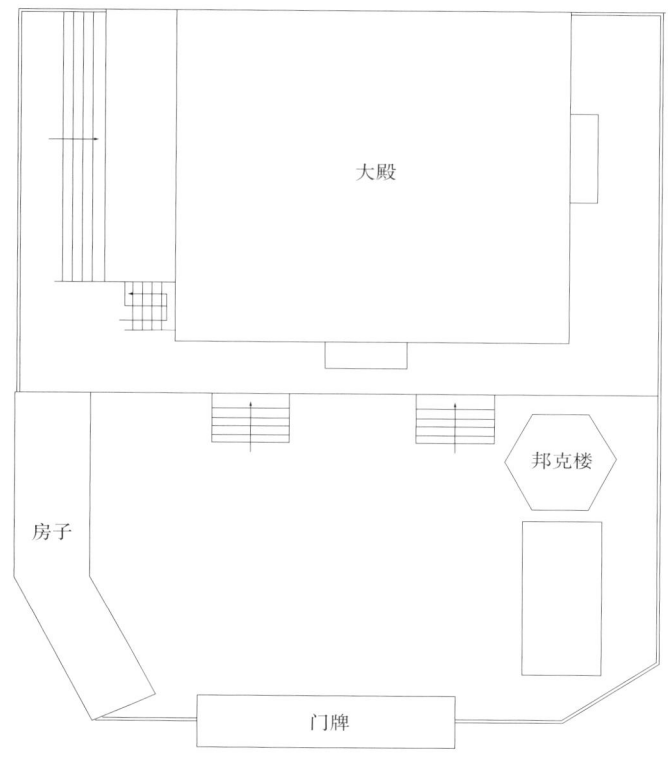

图八　东乡族东乡县锁南清真大寺平面图

图九　东乡族东乡县锁南清真大寺建筑细节图

东乡族韩泽林拱北

图一　东乡族韩泽林拱北主图

本案例为韩泽林拱北。韩泽林拱北位于坪庄乡韩则岭村，始建于元代，第一次复建于清道光二十四年（1844年）；第二次复建于清同治年间；第三次复建于民国17年（1928年）；第四次复建于1983年。历经600余年，经受几度兵荒，遂使多年胜迹、匾额、石碑、各种手书经典毁于一旦，荡然无存，后来拨乱反正，恢复宗教活动，历经6年修葺一新，恢复了原貌。现占地1.2亩，砖木结构三层八卦一座，亭子3间，房屋13间。如今显得更加富丽堂皇，巍峨庄严。韩泽林拱北的墓主人哈木则系40个舍黑·古杜布之一，阿拉伯人。

在临夏，拱北建筑很少是以单体建筑独立存在的，为了满足宗教功能、审美要求，往往是把几座不同类型、不同材质的单体建筑组合起来，形成不同规模的建筑娇贵，使主体建筑、附属建筑和周围环境配置有序，高低错落，色调和谐，布局紧凑而富于变化。此案例韩泽林拱北也是由几座不同类型的单体建筑组合起来的。韩泽林拱北位置相对较偏，依山势而建，与城市主要道路的联系不十分密切，大都在支路的尽头，因此保持了寺内的清静之感。建筑朝向大体为南北向，整个院落坐北朝南，墓亭在建筑最北，大门位于建筑东南角。拱北院内外常以栽植树木、花草来装饰美化环境。这里古树参天，松柏长青，鲜花盛开，使拱北显得古朴幽静，庄严肃穆，起到了拱北建筑所要求的精神作用。拱北中墓庐是整个拱北建筑群中的主体建筑，也是整个拱北建筑群的核心。韩泽林拱北墓庐为八边形建筑，斗拱带垂柱，通体饰以橘黄色油漆，上覆绿琉璃瓦，整座建筑隐藏在花草树木之中，幽静典雅。主体拱北底层各面均有精美砖雕，其中一幅为阿拉伯文书法体。

韩泽林拱北建筑，不论在艺术创造还是建筑特色方面都显得别出心裁，是一件相当成功的作品。

图片来源
图一至图六、图十　邱珂　摄影、制图
图七至图九　董琪　制图
图十一　邹萍秀　制图

图二　东乡族韩泽林拱北建筑细节图1

图三　东乡族韩泽林拱北建筑细节图2

图四　东乡族韩泽林拱北侧门图

图五　东乡族韩泽林拱北正门图

图六　东乡族韩泽林拱北照壁图

图七　东乡族韩泽林拱北入口手绘效果图1

图八　东乡族韩泽林拱北照壁手绘效果图2

图九　东乡族韩泽林拱北大殿手绘效果图3

第一章　东乡族传统建筑

047

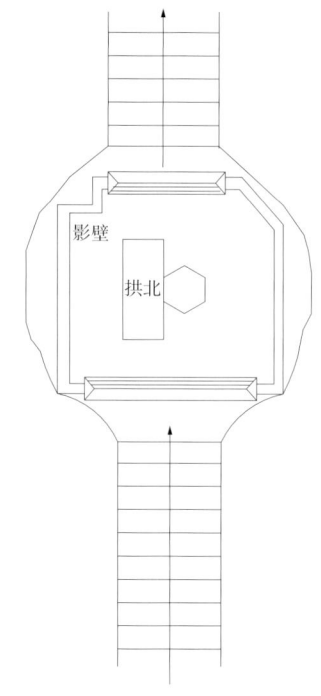

图十　东乡族韩泽林拱北平面图

图十一　东乡族韩泽林拱北线稿图

东乡族锁南民族小学门房

图一　东乡族锁南民族小学门房主图1

东乡族自治县锁南民族小学是锁南镇中心小学，其前身是1928年由锁南坝地方贤达马吾山任校长时所建的导河县第二区第二高级小学。1942年东乡上层人士马国汉、马文锦等资助改办为国民县立锁南坝高级小学，1945年改校名为私立青云第七小学，1948年改名为国立西北师范学校山寨小学校，中华人民共和国成立后选校址于现址重建，1950年定校名为东乡自治区锁南完全小学，1969年将锁南女子小学并入，1981年进行了改扩建，易名为锁南民族小学。

锁南民族小学的门房是一个保存完好的古代建筑，它不仅层架结构、屋脊、屋檐的装饰艺术具有浓郁的地方民族特色，而且局部装饰艺术、砖雕、木刻也让人叹为精湛，其中砖雕艺术更是全国闻名，在当地的民居及寺院中使用广泛。砖雕和木雕的题材不尽相同，艺术风格有相似之处，都力求精致、细腻。但砖雕更强调立体感，雕刻作品更为写实。砖雕图案装饰性很强。走近民族小学，可看到小学的门口就是一座别致的砖雕建筑，面阔三间，大门为砖构，砖构底部中间位置辟门，木构大门上写着"东乡族自治县锁南民族小学"，大门两侧还题有"好好学习，天天向上。" 进入大门，可发现砖雕大门的背面是一座古典式的砖木结构的入口，因为中式宫殿式的清真寺承袭了传统清真寺的建筑形制，虽在局部有所改良，但整体上传统的布局、空间组织、建筑装饰装修都被继承了下来。所以可发现这个大门起到让院落层层深入、循序渐进的作用，使整个清真寺显得深邃而又庄严。锁南民族小学门房大门的建筑屋顶采用阴阳瓦，屋檐下有装饰性的斗拱，让整个大门建筑更显突出。

锁南民族小学的门房是东乡县的一座标志性建筑，为东乡的教育提拱了一个良好的环境。旧址改造，重复利用，是东乡人们智慧的结晶。

图片来源
图一至图六　邱珂　摄影、制图
图七至图九　董琪　制图

图二　东乡族锁南民族小学门房主图2

图三　东乡族锁南民族小学门房主图3

图四　东乡族锁南民族小学门房建筑细节图1

图五　东乡族锁南民族小学门房建筑细节图2

图六　东乡族锁南民族小学门房手绘效果图1

图七　东乡族锁南民族小学门房手绘效果图2

图八　东乡族锁南民族小学门房手绘效果图3

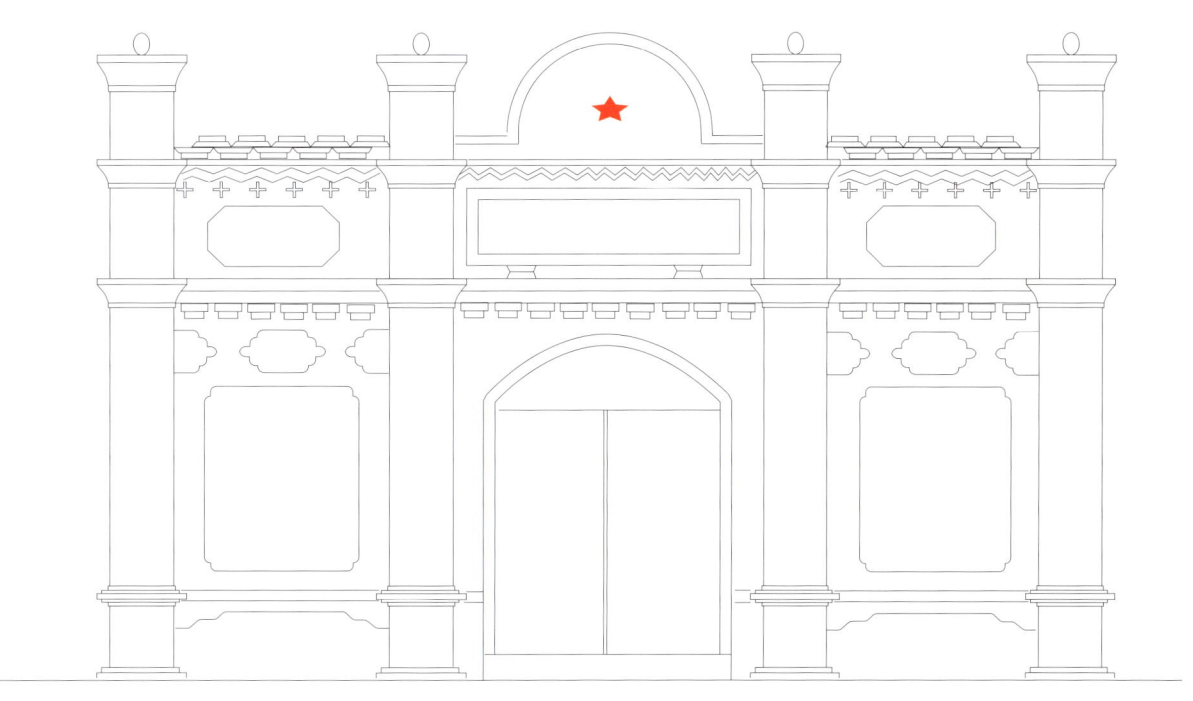

图九　东乡族锁南民族小学门房入口立面图

第一章　东乡族传统建筑

东乡族东乡县伊哈池拱北

图一　东乡族东乡县伊哈池拱北入口主图

本案例为甘肃临夏东乡县伊哈池拱北。伊哈池拱北位于锁南镇伊哈池村，始建于清中期，复建于1980年，占地0.6亩，有砖木结构八卦亭一座，过亭3间，房屋21间。伊哈池拱北属大拱北门宦。墓主人马能云，经名奴龙吉尼，系临夏小西关人。拱北是东乡族穆斯林为伊斯兰教贤哲修建的陵墓，也是各门宦的发祥地，它的组成部分一般有八卦、亭子、墓庐、照壁等建筑。

伊哈池拱北建筑朝向大体为南北向，整个院落坐北朝南，墓亭在建筑最北，大门位于建筑东南角。伊哈池拱北虽然入口部分没那么紧凑，但仍保持了那种空间上的转折关系和神秘的氛围，狭长的通道两边和转折处是精致的砖雕装饰。临夏人除了在清真寺的建筑部位上饰有砖雕拱北也不例外，拱北建筑上的砖雕就是临夏砖雕的最好体现。伊哈池拱北入口雕工精细，现在多加入花卉、果品，给人古色古香的感觉，寓意着清雅高洁也象征平安富足。此类图案出现的较晚，在清朝晚期和民国时较多，而且博古图多出现在伊斯兰教建筑中都是大型整幅砖雕。建筑的墙面都贴装砖雕，并在每层各面外露的横木、额枋上做木雕花板。整个建筑高低错落有致，做工精巧，砖雕精美，木刻绝伦，为临夏东乡众多拱北建筑中的佼佼者。

伊哈池拱北其空间序列的组织方式已成定势，动静分区明显，由这种动静分区的方式直接影响到其交通流线的组织。与中国其他的宗教建筑不同的是，其拱北的主要建筑都旋转在建筑群的最内侧。伊哈池拱北既是中国传统木构建筑的表现形式，也是中国穆斯林对伊斯兰教陵墓建筑的一种创造。

伊哈池拱北不但是教徒纪念先贤的崇拜之地，也是教士管理教坊及举行重大宗教活动的中心场所。其设计思想、总体布局、艺术造型、装饰技法凝聚了东乡族人民的意志及宗教信仰，反映了东乡族人民在建筑艺术方面的技术水平和民族特色。

图片来源
图一至图六　邱珂　摄影、制图
图七至图九　董琪　制图

图二　东乡族东乡县伊哈池拱北入口石雕细节图1

图三 东乡族东乡县伊哈池拱北石雕细节图2

图四 东乡族东乡县伊哈池拱北石雕细节图3

图五 东乡族东乡县伊哈池拱北建筑细节图

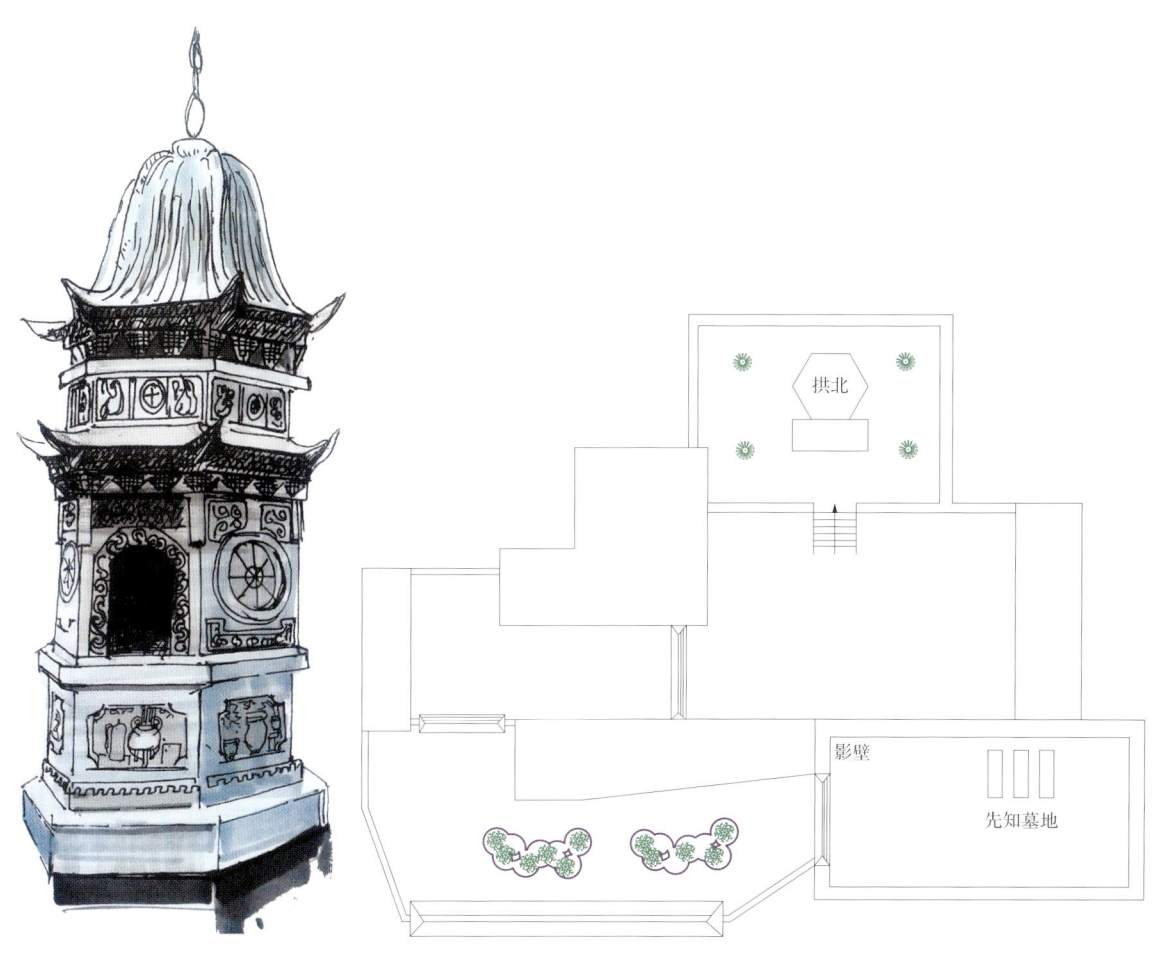

图六 东乡族东乡县伊哈池拱北手绘效果图　　图七 东乡族东乡县伊哈池拱北平面图

第一章 东乡族传统建筑

057

图八　东乡族东乡县伊哈池拱北石雕线稿图

图九　东乡族伊哈池拱北入口立面图

东乡族东乡县木质民居

图一 东乡族东乡县木质民居主图

本案例为东乡民俗博物馆内展示的木质民居建筑。民居是"家"的所在,在重视血统亲情的中国,"家"是一个特别富有情感色彩的地方。所以,人们向民居提出了适当的精神性要求,即普遍的审美性和情感性,甚至还可能上升到表达某种思想倾向的高度。同时,又由于各个民族所处的地理环境、气候条件的不同,建筑材料、建筑技术以及各个民族内部社会形态等多方面的差别,导致中国各民族的传统民居建筑,呈现出千姿百态的差异性,东乡的木质民居也不例外。

东乡县木质民居的建筑特点是通过精细的木质雕刻和其色彩、材料、造型及空间构造,给人以整体建筑美的视觉效果和客观的心理快感,从而形成一种与其使用功能相结合的美的感觉。

东乡县木质民居在平顶房建筑中,最可称道的是"四梁八柱"的立木平房。"四梁八柱"的立木房,是在砌墙前,先挖出深

60厘米、宽50厘米的槽形地基，在起柱的地方，一块板岩或平面石，大小以柱木的直径为准，以为柱基。将地槽层层真土夯实、找平后，立木起柱，再依次上梁，梁上布桁条，桁条上列椽木。"四梁八柱"的立木房为三开间，3间房纵向等分，前后墙角各立两柱，中间各分立两柱，共"八柱"；柱头抬梁，左两柱抬一梁，右两柱抬一梁，中间四柱各抬一梁，共"四梁"。八柱抬四梁，构成了三间平房的基本框架。在三等分的梁与梁中间，各横排5根桁条15根。梁柱以榫卯连接，柱头开榫，梁上凿卯；梁与桁条以木楔连接；桁条与木椽以铁钉连接。整个梁柱、桁条、椽木立为框架后，平直对卯，严丝合缝，即可砌筑土坯墙。此外，民居的立木土坯房内的地面处理很有特色。除了地墁青砖外，青砖下大有文章，有填三合土的，有黄土掺麦麸稻壳的，有平铺碎石子上覆黄土的，更有平填厚达60厘米、料度约3至4厘米木炭块的，还有以木屑锯末渣掺土垫地的，应有尽有。其目的只有一个，那就是为了隔潮隔碱隔热，以保持室内的温度和干燥度。

东乡木质民居不但体现了一种宗教情感，还充分结合当地人民赖以生存的生态地理环境，体现了一种乡土情感。东乡木质民居是东乡人民智慧的结晶，是东乡人民长期努力实践的成果，也为中国木质民居建筑技术提供了一个良好的式样。

图片来源
图一至图五　邱珂　摄影
图六至图八　董琪　制图
图九　邹萍秀　制图

图二　东乡族东乡县木质民居建筑细节图

图三 东乡族东乡县木质民居内部图1

图四 东乡族东乡县木质民居内部图2

图五　东乡族东乡县木质民居内部图3

图六　东乡族东乡县木质民居手绘效果图1

图七 东乡族东乡县木质民居手绘效果图2

图八 东乡族东乡县木质民居手绘效果图3

图九 东乡族东乡县木质民居建筑线稿图

东乡族东乡县达板民宅

图一 东乡族东乡县达板民宅——四合院一角主图

本案例为甘肃临夏东乡县达板民宅。临夏地区民居，从空间布局上看，往往要用夯土版筑墙围合成一个院落。从整体上看，不管院门朝向哪个方向开，不论哪种布局形式，主房总是坐北面南，并相对地势较高，现在就达板的四合院分析民宅。

达板民宅四合院布局的土屋建筑，上下房各三间、东西厢房各两间四面围合，南向或东向辟门。四面围合的形制，以上下房、东西厢房的东南、西南、东北、西北四角闭合关系分为"四开""四闭""两开两闭""三开一闭""一开三闭"等五种形式。

"四开"布局的四合院，东南、西南、东北、西北四角互不连属，上下房、左右厢房都有分口。面北的三间房左右山墙各接出长约5米的院墙，两边院墙折向东西厢房后南北延伸，与上房后山墙左右相接。这样，"四开"布局的四合院实际上是用院墙围合的。

"四闭"布局的四合院，是全封闭式结构。上下房、左右厢房的组合呈"口"字形，下房中间设院门，朝向面南，作法与"四开"布局的四合院院门相同。

"两开两闭"布局的四合院，有两种结构形式。一是三合院布局加下房，上房与东西厢房相接，西南、西北两角闭合，下房与东西厢房离开约两米的距离，东南、东北两角开口为通道。下房中间设院门，朝向面南，作法与"四开"布局的四合院院门相同。

"三开一闭"布局的四合院，即西厢房与下房相连，上房与西厢房北山墙之间开口、东厢房与上下房两侧开口，在下房东山墙与东厢房南山墙之间开门。从上房东西两侧开口处建月亮门，可通往上房后山墙以北的后院。整体布局为南四合院、北场院、东南角开门、上房两侧辟月亮门的南北横向倒"日"字形布局。

"一开三闭"布局的四合院，即上下房、东西厢房三面围合，东厢房北山墙与上房东山墙之间开口留门，即四合院东北角辟门。这种布局的四合院建筑，不仅在农村有，而且多出现在城市回族民居中。

达板四合院民宅在外形上虽然没有像其他民族那样注重民居的外表，重彩粉饰、豪华气派的特点，但它讲究"外粗内细"，这也是东乡达板民宅的建筑特色。四合院民宅也充分体现了东乡人民是热爱生活、珍惜生活的民族。

图片来源
图一、图二　《临夏清真寺建筑艺术博览》书
图三　　　董琪　制图
图四至图六　董琪　制图
图七　　　邹萍秀　制图

图二　东乡族东乡县达板民宅

图三　东乡族东乡县达板民宅——四合院一角手绘线稿图

图四　东乡族东乡县达板民宅手绘上色图1

图五　东乡族东乡县达坂民宅手绘上色图2

图六　东乡族东乡县达板民宅手绘上色图3

第一章　东乡族传统建筑

067

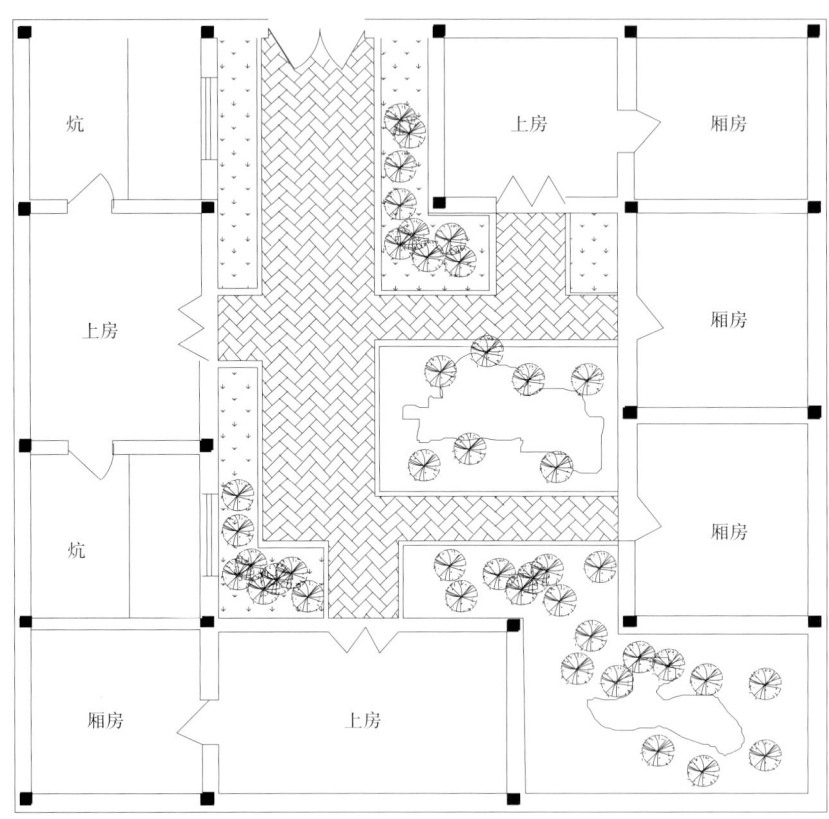

图七　东乡族东乡县达板四合院民宅平面图

第二章 东乡族传统服饰

东乡族黑坎肩

图一　东乡族黑坎肩主图

坎肩是东乡族男子服饰的一个重要组成部分，富有民族特色。东乡族老汉爱穿白色衬衫，外套黑坎肩，整体衣长约69厘米。传统的东乡黑坎肩在东乡民俗博物馆有收藏。东乡男子喜欢在雪白的衬衫上套一件适体的对襟开口黑坎肩，给人感觉干净，利索。

东乡男子根据不同的季节，穿不同的坎肩，有夹的、棉的，还有皮的，既可当外套，又可穿在里面。开口的黑坎肩易于穿戴，在温度变化较大的春秋季节，穿在身上有一定的保暖效果。东乡族男子爱清洁，讲卫生，非常勤劳，经常要洗脸、洗手、洗小净，穿上坎肩既方便又保暖。东乡族男子喜欢穿一种叫"仲白"的礼服，必须保持洁净，不能被任何的秽物污染。所以东乡男子穿"仲白"的时候，常在外面再套件黑坎肩，不但保证穿衣取暖的需求，更主要非常方便解决日常的工作和宗教礼仪需求。东乡黑坎肩常用白色点缀，对比鲜明，干净、文雅，也有一些带有伊斯兰图案和各种花色的坎肩。东乡男子的坎肩，装饰工艺比较简单，有一些也会在衣角进行刺绣修饰，如本案例里衣角就采用东乡特有刺绣作品"蝶舞翩翩"进行修饰。黑坎肩通常会在襟边、袋口处用针扎出明线，使边沿平挺，工整，突出服装的线条美；衣边一般会刺上金花边加以修饰，丰富服装的层次。如本案例采用的金色波浪线修饰，增加了服装整体的层次感。皮坎肩选料则比较讲究，要用胎皮和短毛羊皮，缝成后轻、柔、平、展。冬天穿上这种皮坎肩，再穿上一件外套，既轻便又保暖。

东乡黑坎肩表现了简朴、大方的民族特质，是东乡族服饰的一大特点。从设计审美的角度来看，东乡黑坎肩设计精巧，装饰简洁，方便实用，即满足了东乡族宗教习俗的需求，又体现了自身民族的特色。在社会需求上，东乡黑坎肩为东乡族人生活带来了便利。在民族文化中，东乡黑坎肩丰富了东乡族的文化底蕴，展现东乡族文化的民族特色。

图片来源

图一至图七　邱珂　制图

图二　东乡族黑坎肩尺寸图（单位：cm）

图三　东乡族黑坎肩色彩图

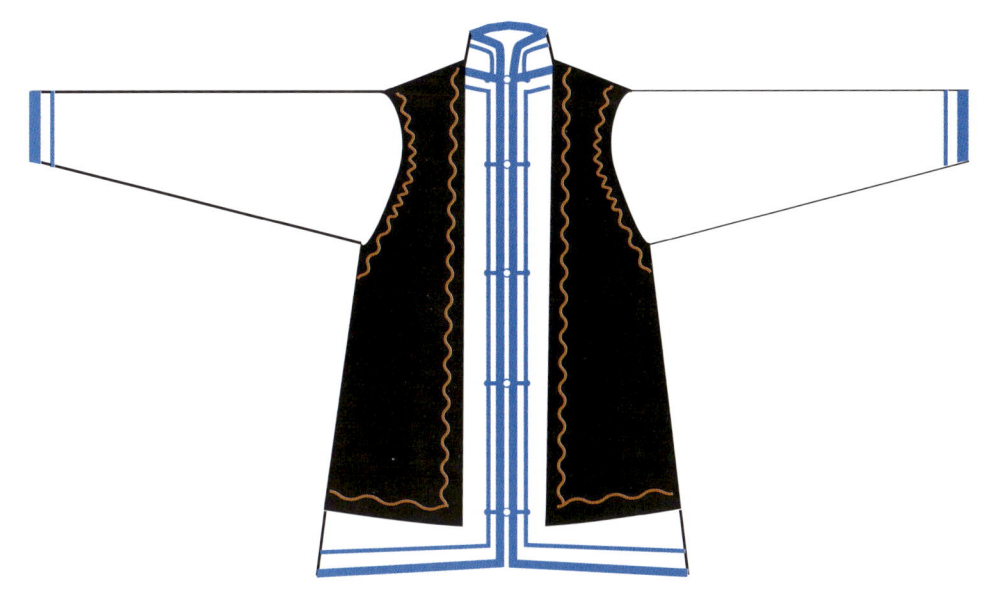

图四　东乡族黑坎肩搭配示意图

图五　东乡族黑坎肩裁剪图

图六　东乡族黑坎肩刺绣图案细节图

图七　东乡族黑刺绣坎肩示意图

东乡族男子服装

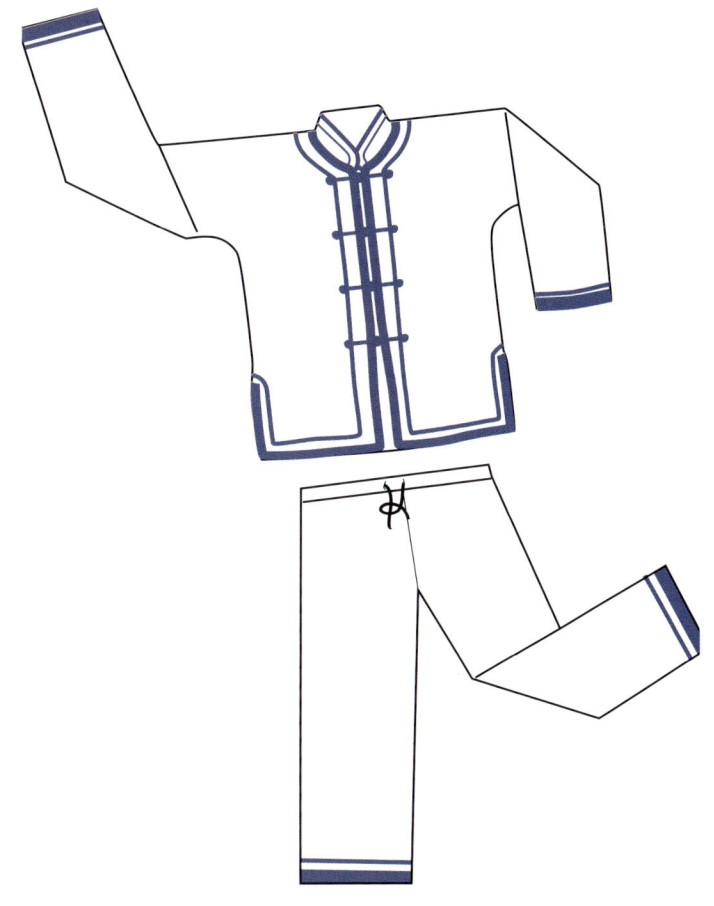

图一 东乡族男子服装主图

东乡族男服上衣衣长78厘米，衣宽60厘米，袖长55厘米。裤长80厘米，裤头宽约35厘米。东乡民俗博物馆有收藏。

伊斯兰教禁止男性穿着透明和丝织品的衣服，把男子在肚脐以下，膝盖以上的部分看作是羞体，必须用服饰全部遮盖，所以东乡族简单、朴素的服饰文化，一方面来源于经济文化的落后，另一方面也受到宗教的影响。东乡族在服饰上有严格的禁忌，男子忌讳穿过于花哨的服装，通常为黑白两种色调，显得庄重美观、朴素大方。它除了用黑布、毛蓝布缝制衣裤外，还有褐褂。褐褂是东乡族的褐子做的，褐子有深棕色、米黄色、黑色、白色四种颜色，都是羊毛的本来颜色。本案例为白色绸布上衣，袖口、领口以及衣服下方都镶有宽条蓝色绸边，袖长齐腕，立领对襟，上衣外部系一种两边窄细，中间宽大，有囊可装钱物的贴绣腰饰，下衣为白色绸布长裤，同时在裤腿也镶有宽条蓝色绸边，体现了东乡族男子服饰简洁、朴素的特点。

本案例展示的东乡族男子服饰也受到汉族文化影响，东乡族的服饰逐渐趋于形似中山装，体现了东乡族坚韧、沉稳、朴素、节俭的民族精神。

图片来源

图一至图七　姚惠婧　制图

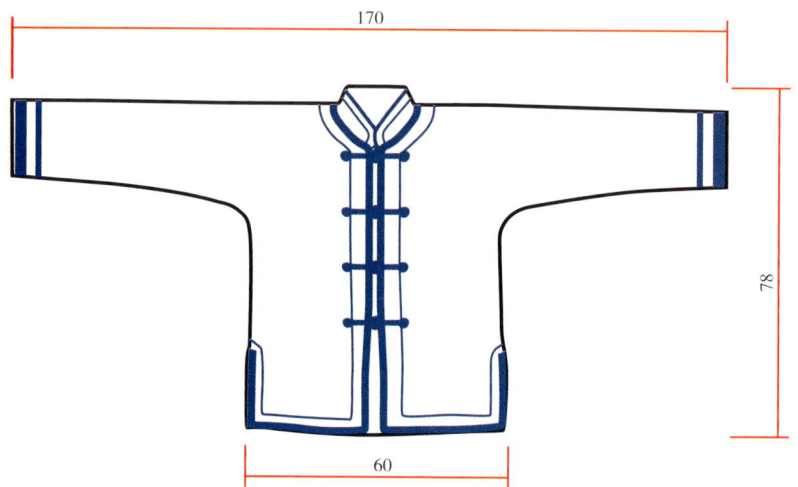

图二　东乡族男子上衣尺寸图（单位：cm）

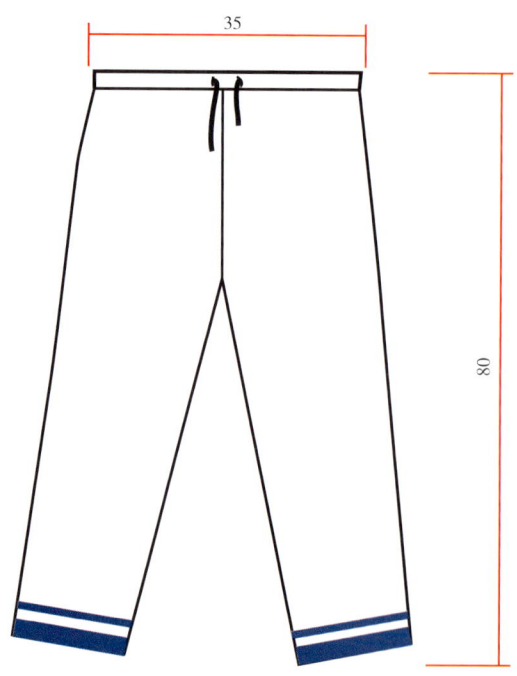

图三　东乡族男裤尺寸图（单位：cm）

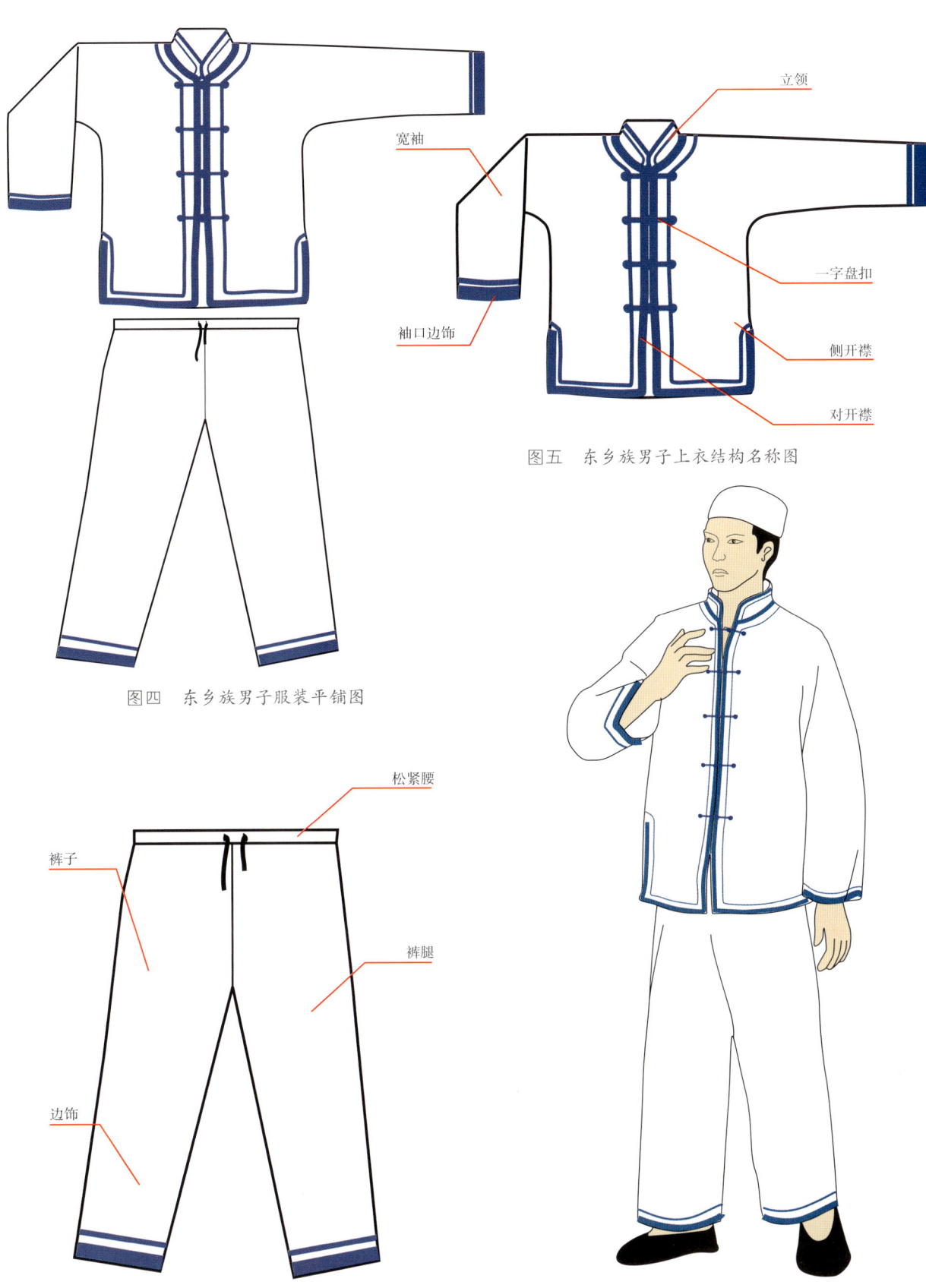

图四　东乡族男子服装平铺图

图五　东乡族男子上衣结构名称图

图六　东乡族男裤结构名称图

图七　东乡族男子服装穿戴效果示意图

东乡族毡褂

图一 东乡族毡褂主图

东乡族毡卦是东乡族传统技艺——擀毡并制成毡褂。东乡人民擅长养羊,毛毡的使用又极为普遍,因此,擀毡在东乡族中十分盛行。男人们几乎人人精于此道。不少东乡族毡匠还远赴甘北,甚至青海、新疆等地以擀毡为业。毡褂因为主要是由羊毛制成,所以尺寸有大有小,有厚有薄。东乡民俗博物馆有收藏。

擀毡,可分为弹毛、铺毛、喷油、加黑豆面、洗毡(擀压)、定型等6道工序。而制作毡褂则需要将制好的擀毡描线、裁剪、缝制,才能称为制作完成。穿上身柔软温暖,非常适合东乡人民的生活需要,因此深受当地人的的喜爱。东乡族聚居区山谷沟壑纵横较多,平均海拔2400多米,属高寒地带,毛毡也因此成为了高寒地所必需之物。东乡族的擀毡种类较多,按质地分,有春毛毡、沙毛毡(山羊毛)、绵毡(绵羊毛)等;按大小分,有四六毡(即宽4尺,长6尺)、五七毡、单人毡和穆斯林作礼拜用的拜毡等等;按颜色分,有纯白毡、花色瓦青毡、白里簇红毡等;按用途分,还可以分为毡褂、毡帽、毡鞋、毡垫等。东乡族的毛毡和擀毡技艺闻名遐迩,尤其是制成的毡以柔软、舒适、均称、洁净、厚实、美观大方、经久耐用而闻名享誉西北地区。

目前，东乡县已在龙泉乡建有两处擀毡传承基地，使擀毡技艺受到较好的保护与传承。毡褂的擀毡工艺在民族传统文化上增加了艺术底蕴，在生活中也增添了便捷舒适，而擀毡工艺的传承也使东乡族文化很好的流传下来。

图片来源
图一至图八　虞正韬　制图

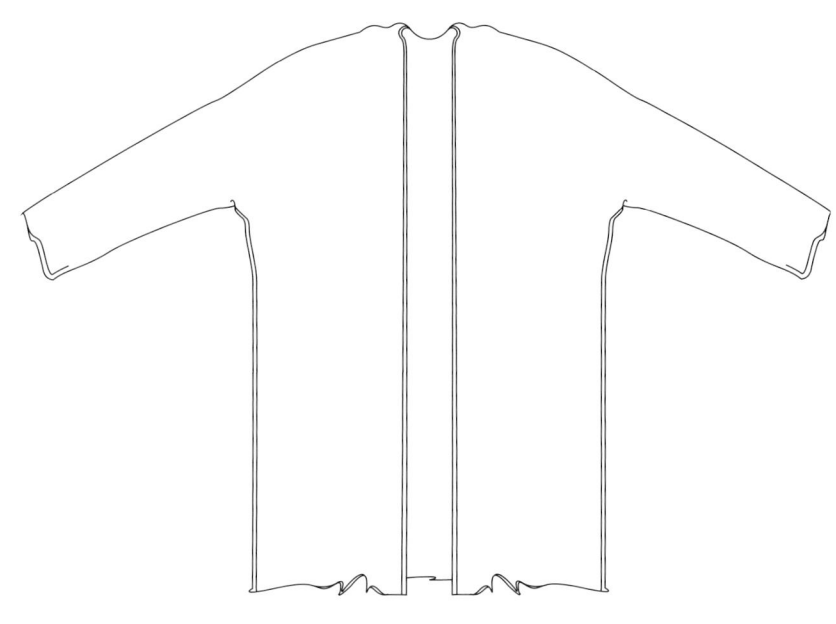

图二　东乡族毡褂效果图1

图三　东乡族毡褂效果图2

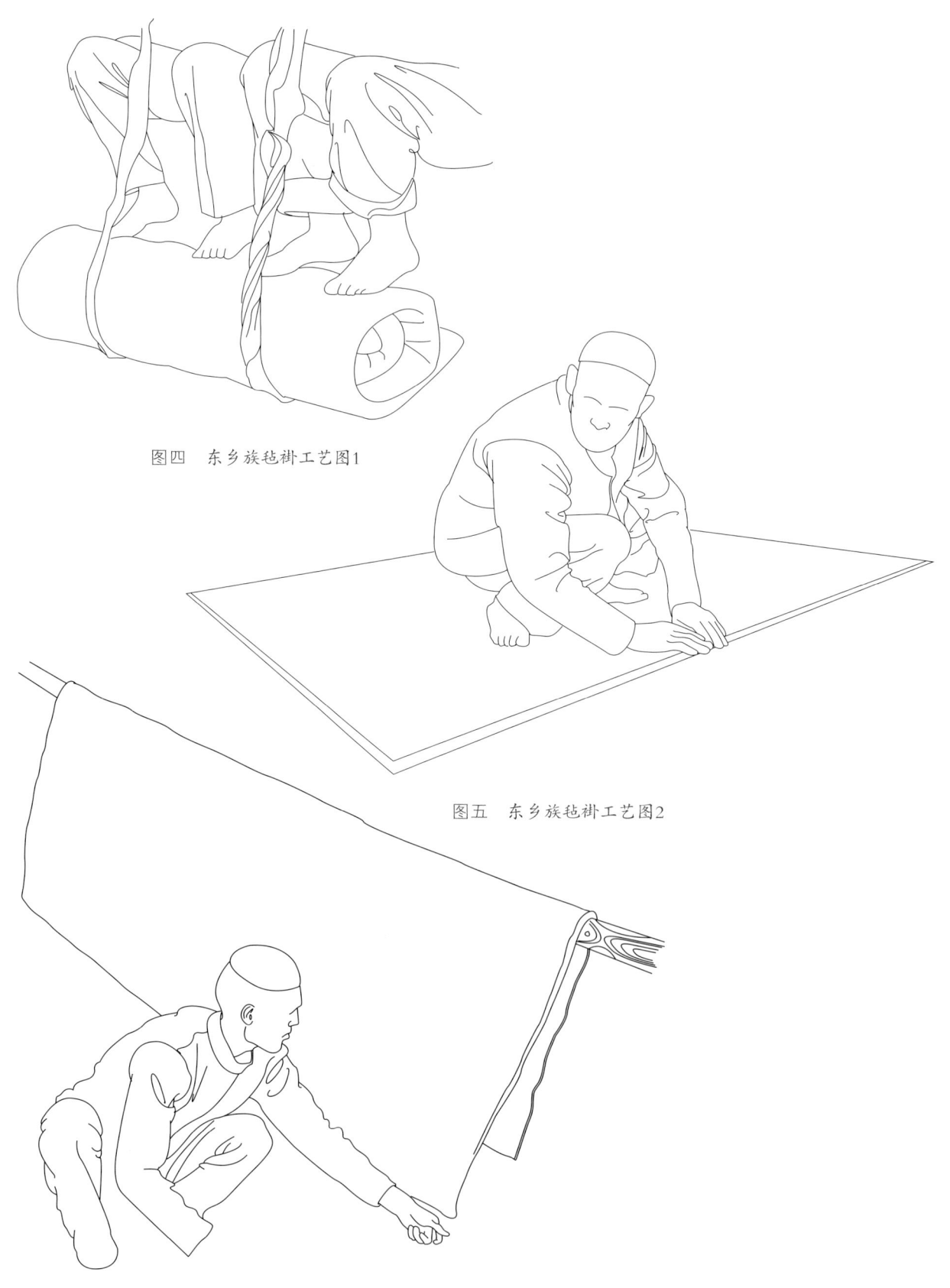

图四　东乡族毡褂工艺图1

图五　东乡族毡褂工艺图2

图六　东乡族毡褂工艺图3

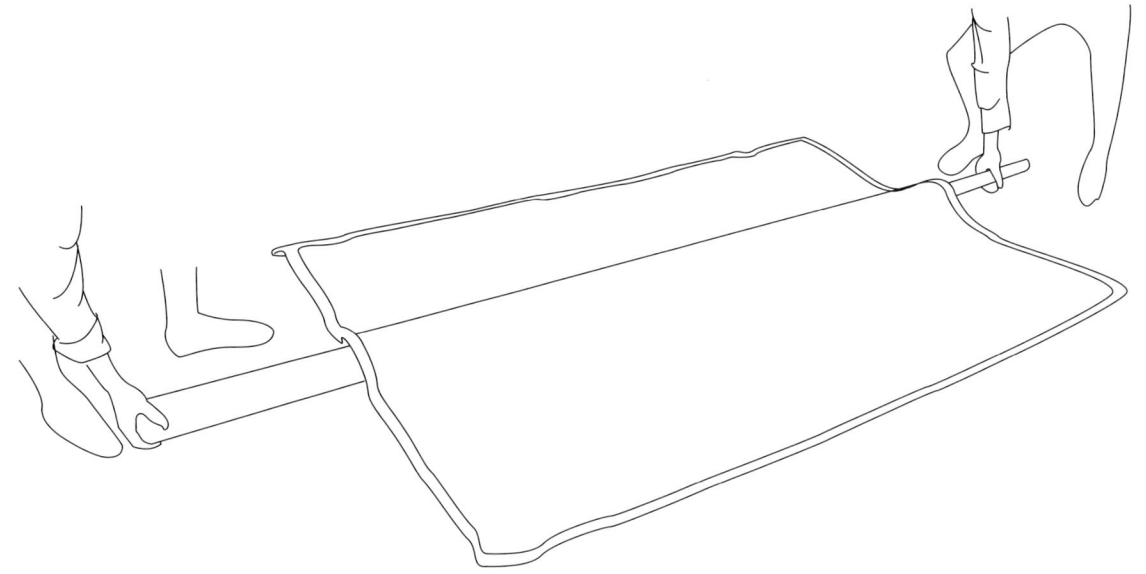

图七　东乡族毡褂工艺图4

图八　东乡族毡褂着装图

东乡族绣花鞋

图一　东乡族绣花鞋主图

　　东乡族人信仰伊斯兰教，其服饰不仅受到各个少数民族的影响，而且地域和宗教也是影响东乡族服饰发展的重要因素，随着时代的变迁也在东乡族的服饰上留下了印记。东乡绣花鞋正真实的反映出了这个民族的文化特点。东乡绣花鞋是东乡族人民生活中常穿的鞋，有其自身民族的特色。绣花鞋的尺码是根据人们脚的尺寸而定。本案例的绣花鞋长为23厘米，宽为5厘米，鞋后帮高7厘米，出自于上海博物馆。它除了保护人们的脚不受伤害外，还有美观的功能。

　　东乡族人一直推崇和崇尚简单朴素的颜色和款式。1920年以前，东乡族就已有在婚礼时足蹬3厘米的绣花鞋的记载。在中华人民共和国成立后，东乡族的服饰风格更趋于素静，鞋子多为蓝黑色，小女孩和年轻妇女会在鞋头上绣上一些花朵。东乡绣花鞋的刺绣风格较之于其他民族显得更为素雅，通常以白色、黑色以及藏青色作为底色，将红、黄、蓝、绿等作为花色，在强调色彩对比的同时，又能彰显东乡服饰的质朴，有较强的质感。本案例的东乡绣花鞋是白色作为整体色调，刺绣的修饰手法沿袭了传统审美方式，注重鞋面植物纹样的构成美感，以及鞋帮的纹样铺陈，并配以鞋口、鞋底的纹样装饰。在纹样选取上选择了梅花纹样，体现了东乡族人民坚强、高洁、谦虚的品格。

　　本案例不仅体现了东乡族人民高超的手工技艺，还展现了东乡族人民的勤劳与智慧。在伊斯兰教文化的影响下，东乡族人民不虚荣、不炫耀，服饰不崇尚贵重华丽。在宗教信仰与落后的经济文化的潜移默化的影响下，形成了东乡族服饰以朴素、淡雅、简单为美的特点，本案例很好的诠释了这些特点。

图片来源
图一　万朝红　制图
图二至图八　姚惠婧　制图

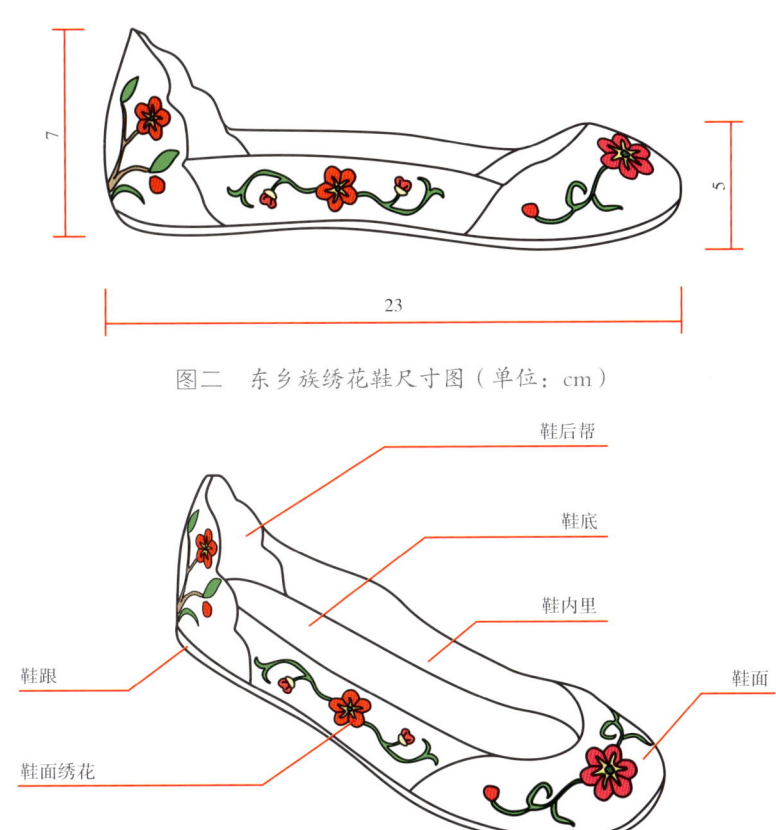

图二　东乡族绣花鞋尺寸图（单位：cm）

图三　东乡族绣花鞋名称图

图四　东乡族绣花鞋效果图

图五　东乡族绣花鞋纹样图

图六　东乡族绣花鞋鞋底效果图

图七　东乡族绣花鞋开片图

图八　东乡族绣花鞋穿着展示图

东乡族"放足"绣花鞋

图一 东乡族"放足"绣花鞋主图

东乡族是以古代的回族人、色目人为主体并融合了蒙古族、汉族而形成的，是我国特有的少数民族，主要居住在甘肃临夏回族自治州。东乡族的鞋与回族、保安、撒拉族的鞋饰基本一样，主要以布鞋为主，男鞋多为黑色素面，妇女则为绣花鞋。本案例为东乡族女子"放足"绣花鞋，鞋的尺寸要比一般的鞋码稍小一些。鞋长为13厘米，宽5.3厘米，鞋后帮高5厘米。东乡民俗博物馆有收藏。它与一般绣花鞋稍有不同，它的鞋尖略小，在当时算是比较潮流的。

东乡族的绣花鞋主要有两种：一是软底绣花鞋，适合在帐篷或屋内地毯上穿用，鞋底、鞋面均绣有花草、禽鸟，技法以平绣为主；二是木底高跟绣花鞋，木底以黑布包裹，鞋帮上绣花，这种木底鞋不仅在喜庆之日穿着，还是新娘出嫁时的嫁妆之一，要带到婆家。在西北的各少数民族中，东乡族以"放足"、"解放足"著称，但仍为尖足缠足。"放足"绣花鞋一般比"三寸金莲"大一点，造型比"三寸金莲"有了进化，帮腰有鞋带眼，鞋底较厚，大底下再加上一二层牛皮。其造型、工艺与民国时期流行的妇女"放脚鞋"（"解放鞋"）相似。本案例展示的这双"放足鞋"便是清末民初的旧物，这类鞋饰现在已基本绝迹。

东乡"放足"绣花鞋独特的造型，精美的图案，精湛的工艺体现了东乡族丰厚的文化底蕴和民族特色，也体现了东乡人民勤劳、淳朴和智慧的特点。它在国家的文化集锦中增添了自己的风格，也展现了东乡族女子美丽的特质。

图片来源
图一至图九 姚惠婧 制图

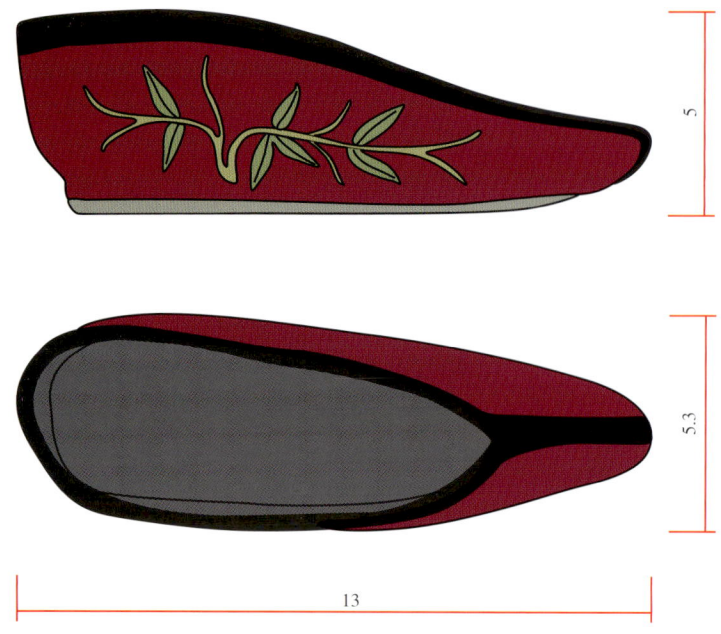

图二 东乡族"放足"绣花鞋尺寸图(单位：cm)

图三 东乡族"放足"绣花鞋绣花图案

图四 东乡族"放足"绣花鞋鞋面开片图

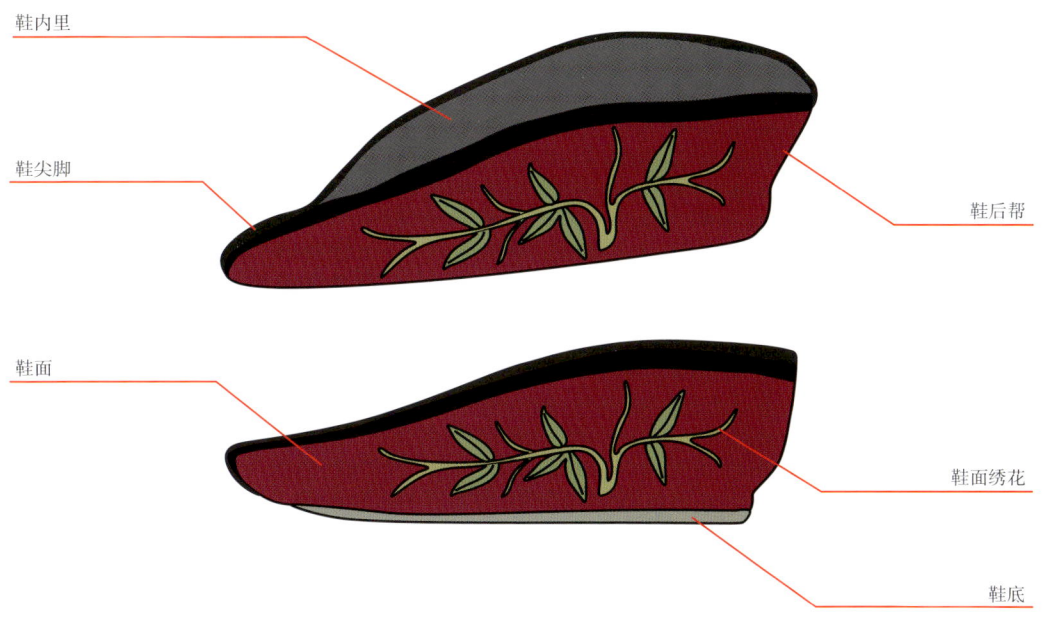

图五　东乡族"放足"绣花鞋名称图

图六　东乡族"放足"绣花鞋鞋底绣花

图七　东乡族"放足"绣花鞋开片缝合示意图

第二章　东乡族传统服饰

085

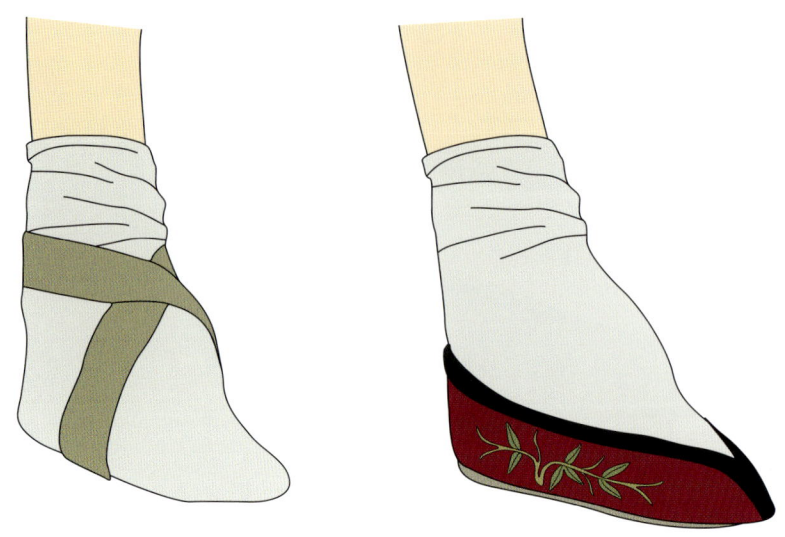

图八 东乡族"放足"绣花鞋穿着步骤示意图

图九 东乡族"放足"绣花鞋穿戴展示图

东乡族新娘服装

图一　东乡族新娘服装主图

本案例为东乡族新娘服装。新娘服装可以有不同的颜色，一般的为红色新娘服装盖头长至腰纪，新娘服装为红色，盖头上面还会有一些长短不一的轸穗，新娘服装长至膝盖，服装为右开叉。新娘服装总长126厘米，肩宽43厘米，盖头长89厘米。出自东乡民俗博物馆，它是东乡女子在结婚时最为重要的服饰。

东乡族妇女一般都穿黑、蓝和藏青色的布衣，妇女亦有穿红着绿的，但较少见。东乡族新娘服饰也反映了进入阶级社会以后的等级差别和一些特殊的财产观念。伊斯兰教众多的社会伦理规范中最首要的一条规定，就是人人平等。伊斯兰教反对人们通过穿着豪华名贵的服饰来显示自己的身份和地位，表现自己的高贵。因此，东乡族服饰中不崇尚贵重华丽的服饰，不虚荣、不炫耀，穿着应尽量普通化、大众化，这是平等观念在服饰中的一种体现。东乡族的新娘服饰为红色，并饰有盖头。它的裁剪主要分四个部分，前衣领前衣片，后衣领后衣片和两个衣袖。东乡族婚姻是人生中的一件大事，因而新娘服饰的符号特征尤为醒目。东乡族妇女从少女成为新妇，服饰的变化往往十分明显。如"盖头"的颜色是区分东乡族妇女年龄以及婚否的重要标志。东乡族的盖头分绿、黑、白3种。女孩子在7岁到8岁开始戴盖头，出嫁后改戴黑盖头，有的出嫁生了小孩以后改戴黑盖头，上了50岁，或者有了孙子以后戴白盖头。它的盖头以纱制成，衣服材料以轻薄的绒料和棉布为主，版型宽松且修身。

这款新娘服饰是东乡女子在婚礼时幸福的象征，为我国婚俗文化上增加了文化底蕴，展现少数民族婚俗文化的多样性，承载了新娘对幸福生活的美好向往。

图片来源
图一至图八　申辰　制图

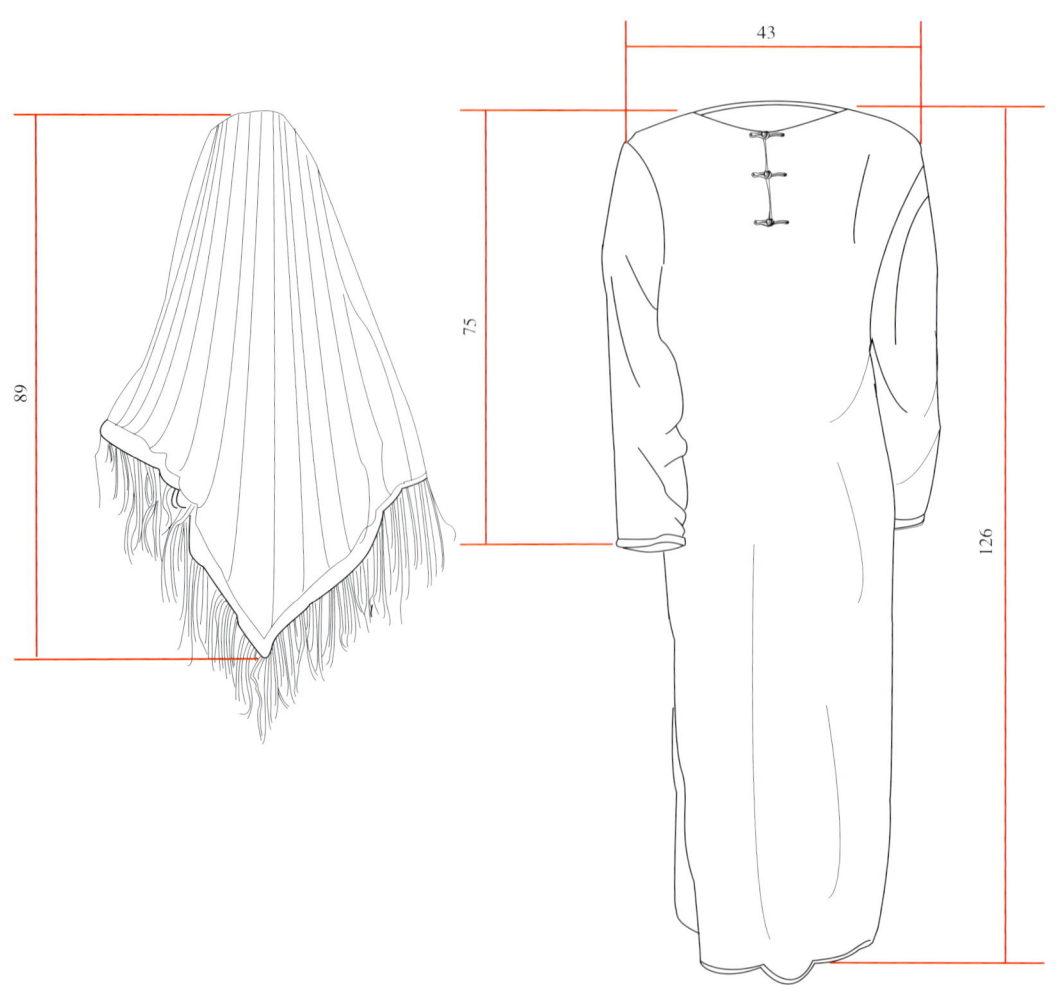

图二　东乡族新娘服装尺寸图（单位：cm）

图三　东乡族新娘服装线框图

图四　东乡族新娘服装穿着图

图五　东乡族新娘服装上色图

第二章　东乡族传统服饰

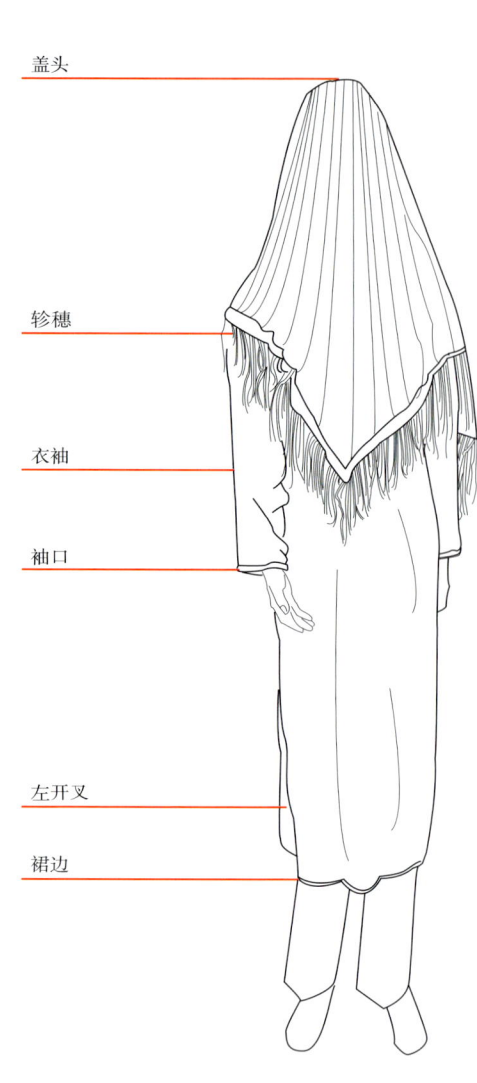

图六　东乡族新娘服装结构名称图

头巾展开图

图七　东乡族新娘服装盖头图

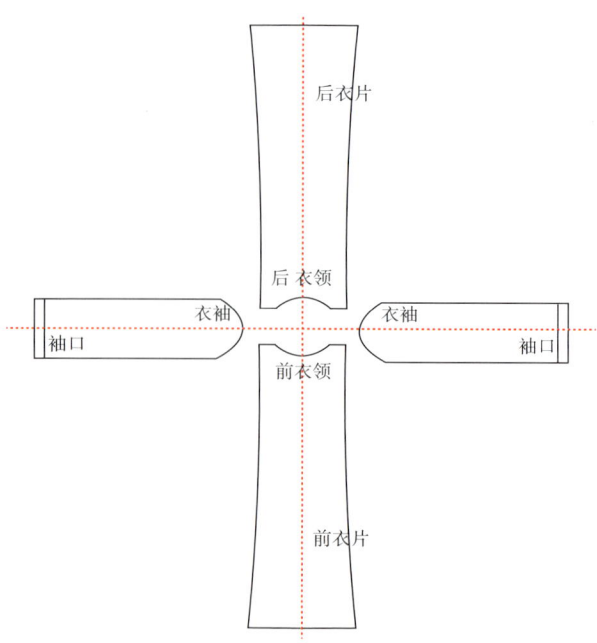

图八　东乡族新娘服装裁剪图

东乡族中年妇女衣服

东乡族信奉伊斯兰教，在生活习俗上与西北回族相似，服饰上也带有回族的特点。一般的服饰颜色素净，多青、蓝色或藏青色布制成。妇女多穿圆领、大襟、宽袖的长裙，里面穿套裤。上衣齐膝盖，很宽大，长约126厘米，肩宽43厘米，大襟开在右边，袖长齐腕，袖口约75厘米。下穿穿长裤一直拖到脚背，裤管没有十分宽大，约7寸。东乡族妇女因受宗教影响，一般都戴盖头。自民国以后至今，仍盖头长至腰际，头发全被盖住，只露出面孔。这是因为伊斯兰教经典规定，妇女的头发是羞体，需要遮掩。渐渐的东乡族的盖头也成了一种服饰。盖头分绿、黑、白三种。女孩子在七岁到八岁开始带盖头，出嫁后改带黑盖头，有的出嫁妆生了小孩以后带黑盖头，上了五十岁或者有了孙子就开始带白盖头。受伊斯兰教规的约束，东乡族女子的头饰按年龄及婚姻状况严格区分，过去，女孩子七八岁以前都带圆形的"折子帽"，帽顶为绿色或蓝色，帽沿有皱折花边，并用流苏和各色珠子作为装饰，从八岁开始，女孩儿就必须戴盖头，少女时期的盖头十分讲究，用质地柔软、细腻的绿纱精制而成，婚后则改戴黑色盖头一直到中年，到老年时戴白色盖头。

服装既作为人类文明与进步的象征，同时也是一个国家、民族文化艺术的组成部分，因此对一个民族的服装来说，是随着民族文化的延续发展而不断发展的，它不仅具

图一　东乡族中年妇女衣服主图

体地反映了人们的生活方式和生活水平，而且形象地体现了人们的思想意识和审美观念的变化和升华。

图片来源

图一　邱珂　制图
图二至图七　申辰　制图

图二　东乡族中年妇女衣服线框图

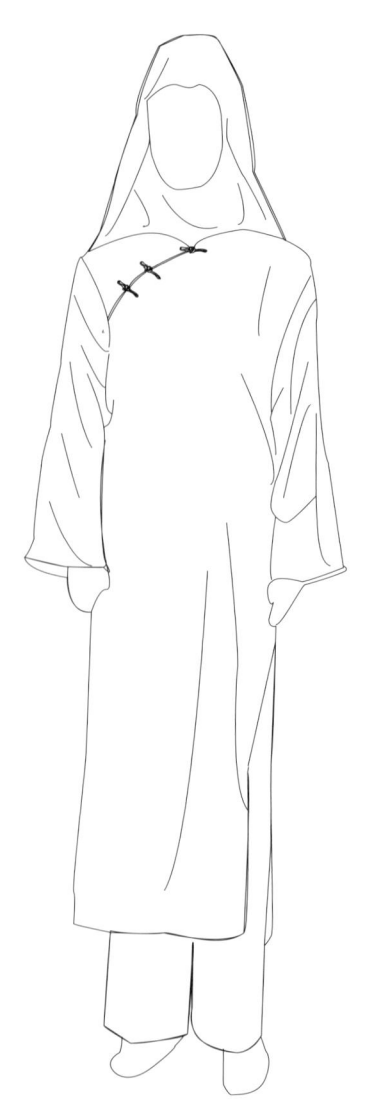

图三　东乡族中年妇女衣服穿着图

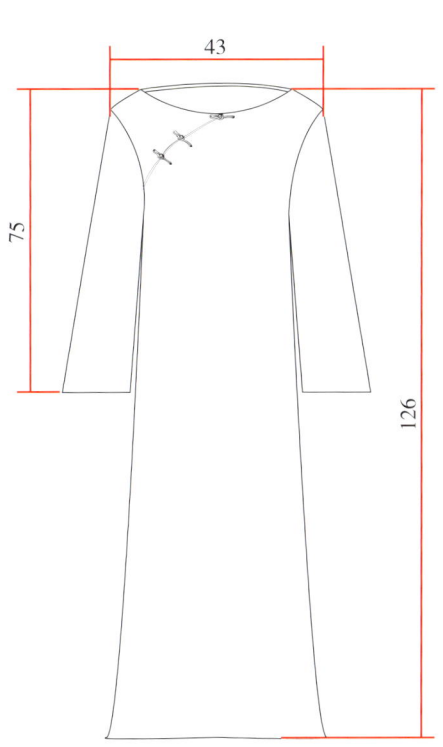

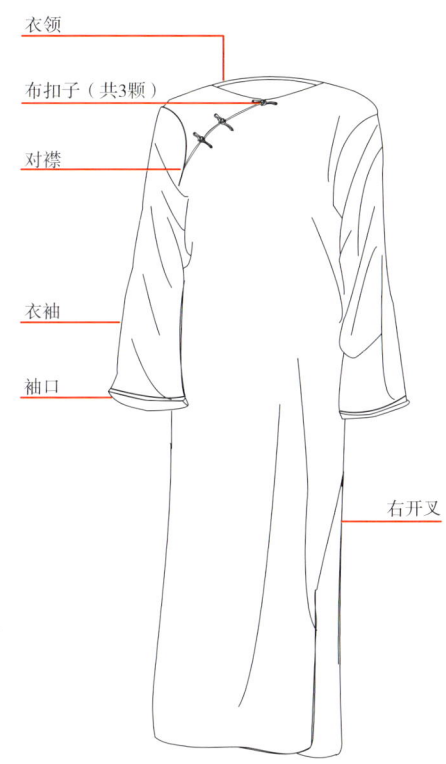

图四　东乡族中年妇女衣服尺寸图（单位：cm）

图五　东乡族中年妇女衣服上色图

图六　东乡族中年妇女衣服结构名称图

1.把头巾位置固定好，然后将细小的针扣在头巾的左右部。

2.把左边的头巾拉到右边，然后扣上。

3.其余的放到左肩，然后扣上。

图七　东乡族中年妇女衣服穿戴图

第二章　东乡族传统服饰

097

东乡族老妇装

图一　东乡族老妇装主图

老妇装，出自东乡民俗博物馆。老妇装的上衣长130厘米，肩宽38厘米，裤长110厘米，腰围宽为25厘米。

这套老妇装分别有头巾，外套长裤。头巾白色的，符合东乡族的传统；外套是橄榄褐色，立领，侧开襟，一字盘扣，衣服上面有黑色花纹，整体感觉颇为素雅；黑色长裤，裤管长，盖到脚面，松紧腰。信仰伊斯兰教的东乡族，其服饰在审美上受到宗教文化的制约，简约中透出虔诚。

东乡族服饰也反映了进入阶级社会以后的等级差别和一些特殊的财产观念。伊斯兰教众多的社会伦理规范中最首要的一条规定，就是人人平等。伊斯兰教反对人们通过穿着豪华名贵的服饰来显示自己的身份和地位，表现自己的高贵。因此，东乡族服饰中不崇尚贵重华丽的服饰，不虚荣、不炫耀，穿着应尽量普通化、大众化，这是平等观念在服饰中的一种体现。

图片来源
图一至图五　李雪松　制图

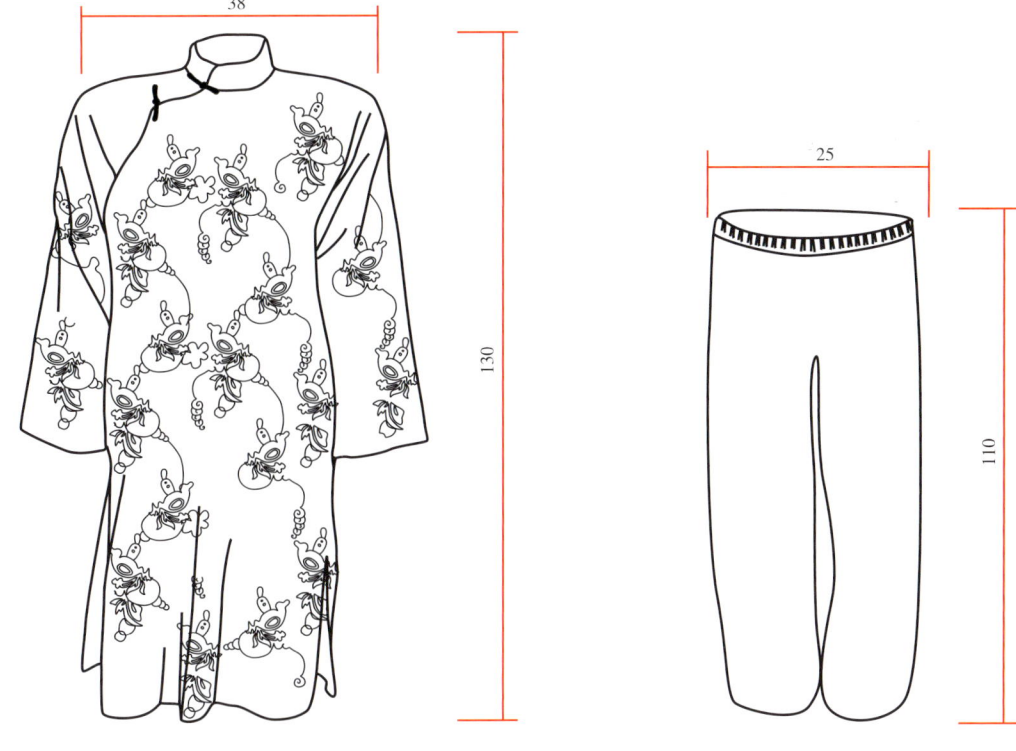

图二　东乡族老妇装尺寸图（单位：cm）

图三　东乡族老妇装名称图

图四　东乡族老妇装纹样图

图五　东乡族老妇装整体图

东乡族少女服装蓝色

本案例为东乡族少女服装蓝色,为东乡民俗博物馆收藏的服饰系列的一种。它分为衣服和裤子,衣长78厘米,袖长46厘米,裤长108厘米,裤头宽74厘米。

此案例的服饰是女子服饰蓝色系。除了蓝色主体,还有黄色上衣和绿色裤子相称。东乡族妇女日常活动的圈子狭小,再加上衡量一个女人是否有本事的标准被约定俗成地认为是"上炕裁缝下炕厨子",因此东乡族妇女从小就很重视学习缝纫技巧和厨艺。刺绣作为传统的民间工艺,主要是由农村女性来制作,一般都是女承母艺,婆媳相传,代代沿袭,辈辈留传,一脉相承。东乡族妇女很早以前也缝制生活所需的衣裤鞋帽,但随着现在生活条件越来越好,大多数人都是社会上流行穿什么就买什么,自家手缝的服装逐渐失宠。唯独绣花为东乡族妇女所钟爱。她们除了在田间地头干农活,在家里洗衣做饭喂养牲畜外,闲暇时总是三人一群,五人一堆,或在浓密的树荫下,或在热乎乎的炕头,一边绣花,一边聊天,同时也在暗中进行一场比赛,看谁的绣品图案新颖别致,手艺上乘,技高一筹。当听到大家的交口称赞,禁不住满面春风,心花怒放。她们个个心灵手巧,人人擅长刺绣,借助小巧的绣花针和五颜六色的丝线、棉线、金银线,在各色棉布的确良或绸缎上飞针走线,剪裁刺绣出既经济实用又美观大方的各种日常用品或装饰品。

图一　东乡族少女服装蓝色主图

第二章　东乡族传统服饰

所以,东乡族服饰是民族服饰重要组成部分,其中多样的女子服饰也体现了东乡族丰富的文化。服饰靓丽的色彩,优雅的曲线,展现了勤劳智慧的东乡族女子的魅力。

图片来源

图一至图八　许梦露　制图

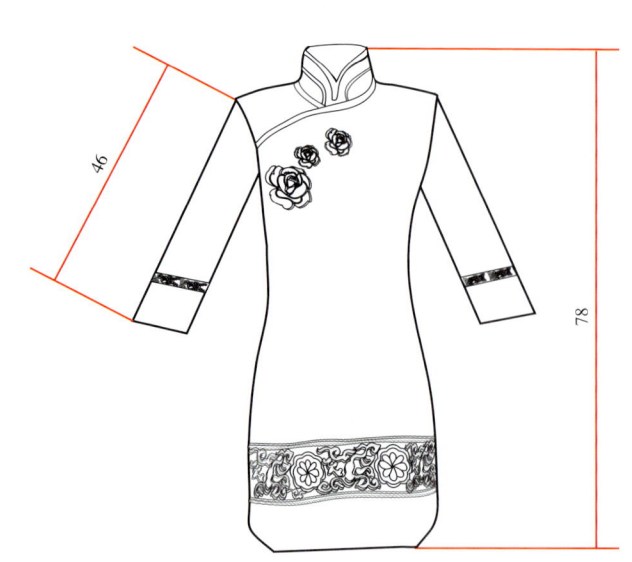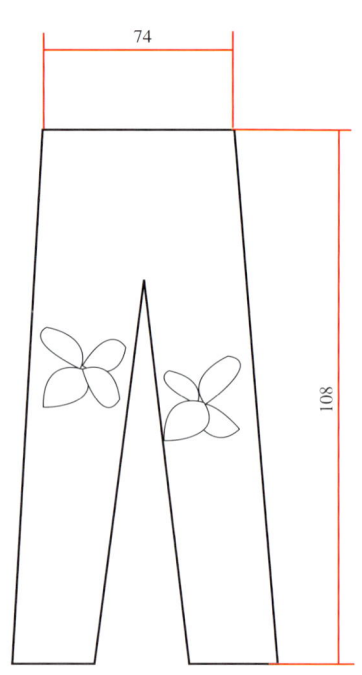

图二　东乡族少女服装蓝色尺寸图(单位:cm)

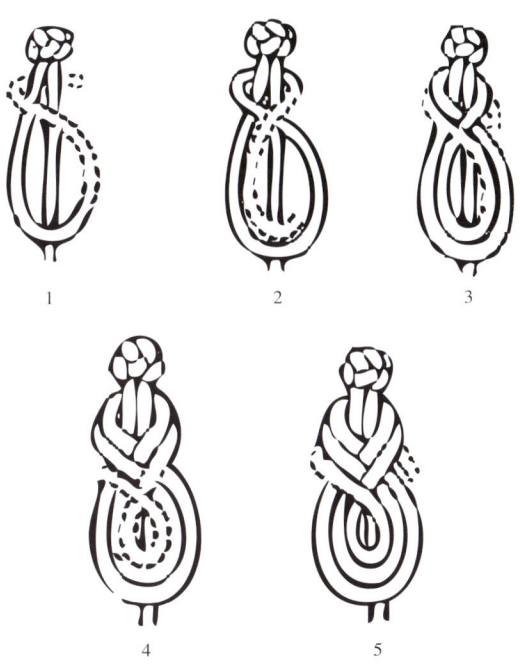

图七　东乡族少女服装蓝色分析图

图八　东乡族少女服装蓝色穿着图

第二章　东乡族传统服饰

东乡族少女服装粉色

本案例是东乡族服饰中少女服装粉色。它分为衣服和裤子，衣长78厘米，袖长46厘米，裤长108厘米，裤头宽74厘米。它出自于东乡民俗博物馆。

东乡族的服饰与回族服饰有相似之处，但其特点也颇为明显。东乡族妇女上穿有"假袖"的上衣，下穿"过美"花裙，足登木底高跟绣花鞋。青少年妇女戴绿色盖头，中年妇女戴青色盖头，老年妇女戴白色盖头。婚姻是人生中的一件大事，因而新娘服饰的符号特征尤为醒目。东乡族妇女从少女成为新妇，服饰的变化往往十分明显。少女的粉色服饰颜色鲜艳，采用刺绣的工艺，剪裁版型与其它少女装无异，线条优美修身。它的材料主要是棉布为主，刺绣选用丝线、棉线、金银线，东乡族服饰也反映了进入阶级社会以后的等级差别和一些特殊的财产观念。伊斯兰教众多的社会伦理规范中最首要的一条规定，就是人人平等。伊斯兰教反对人们通过穿着豪华名贵的服饰来显示自己的身份和地位，表现自己的高贵。

因此，东乡族服饰中不崇尚贵重华丽的服饰，不虚荣、不炫耀，穿着应尽量普通化、大众化，这是平等观念在服饰中的一种体现。粉色的少女服饰体现东乡族少女美丽、娇羞、俏皮、可爱的特征。

图片来源
图一至图九　许梦露　制图

图一　东乡族少女服装粉色主图

图二 东乡族少女服装粉色线框图

图三 东乡族少女服装粉色纹样效果示意图

第二章 东乡族传统服饰

图四 东乡族少女服装粉色名称图

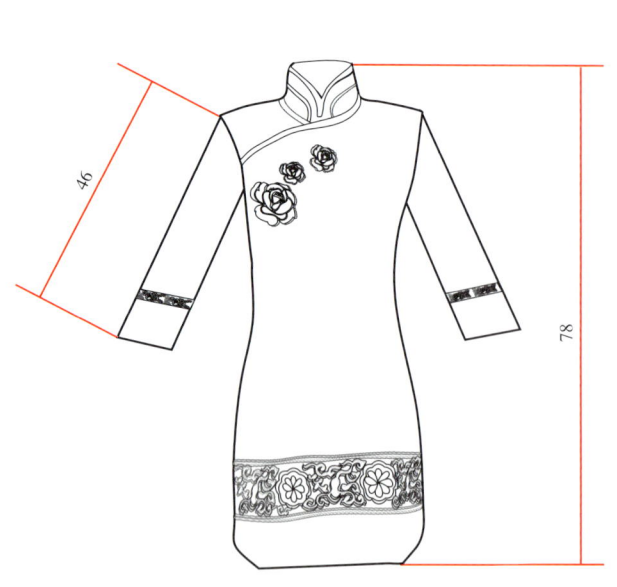

图五 东乡族少女服装粉色尺寸图(单位:cm)

图六　东乡族少女服装粉色工艺图

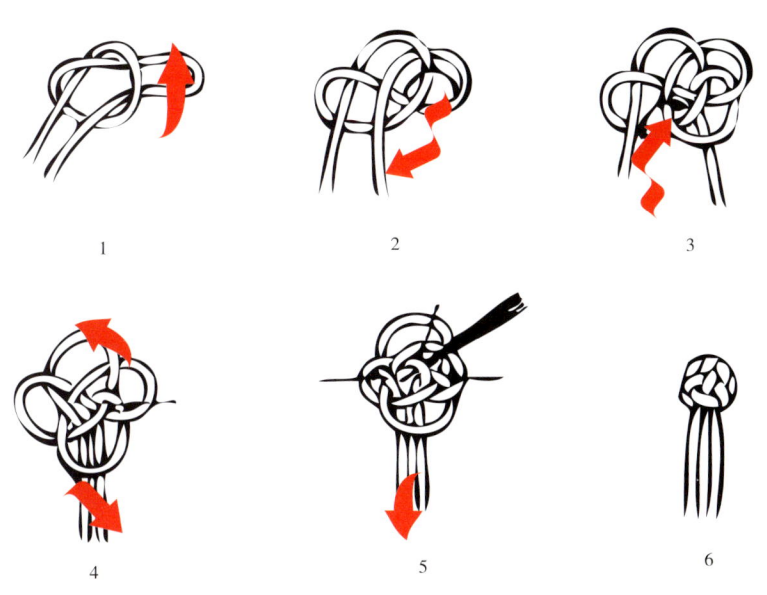

图七　东乡族少女服装粉色分析图

第二章　东乡族传统服饰

109

图八 东乡族少女服装粉色穿着图

图九 东乡族少女服装粉色上色图

东乡族少女服装黑色

本案例的服装是东乡族少女服饰黑色系。它分为衣服和裤子，衣长80厘米，袖长46厘米，裤长108厘米，裤头宽74厘米，出自东乡民俗博物馆，与其他少女服饰相似。而青年妇女还会头戴黑色"昂处"（一种帽子），其特点是帽子的后面留有一个束口，帽沿上穿着一根丝线，丝线两头挽有丝穗，戴上帽子，束好束口，然后再把穗子别在两鬓。

东乡族姑娘出嫁时，要佩戴头饰、胸饰、银制牙签、圆形银牌，若家境不好，可向富人家借用，待新娘第一次回娘家时归还原主。如今，新娘只在头上及胸前插几朵绢花，很少佩戴头饰和胸饰。东乡族妇女的发式与服饰随着不同的年龄与时代而变化着。女孩幼年时头发周围剃一圈，中间平分，梳两条小辫。八岁开始留发，梳成一条辫子，结婚后挽发髻，戴一白帽，外罩盖头。至今有些青年妇女多喜戴筒状白帽，身着时装。刺绣绣品种类繁多，有门帘、墙帏、枕套、炕围子、床裙、沙发靠垫、冰箱布、桌布、鞋垫、肚兜、耳套、枕头巾和小挂件等。在图案上以花草为主，常见的有牡丹、菊花、玫瑰、百合、梅花、兰花、杏花、桃杏闹春、鸳鸯戏水、蜂飞蝶舞、孔雀嬉牡丹、鸟语花香、喜上眉梢、山花烂漫、硕果累累、含苞待放等。刺绣活根据所用工具的不同，分为机绣和手工绣。机绣指用缝纫机来刺绣；手工绣指用绣针、刹针刺绣出的绣品。

图一　东乡族少女服装黑色主图

本案例的服饰主要以黑色为主，内衬衣服和裤子以紫红色为主，用绣花的工艺来点缀。

本案例的服饰颜色搭配美观，刺绣工艺精湛，细密精巧的绣样花纹点缀，红色小巧细致的纽扣，让服饰显得华丽，精致。柔软的面料，穿起来舒适，用黑色和紫色让衣服耐脏和便于清洗，从而体现了东乡族女子心灵手巧、勤劳智慧的特点。

图片来源

图一至图九　许梦露　制图

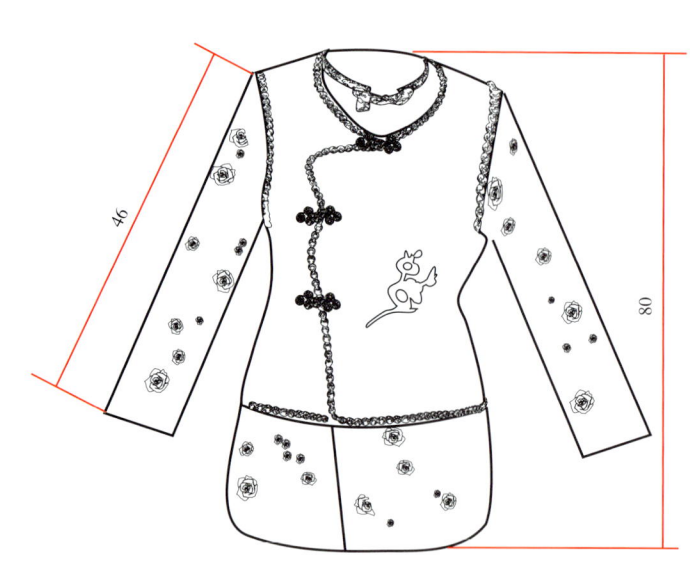
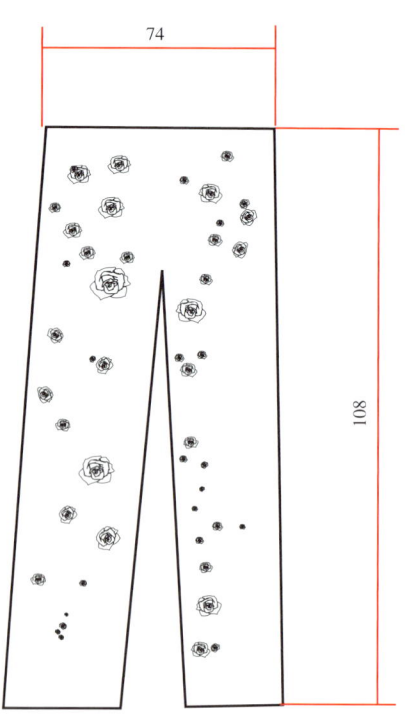

图二　东乡族少女服装黑色尺寸图（单位：cm）

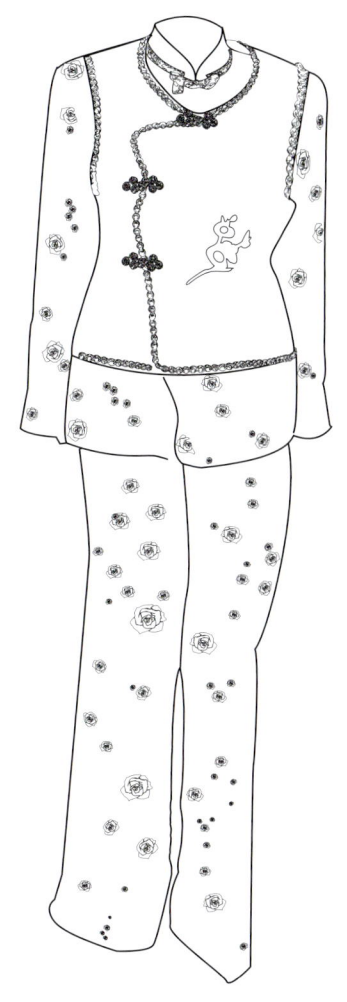

图三　东乡族少女服装黑色线框图

图四　东乡族少女服装黑色纹样效果示意图

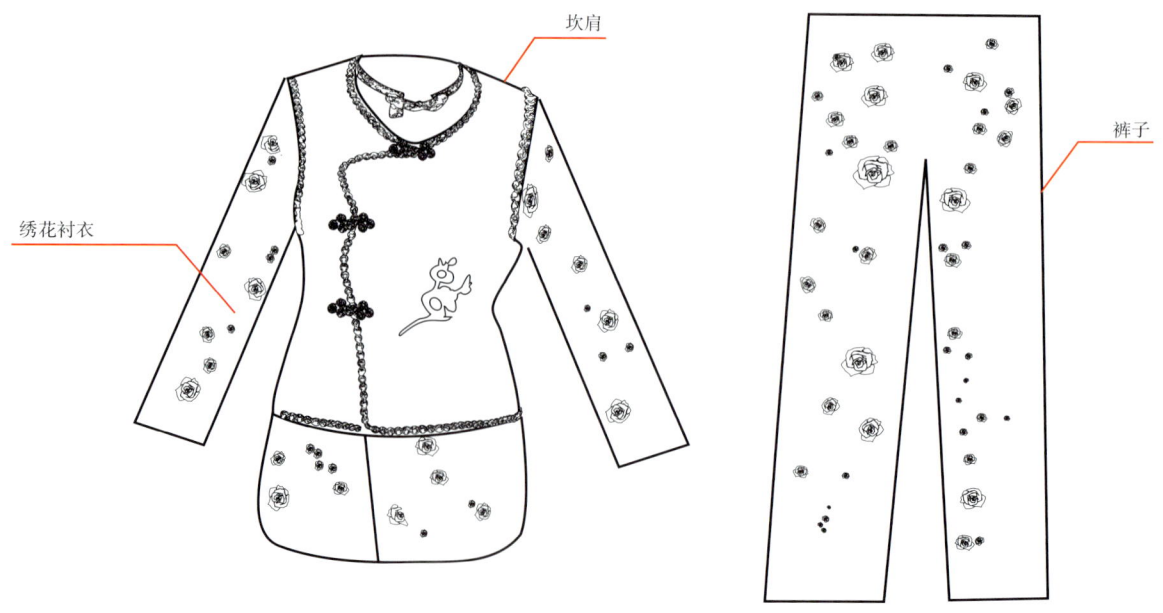

图五 东乡族少女服装黑色名称图

图六 东乡族少女服装黑色工艺图

1　　　　　2　　　　　3　　　　　4　　　　　5

图七　东乡族少女服装黑色分析图

图八　东乡族少女服装黑色穿着图

图九　东乡族少女服装黑色上色图

第二章　东乡族传统服饰

东乡族耳套

图一 东乡族耳套主图

耳套，出自于临夏回族自治区东乡县民居。东乡族耳套多用兔子皮制作，在外面绣有美丽的花的图案，北方东乡人民冬天还用黑色棉布或狐狸尾巴做耳套，用布料做的耳套。其外形似桃子，并绣有简单美观的图案。冬天戴上这种皮耳套，再戴上一件顶礼拜帽，既轻便保温，又感到和谐、不臃肿。特别是东乡族人民爱清洁，讲卫生，经常要洗脸、洗手、洗小净、练武，戴上这种头饰，冬天生活时既方便，又保暖。

由于北方的冬天较为寒冷，所以东乡族人民研究出这种耳套，这种耳套即美观又保暖。东乡族人民使用的耳套，在襟边、袋口处用针扎出明线，使耳套各边沿平挺工整，突出耳套造型的线条美，同时显得雅致。而且耳套为纯手工制作，在制作好的耳套上面在绣上一些带有花草的一些小装饰，耳套小巧耐用，皮耳套选料颇讲究，要用胎皮和短毛羊皮，缝成后轻、柔、平、展。

由于东乡族文化有着伊斯兰教文化与中华文化的合二为一的特点，东乡族服饰有着伊斯兰文化下体现的宗教特性。本案例的东乡族耳套体现了东乡族服饰很强的宗教文化特性，东乡族耳套有着很强的文化象征性，这也是构成东乡族服饰的核心及其演变的主要原因。现代的很多东西也都是由耳套演示而来，所以对现代的人们也有着很深的影响。

图片来源
图一至图四 虞正韬 制图

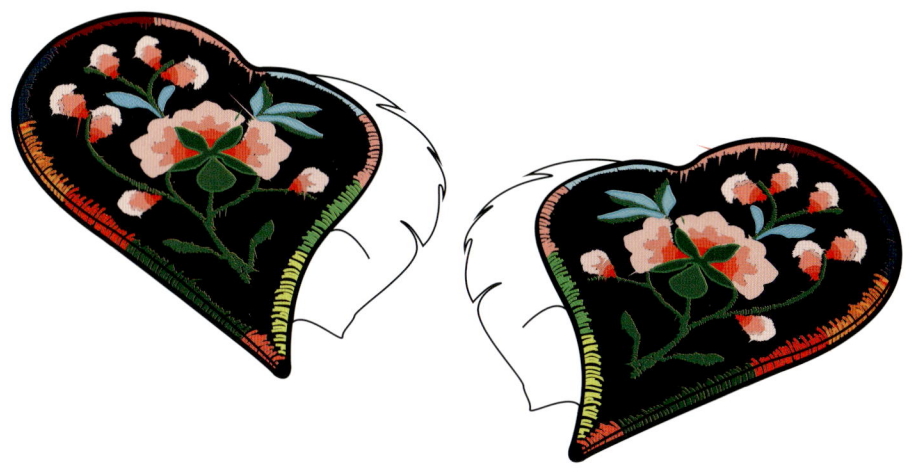

图二　东乡族耳套效果图

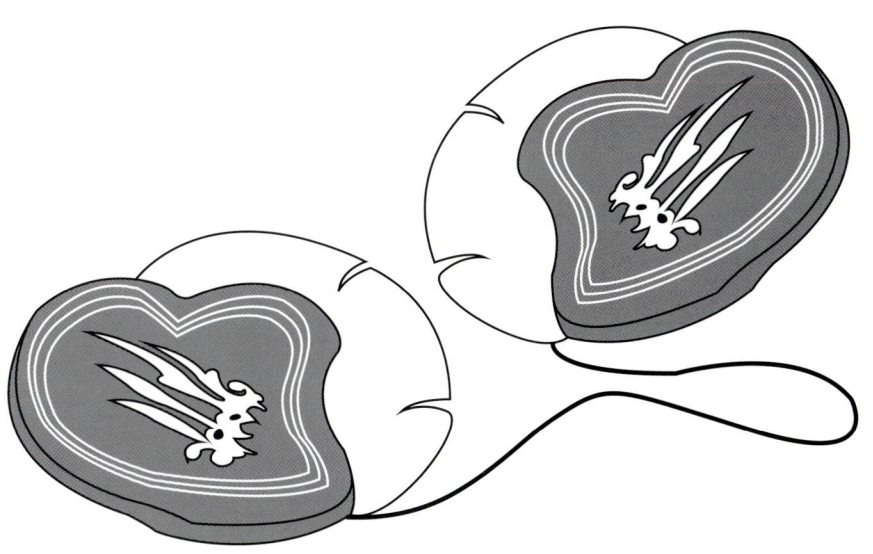

图三　东乡族耳套效果图

第二章　东乡族传统服饰

图四　东乡族耳套使用图

东乡族夹袄

图一　东乡族夹袄主图

夹袄，出自东乡民俗博物馆，肩宽48厘米，下摆宽50.4厘米，北方较为寒冷，东乡族人民为了预防冬天的寒冷，做出了防寒耐用的夹袄。随着农牧业的发展，人工培育的纺织原料渐渐增多，制作服装的工具由简单到复杂不断发展，服装用料品种也日益增加。

短衫和深色坎肩是东乡族男子经常穿的，而且东乡族在服饰上有严格的禁忌，男子非常禁忌穿着较为花哨的服饰。东乡族男子多穿短衫和深色坎肩，下穿及踝长裤。冬天穿山羊皮袄，在袖口处缝有黑色或红色的宽边。平时还穿毛织的褐衣。颜色素净，多青、蓝色或藏青色布制成。颜色素净、干净、文雅。由于东乡族位于西北，冬天及其寒冷，所以当地人民用灵巧的双手将兽毛和皮子缝制到一起，制作成夹袄，耐寒且而别结实。夹袄有四枚扣子，左手边有一个衣兜。装饰工艺较简单，这也表现了东乡族简朴、大方的民族特点。

用粗糙坚硬的织物只能制做结构简单的服装，有了更柔软的细薄织物才有可能制出复杂而有轮廓的服装，夹袄在东乡族来说也是不可缺少的防寒服饰。

图片来源
图一至图八　申辰　制图

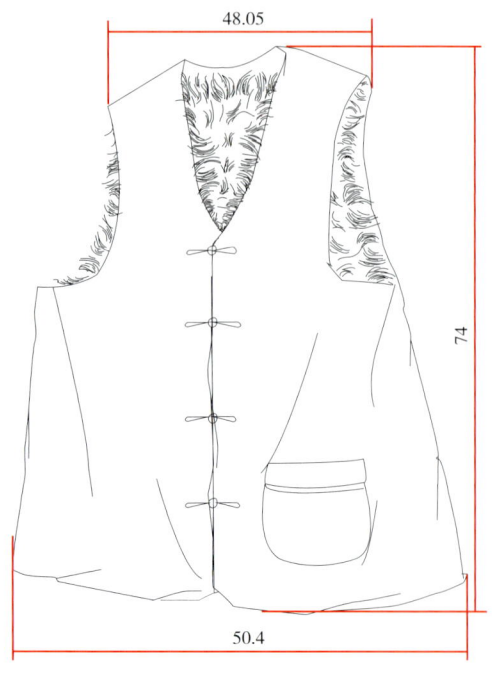

图二 东乡族夹袄尺寸图（单位：cm）

图三 东乡族夹袄线框图

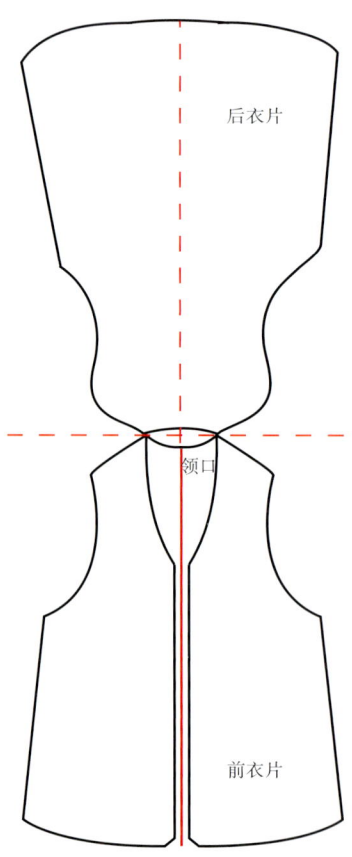

图四 东乡族夹袄裁剪图

图五　东乡族夹袄穿着图

 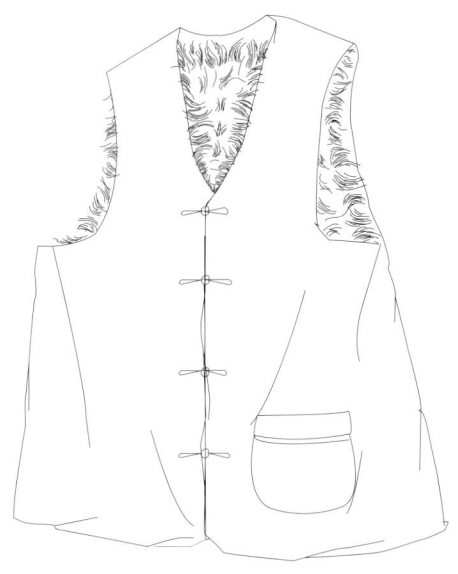

图六　东乡族夹袄上色图

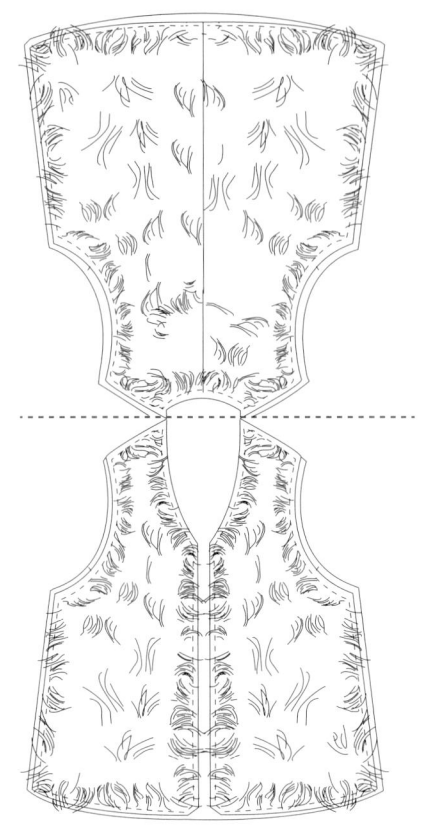

图七　东乡族夹袄剪切图

图八　东乡族夹袄加工制做图

东乡族钱袋

图一 东乡族钱袋主图

这是一件出自东乡民俗博物馆的物品，东乡族传统手工艺产品——刺绣钱袋。本案例中的钱包图样为梅花，由腰带、腰带扣、钱袋口、刺绣等五部分组成。其总长85厘米、刺绣矩形部分长24厘米、宽10.5厘米。这种钱袋还可以称为荷包、布袋、佩伟等是用来装钱和一些小物品的，系在腰间也可以起到装饰作用，多与小刀共同佩戴在东乡族男子的腰间，起到了很强的装饰作用，偶尔还会佩戴鼻烟壶，以增强美观。

在制作上多采用相对结实的布缝制，有里有面，中间夹衬有一定硬度，外面绣上各种精美的图案，缝上绑带，方便佩戴，多用流苏、料珠装饰，再加上针法细密，纹样新颖，花样繁多，使得钱袋精美艳丽，独具色感美和艺术性。这种钱袋在造型上也是多种多样，多为长条形、褡裢形、圆形、方形等。相比于东乡族的服饰，钱袋在颜色的设计上显得尤为大胆，配色大胆，强烈中又有协调心灵手巧的妇女们会在钱袋上绣上几朵花，给人一种精致的美感。在刺绣图案上以花草为主，常见的有牡丹、菊花、玫瑰、百合、梅花、兰花、杏花、桃杏闹春、鸳鸯戏水、蜂飞蝶舞、孔雀嬉牡丹、鸟语花香、喜上眉梢、山花烂漫、硕果累累、含苞待放等，这件案例是梅花图案，同样是红色花，梅花的花蕊选用夺目的大红丝线，强调它傲霜斗雪凌寒独自开的品格风韵。

生活中的所有美好，在东乡族妇女的手里都变成了永恒的瞬间，一个钱袋表达了她们对美好生活的热爱和憧憬，散发出浓郁的传统艺术魅力。具有美好寓意和艺术手法的钱袋，在民族文化中，显示着旺盛的生命力。

图片来源
图一至图九　李雪松　制图

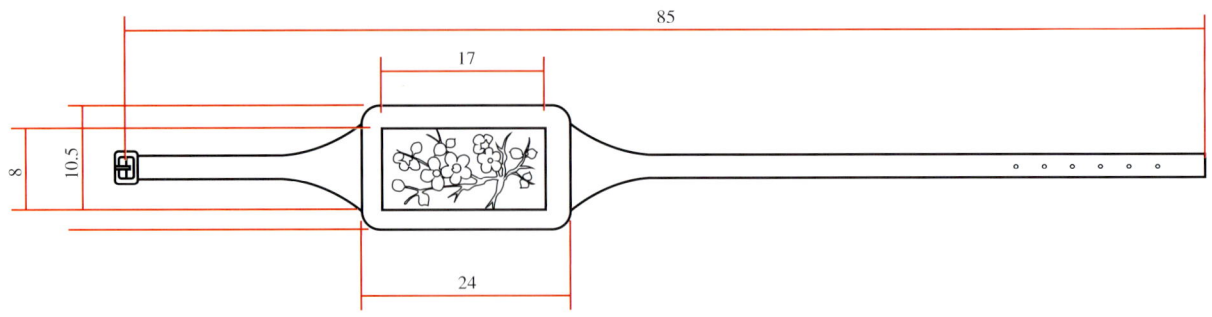

图二　东乡族钱袋尺寸图（单位：cm）

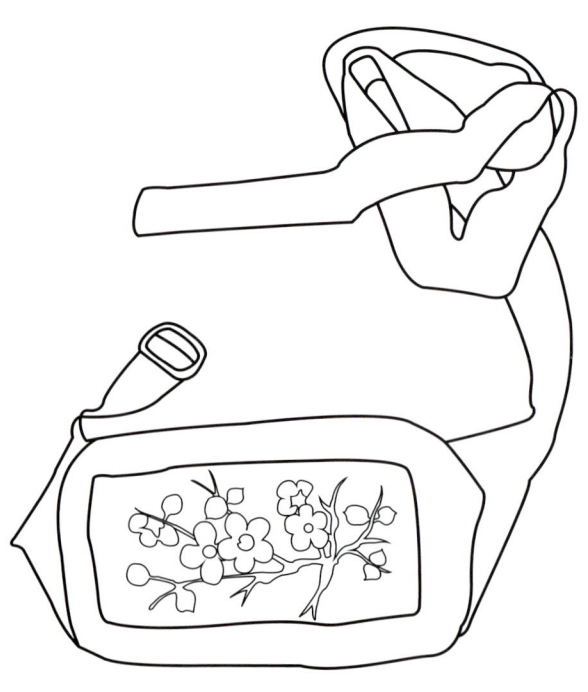

图三　东乡族钱袋线稿

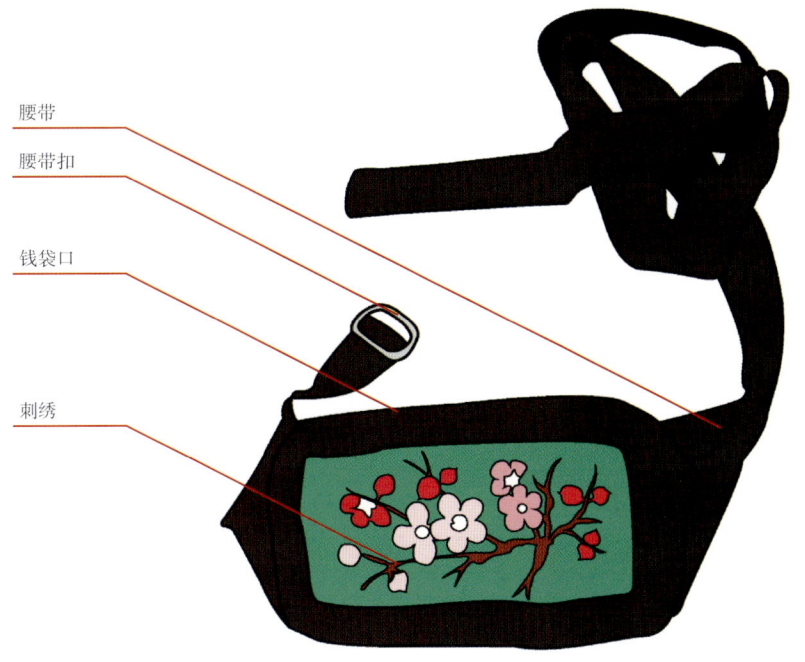

图四　东乡族钱袋名字解析图

钱袋

清朝刺绣钱袋

图五　东乡族钱袋对比图

第二章　东乡族传统服饰

图六　东乡族钱袋使用图

图七　东乡族钱袋细节图

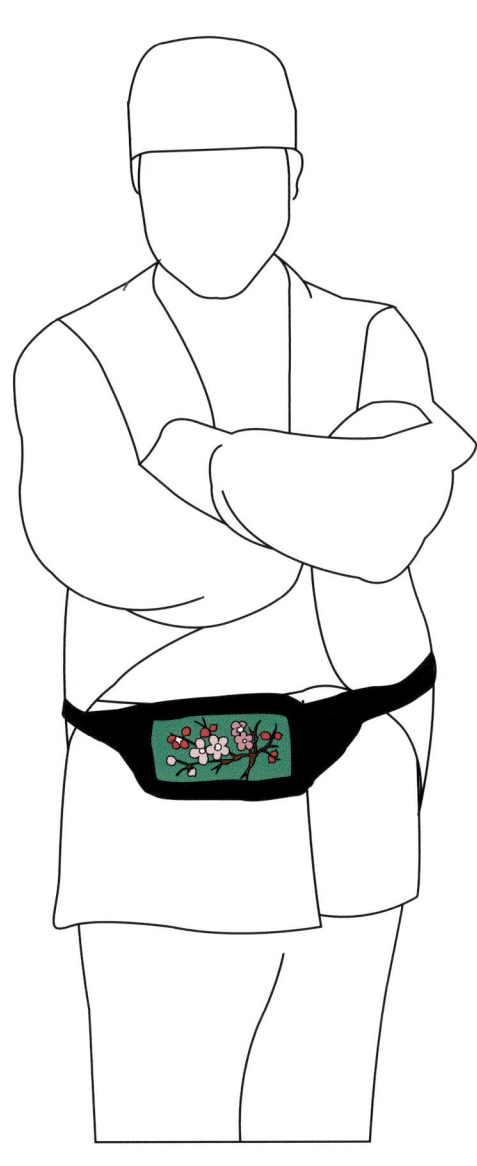

图八 东乡族钱袋使用氛围图

图九 东乡族钱袋上色图

第二章 东乡族传统服饰

东乡族男子钱袋

图一　东乡族男子钱袋主图

男子钱袋，出自东乡民俗博物馆。东乡族男子钱袋长46厘米，高21厘米，主要有钱袋和绑腰带组成。布袋或皮袋子是用裁成的方形或长方形原料缝制而成，上端留一边穿一根绳子装入碎银子后系上绳子，拿在手里或系在腰间就成了钱袋子。

说起钱袋子，有必要说说古代的钱袋子，古代的时候，由于使用的是铜钱，故此，人们都用布袋子或皮袋子盛钱。东乡族服饰的几何花纹，在纹样的组织形式上与色彩的运用上，都有着明显的宗教特征，这种特征与宗教信仰是分不开的。东乡男子钱袋呈倒梯形状，红布做底，上面绣有花卉、虫鸟等吉祥纹样，周围有黑布做的包边防止布磨出毛边。使用时用绑腰带把它绑在腰前即可，倒梯形的造型使得它在被绑在腰间时不会影响人的正常活动，东乡族男子钱袋颜色鲜艳，使用时系在腰间也能起到很好的装饰作用。

东乡族是由多个民族融合而成的，其服饰必然会受到多种来源的影响。东乡族至今仍保留着不少古代游牧民族的传统和生活习惯。不管是在田间劳作，还是在马背骑射，他们的钱袋都不会影响到正常活动，彰显了东乡人民的聪明才智。

图片来源
图一至图五　李雪松　制图

图二　东乡族男子钱袋尺寸图（单位：cm）

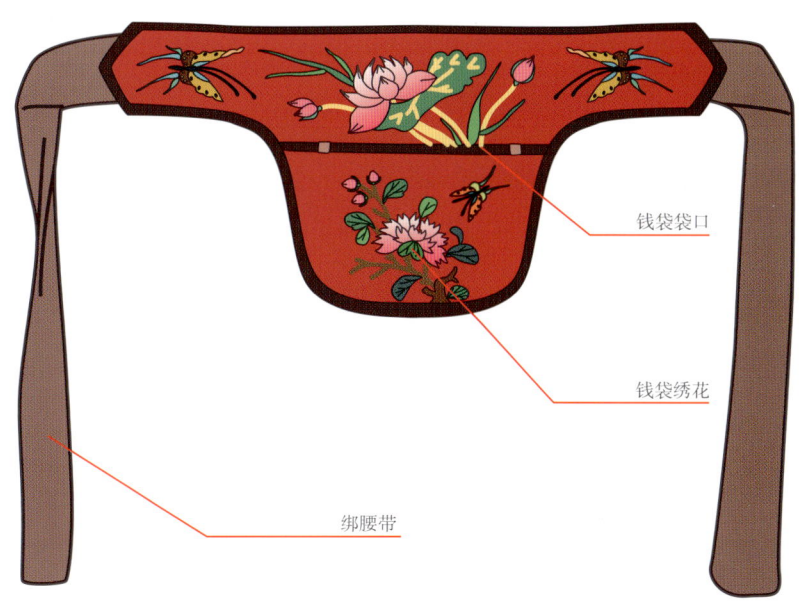

图三　东乡族男子钱袋名称图

图四　东乡族男子钱袋纹样图

图五　东乡族男子钱袋使用示意图

东乡族肚兜

图一　东乡族肚兜主图

肚兜，是东乡族妇女护胸腹的贴身内衣，肚兜四边有带子，上端的两根带子套在颈后，左右端的带子束于腰后。肚兜长约43厘米，宽约56厘米。肚兜有保护腹部，防止着凉生病的作用。现收藏于东乡民俗博物馆。

本案例中的肚兜底色为深蓝色，上面绣有鲜花图案。图中鲜花的深浅渐变与树枝的虚实在绣线中得到了完美的体现。肚兜的黑色包边给肚兜一种沉稳的内敛的感觉。过去由于东乡族妇女社会地位低下，而缝纫和烹饪又被约定俗成地被认为是衡量一个女人能力的标准，所以东乡族妇女几乎个个心灵手巧，人人擅长刺绣。刺绣的步骤：第一步是选料剪裁。在确定刺绣的物品后，根据绣品大小和质地选择面料进行裁剪。第二步是画墨样。将图案花样轻轻勾画在选择好的面料刺绣处，花样图案可以借用他人作品，也可自己即兴创作，根据自己的需要选择。第三步是上绷子。绷子是用有弹性的竹子劈成几片后做成的可以调节大小的圆形环圈。把画过墨样的面料平铺在绷子外圈上，绣的图案应居正中间，然后再套上内圈，把面料卡在内外两圈之间，使绣品的绣面成鼓面状。这样做是为了保证绣品在刺绣时顺利进行不跳线，不断线，取掉绷子后绣品平展不变形。

第四步是就手工刺绣了。

本案例中的肚兜是东乡族最为普遍的一款肚兜类型，但是上面的刺绣将东乡族妇女精湛的刺绣技巧展现无遗，是多少年来东乡族妇女智慧与劳动的结晶，一代代地传授给勤劳美丽的东乡族女子。

图片来源
图一至图六　李雪松　制图

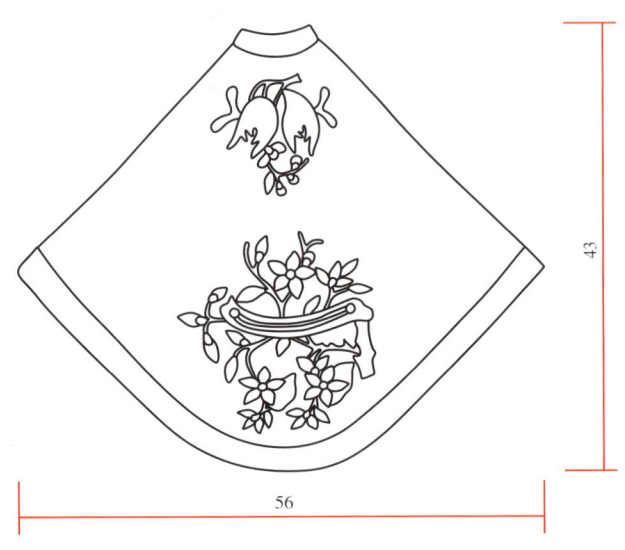

图二　东乡族肚兜尺寸图（单位：cm）

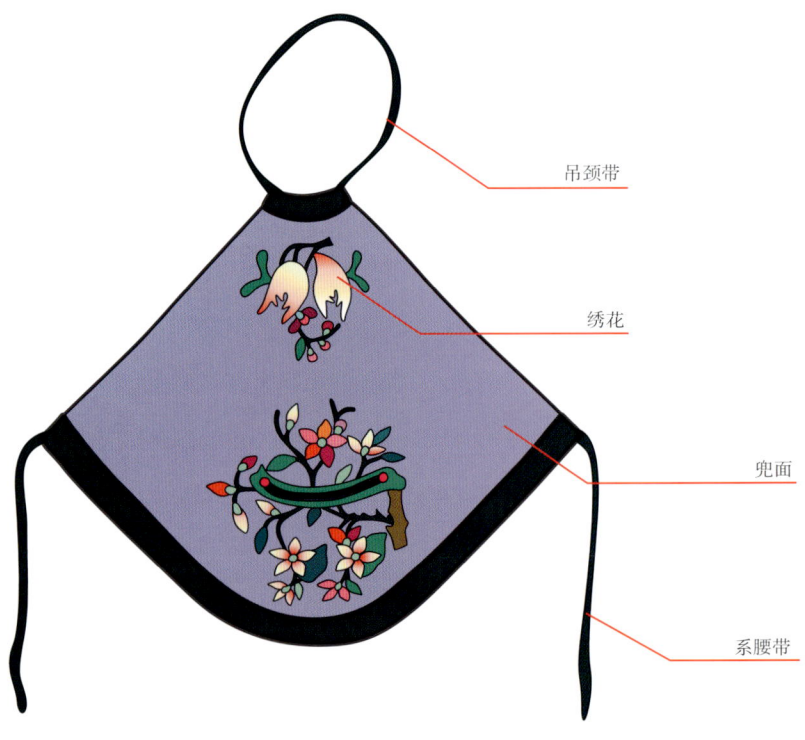

图三　东乡族肚兜名称图

图四　东乡族肚兜绣花纹样图

图五　东乡族肚兜不同款式图

图六　东乡族肚兜正反面示意图

东乡族头巾

图一　东乡族头巾主图

本案例中的头巾，是东乡族妇女常见的一种头饰，现收藏于东乡民俗博物馆。东乡族女孩从七八岁开始戴绿盖头，婚后戴黑色盖头，老年妇女戴白色盖头。头巾一般呈长方形，包裹住头部，一般只露出脸颊。

案例中的黑色头巾是东乡族的少妇和中年女子佩戴的，少女和新婚妇女绿色的头巾，50岁以后就改带白色头巾了。女性的头巾除了宗教功能外，也具有实用价值，妇女的耳朵、头发、脖子直至胸腔都被头巾遮在里面，从头顶垂到肩上或胸前适合西北风沙较多的气候特征和生活环境。对于少数民族来说，民族服饰就是民族精神的符号。服装在演化和发展的历史过程中，慢慢地衍生出了适应社会、加强民族认同和整合群体的功能。

本案例中的这种头巾是东乡族妇女很常见的头饰，不仅可以抵挡风沙还可作为配饰修饰女性的面容，是西北东乡族人民在历史演变过程中结合本民族的宗教信仰与所在地的特殊地理、气候条件设计出来的装饰性与功能性结合一体的女性饰物，一般的东乡族女子都要佩戴头巾，这也体现了西北东乡族人民的造物智慧。

图片来源

图一至图五　李雪松　制图

图二　东乡族头巾线稿

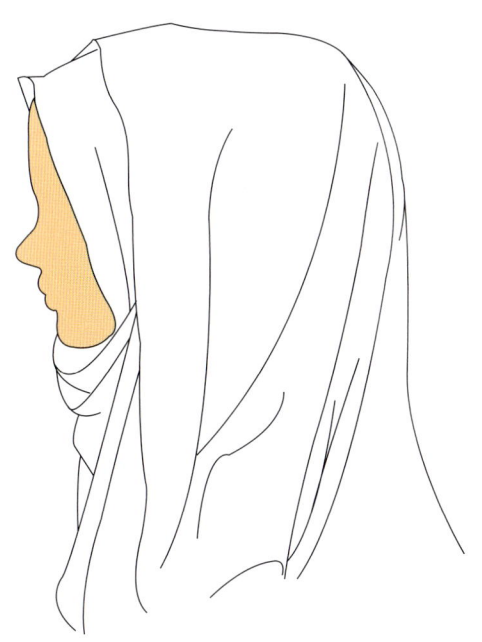

图三　东乡族头巾使用图

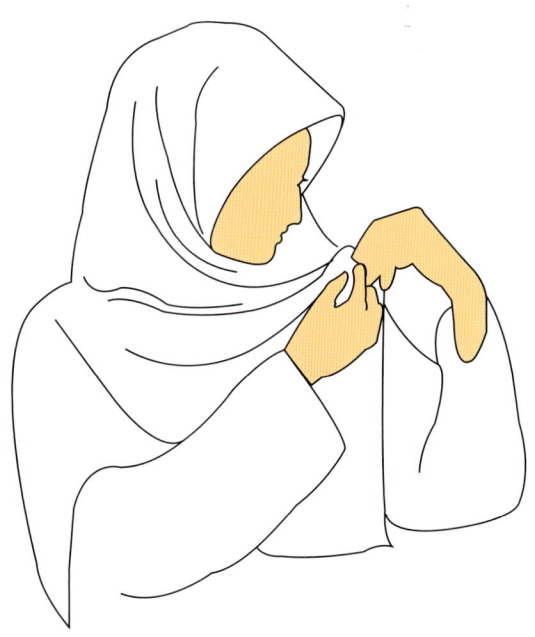

图四　东乡族头巾使用图2

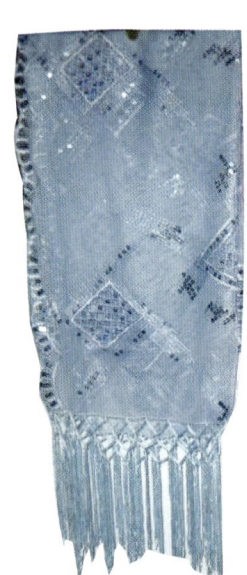

图五　东乡族头巾对比图

东乡族袜子

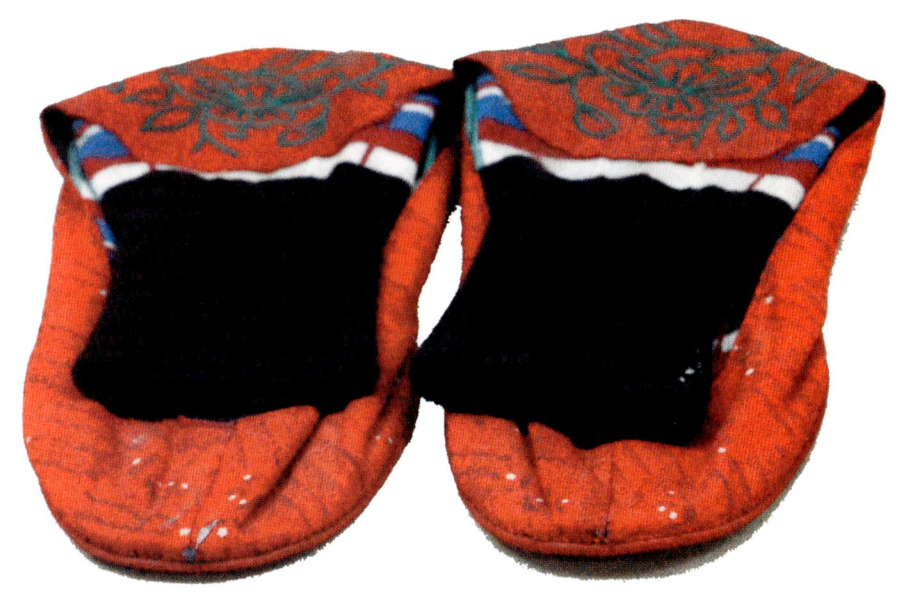

图一 东乡族袜子主图

  本案例是一双东乡族袜子，出自东乡民俗博物馆。这种袜子流行于北方的东乡族居住地区，通常为妇女在冬天使用的一种布质的袜子。一般是用近似皮夹克软、薄的布皮制成，洁净光亮，结实耐用，由红布缝制而成，鞋子也以艳色居多。年轻女子多在鞋头上绣上一些花朵。

  本案例的红色东乡族袜子，表现出东乡人民的奔放和对生活的热爱。按照伊斯兰教规定，穆斯林每日五次礼拜都必须小净。在礼拜前，如果穿上皮袜子就可以免去小净中洗脚的程序，用湿润的手从袜子的脚尖摸至脚后跟就可以当做洗脚这道程序。一个民族服饰的不仅与这个民族的宗教信仰有关，而且在生活生产的过程中，受到地域性和周围民族文化的影响是密切相关的。在我国北方，由于冬天天气寒冷，一日五次礼拜前洗脚的程序使人们感到寒冷并且不方便，所以东乡族人民选择了使用这种布袜，在尊重宗教信仰的同时满足了人们的需求，所以广受好评。

  由于东乡族文化有着伊斯兰教文化与中华文化的合二为一的特点，东乡族服饰有着伊斯兰文化下体现的宗教特性。本案例的东乡族袜子体现了东乡族服饰很强的宗教文化特性，这也是构成东乡族服饰的核心及其演变的主要原因。

图片来源
图一至图七 李雪松 制图

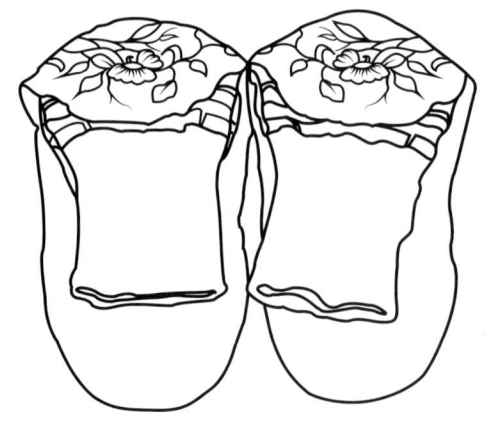
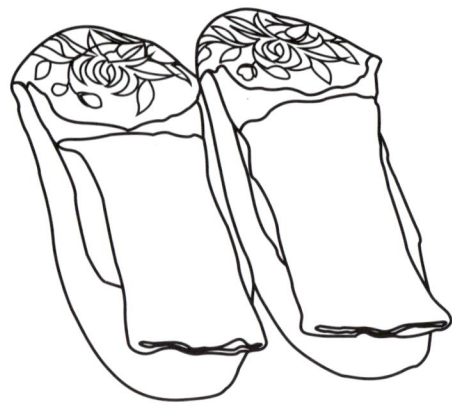

图二 东乡族袜子线稿

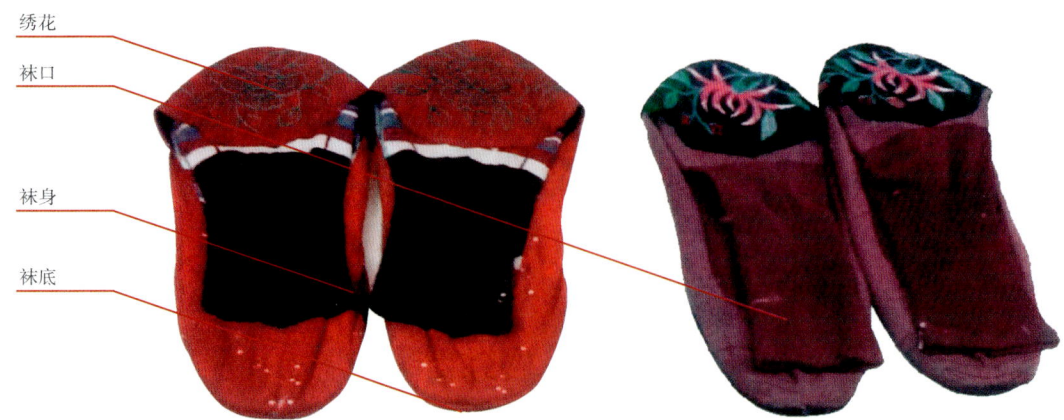

图三 东乡族袜子名字解析图

图四 东乡族袜子细节图

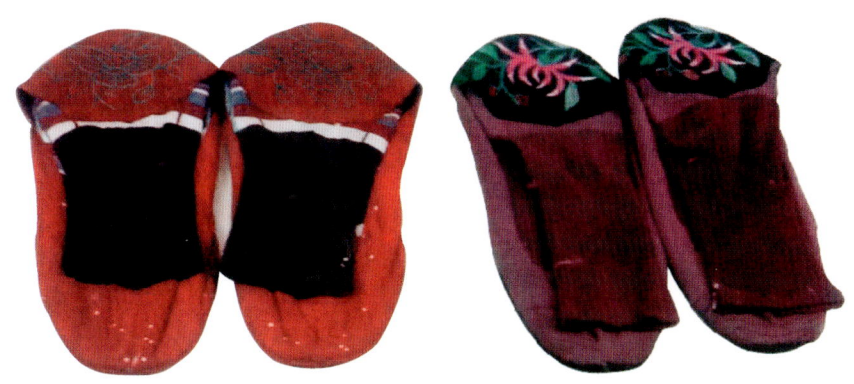

袜子

汉朝汉服袜子

图五 东乡族袜子对比图

第二章 东乡族传统服饰

139

图六　东乡族袜子使用氛围图

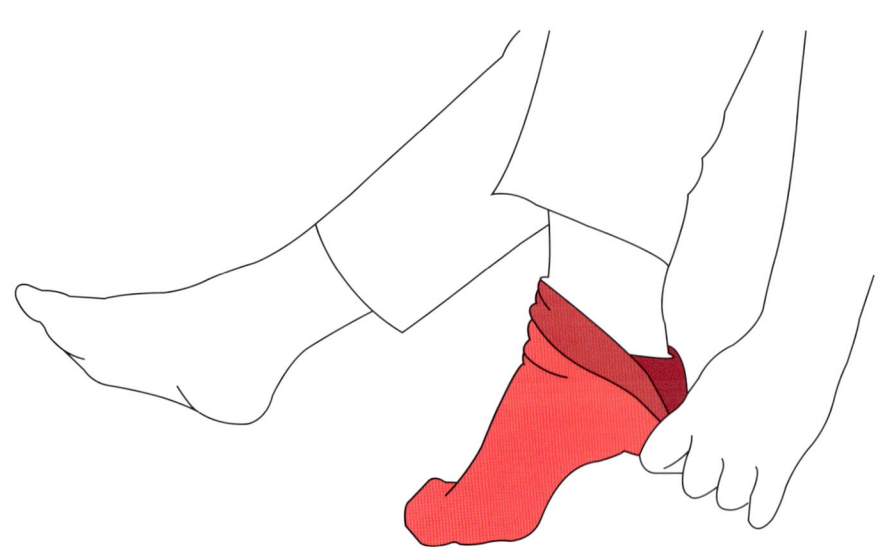

图七　东乡族袜子使用图

东乡族绣花枕套

图一　东乡族绣花枕套主图

东乡族绣花枕套，出自于甘肃省临夏市东乡县自治区民居。东乡族妇女都精于针线活，特别擅长绣花，绣工精细，枕头、马甲、鞋、婴儿的裤子、帽子甚至男人的袜跟上都绣上花、昆虫。绣花的枕套就是其中之一。绣花枕套在襟边、袋口处用针扎出明线，使耳套各边沿平挺工整，突出耳套造型的线条美，同时显得雅致。为了使枕套更加精致，所以枕套上绣有简单美观的图案。

在枕套上，用刺绣、补纳、编织、等手法，绣上各种图案，非常美丽。绣花枕头是回族生活中不可缺少的点缀品，他们多把这种枕头放在卧室的床上、木箱上或被褥上，绣花朝外，宛若盛开的花卉，绚丽多彩。枕头式样繁多，常见的多为方形。绣花枕头也是姑娘出嫁时必不可少的一种嫁妆。许多姑娘在嫁前，就勤学苦练各种绣花本领，并选择自己喜爱的图案，在婚后以此展示自己的技艺。其绣法多种多样，有平绣、结绣、盘金银绣、十字绣、扎绒绣、格架绣、综合绣、补花、拼花、掏花、编织等等。绣花枕头多为白色，也有天蓝、红灰色等。

本案例采用传统的绣法，蝴蝶在花丛中飞舞，花纹色彩绚丽，栩栩如生。以黑色为衬，端庄大方，红色为底，吉祥喜庆。充分体现了东乡族女性的魅力。而且枕套便于枕头的清洗，同时也让枕套变得更加的美观。

图片来源
图一至图六　邱珂　制图

图二　东乡族绣花枕套尺寸图（单位：cm）

图三　东乡族绣花枕套线框图

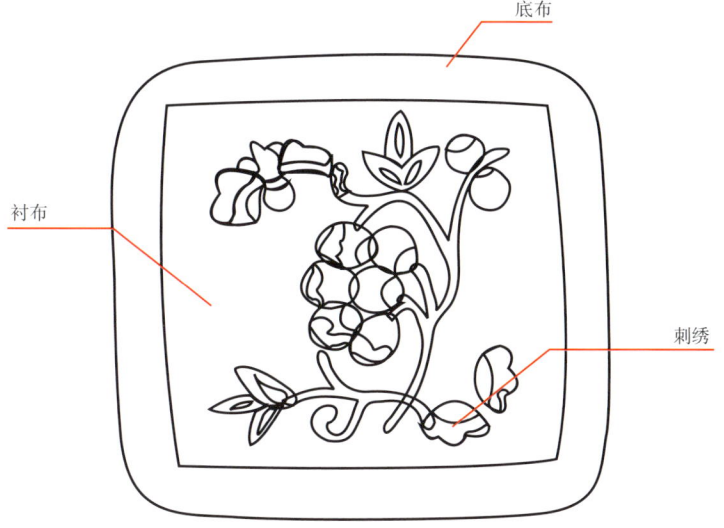

图四　东乡族绣花枕套名称图

图五　东乡族绣花枕套纹饰图

第二章　东乡族传统服饰

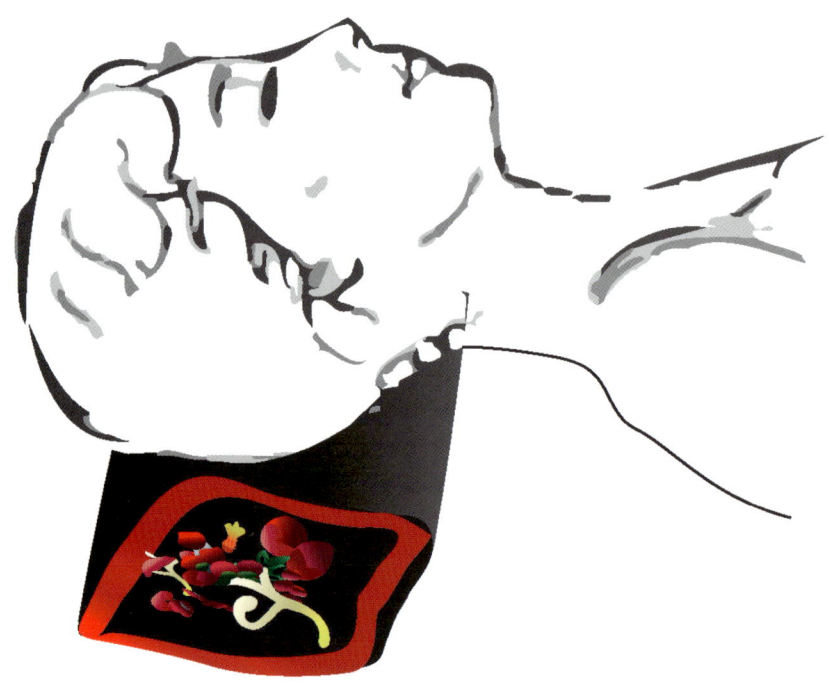

图六　东乡族绣花枕套使用图

第三章 东乡族传统餐饮

东乡族笼屉

图一　东乡族笼屉主图

笼屉也叫蒸笼，是我国传统面点蒸制的使用器具，出自东乡民俗博物馆。笼屉基本大小不一，最小直径13厘米最大直径30厘米。笼屉在蒸东西时，要先等锅内的水滚再放入材料，蒸时要隔水蒸蒸东西，下面是水，通过加热使水沸腾，以蒸汽来蒸熟东西。并且蒸汽水不倒流，所以蒸笼蒸东西时，最上层先熟。

笼屉大部分采用竹、木或者铁制作成，传统工艺中以竹制为主。工艺流程有笼框的定型，钻空穿绳。笼屉底部面用竹条或稻草的编织，最后的边缘处的抛光。笼屉的制作必须非常严谨才能使得在使用的时候一层层的笼屉能准确无误的堆叠在一起。笼的手柄有两个作用，一是方便移动，另外一个是起到蒸笼横梁的左右。

笼屉的制作工艺是东乡族劳动人民智慧的结晶，将食物用不同于炒的方法，并且蒸出来的食物色香味俱全。笼屉曾作为评判饭店好坏的指标，那时的饭店都会把笼屉在门口堆起来，哪家饭店门口的笼屉堆的最高很能从一方面说明这家饭店的档次。可见笼屉在人们日常生活中的地位。笼屉在以前更是家家户户常备，尽管到了现代社会人们依然会用其他材质和在此基础上设计改良过的笼屉，依旧有它的雏形。

图片来源
图一　FOTOE图库
图二至图九　虞正韬　制图

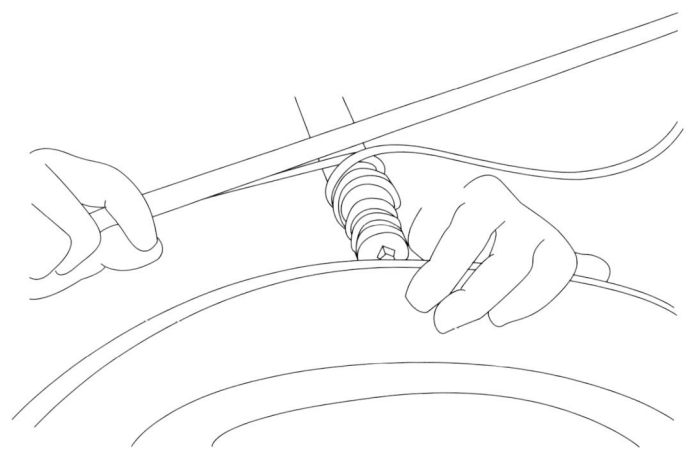

图二 东乡族笼屉工艺图1

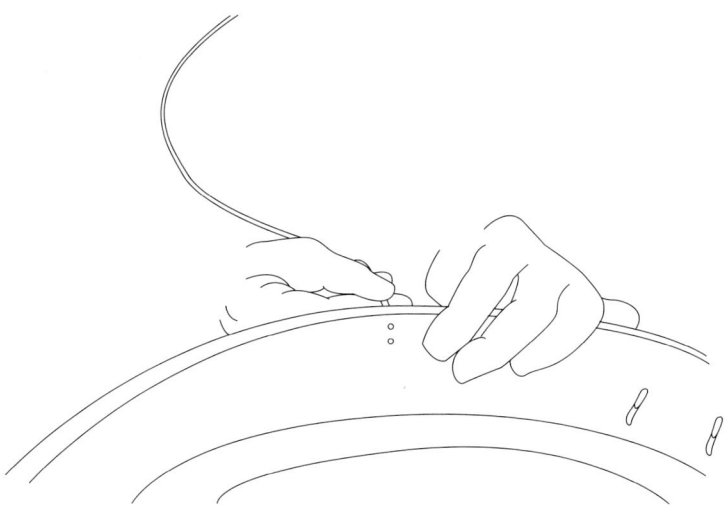

图三 东乡族笼屉工艺图2

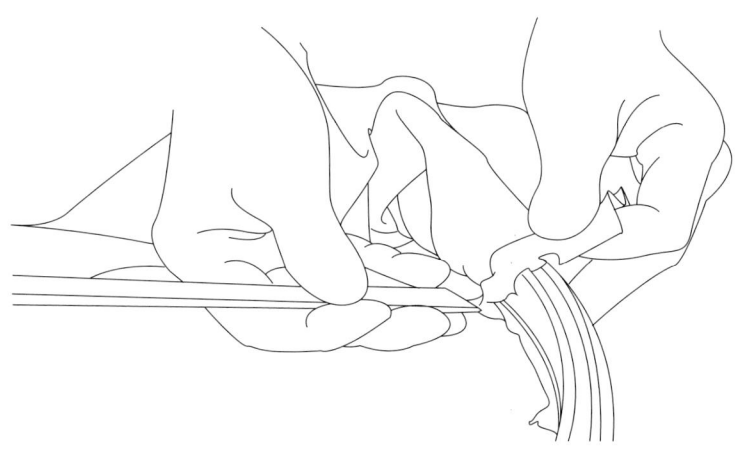

图四 东乡族笼屉工艺图3

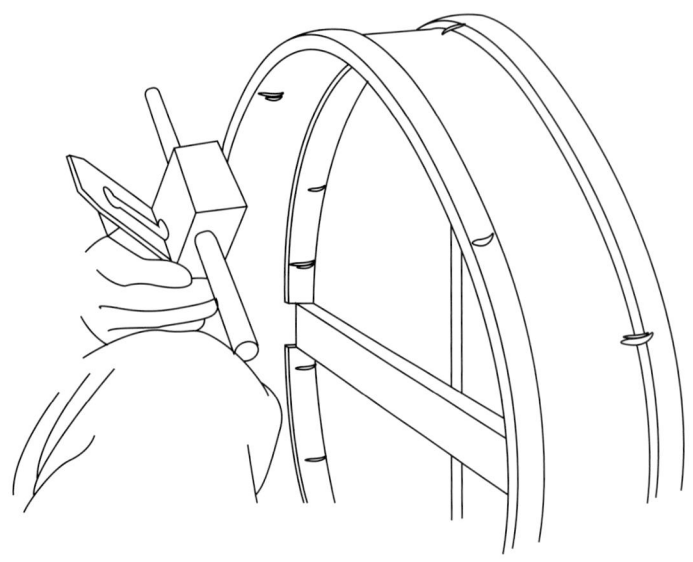

图五 东乡族笼屉工艺图4

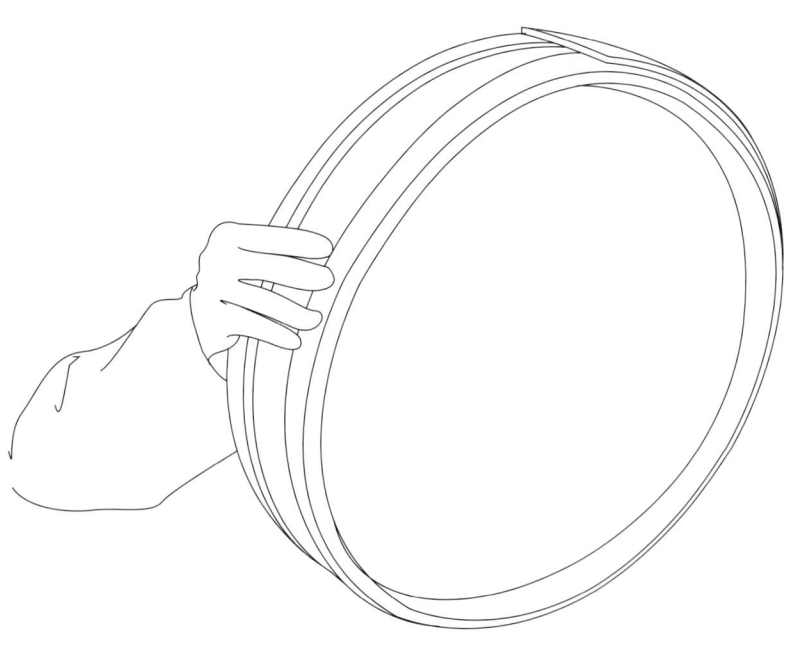

图六 东乡族笼屉工艺图5

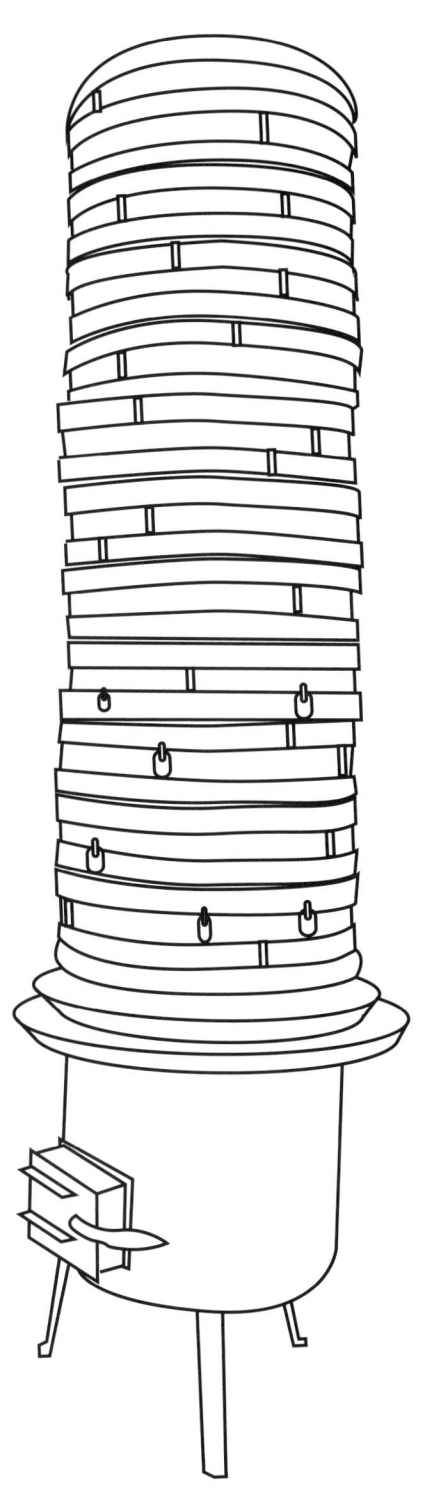

图七　东乡族笼屉效果图1

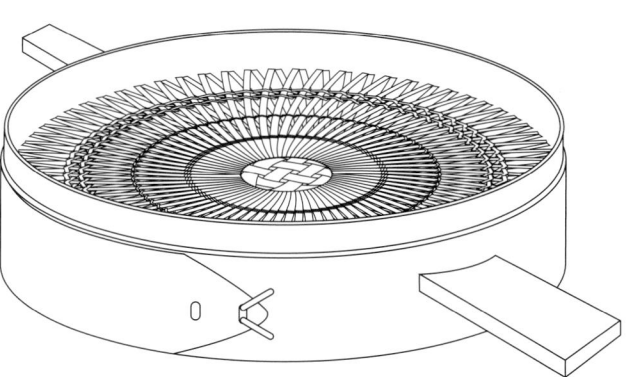

图八　东乡族笼屉效果图2

第三章　东乡族传统餐饮

图九　东乡族笼屉使用图

东乡族唐汪川杏干

图一　东乡族唐汪川杏干主图

"天水的苹果安宁的桃，唐汪川大接杏是一宝"。久负盛名的大接杏因盛产于东乡县唐汪川而有唐汪大接杏之称。成熟的唐汪大接杏果实形如桃，桔黄色、个大、皮薄、肉厚、质软、纤维极少、汁多、味甜、醇香，品质上乘。

东乡县唐汪川一地产杏的品种繁多，它的品种有大接杏、包核杏、泉眼口、早杏、胡抓等22种之多，而大接杏是最具盛名的优良品种之一。此地土壤多为冲积母质形成的黑红土和沙壤土，土质肥沃，渠水自流灌溉，光照强，日照时间长，昼夜温差大利于杏的糖分积累，尤其是略含盐碱的红砂土，极适宜于杏树的生长，所以，自明清以来这里逐步发展成盛产杏子的好地方。

唐汪川杏干制作工艺大致分为五个步骤。1.清洗：将果浸入活水中，用流水冲洗；2.切分：沿果实缝合线对切成两半，切面要整齐光滑，挖去果核（若制作全果带核杏干，则不用切开去核）。切成两半后，将杏片切面向上排列在筛盘上，不可重迭；3.干制：一种是自然干制，将经过切分的果实放在竹匾或晒场上，在阳光下暴晒，晒制五至七成时，叠置阴干至含水量为16%~18%。干燥率约为5∶1。另一种是人工干制，将切分好的的杏果放在烘盘上，送入烘房。烘房初温为50摄氏度~55摄氏度，终温70摄氏度~80摄氏度，经10~12小时，可干制到所需的含水量；4.回软：将干燥后的成品放木箱中回软3~4天，使内外水分均衡；5.包装：根据成品的质量进行分级。将色泽差、干燥度不足以及破碎果片拣出后，即可包装。

唐汪大接杏肉质细密,味甜多汁,果色艳丽,富有芳香,是极好的鲜食和加工品种。长期食用,具有润肺止渴、祛痰防癌等功效。

图片来源
图一 图片来源:fotoe
图二至图六 虞正韬 制图

一、去核

图二 东乡族唐汪川杏干效果图

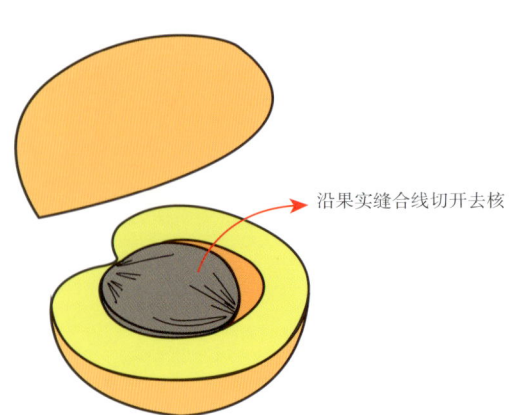

图三 东乡族唐汪川杏干步骤一去核图

二、晒制

1.将去核的果实放在晒场上,在阳光下暴晒,晒制五至七成

2.叠置阴干至含水量为16%～18%

图四 东乡族唐汪川杏干步骤二晒制图

三.回软

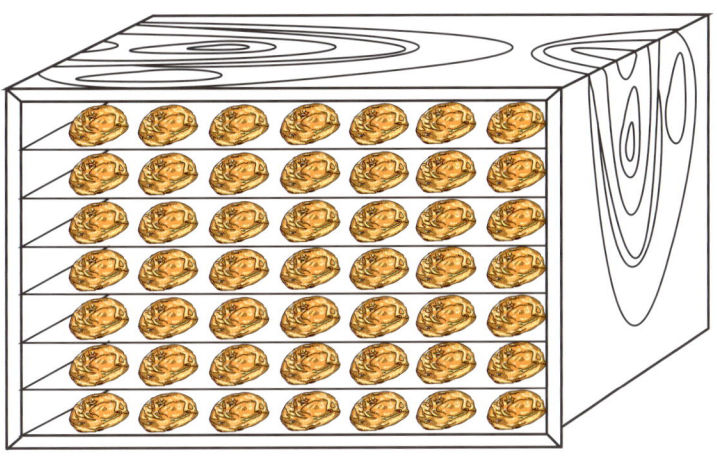

将干燥后的成品放木箱中回软3～4天，使内外水分均衡

图五　东乡族唐汪川杏干步骤三回软图

四.杏干成品

图六　东乡族唐汪川杏干成品图

东乡族油罐

图一　东乡族油罐主图

油罐是装食用油用的陶罐器皿，该陶罐现收藏于东乡民俗博物馆。

主要部件就是罐身和罐盖，造型简洁，古朴大方，尺寸比例恰到好处。油罐盖上突出一长方体，方便拾取盖子。取用油可单手操作，使用时直接打开罐盖取油，去完之后盖上盖子。油罐罐身中下部分有部分防滑立体条纹，使用方便、安全。

陶罐的制作工艺是中华传统文化中重要的一部分。拉坯成型是陶瓷发展到一定阶段出现的较为先进的成型工艺，是陶瓷历史上的一个重大革命。它不仅提高了工作效率，而且用这种方法制作的器物更完美、精致，同时可以拉塑出更大型的作品。

陶罐装油有悠久的历史，用陶罐装食用油能最有效地保留食用油的香味，还能更好地吸收食用油中的杂味，还可以防潮，有效防其他异味，且透气性好。油罐既可作为工艺品做家居摆设，又可以作为直接存放食用油的器具，美观且实用。

图片来源
图二、图三　邓奔　制图
图一、图四至图八　汤丹丹　制图

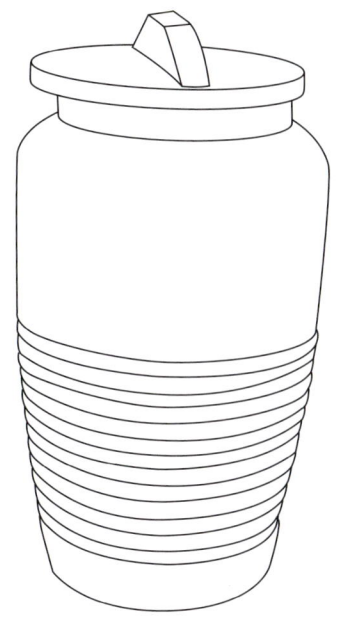
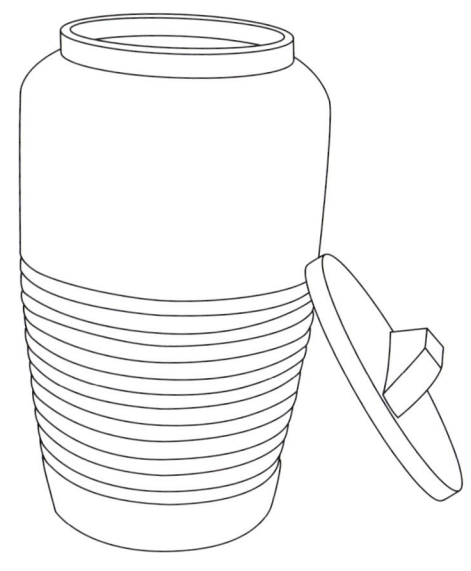

图二　东乡族油罐线稿　　　　　　　　　图三　东乡族油罐线稿

图四　东乡族油罐组合图　　　　　　　　图五　东乡族油罐渲染图

第三章　东乡族传统餐饮

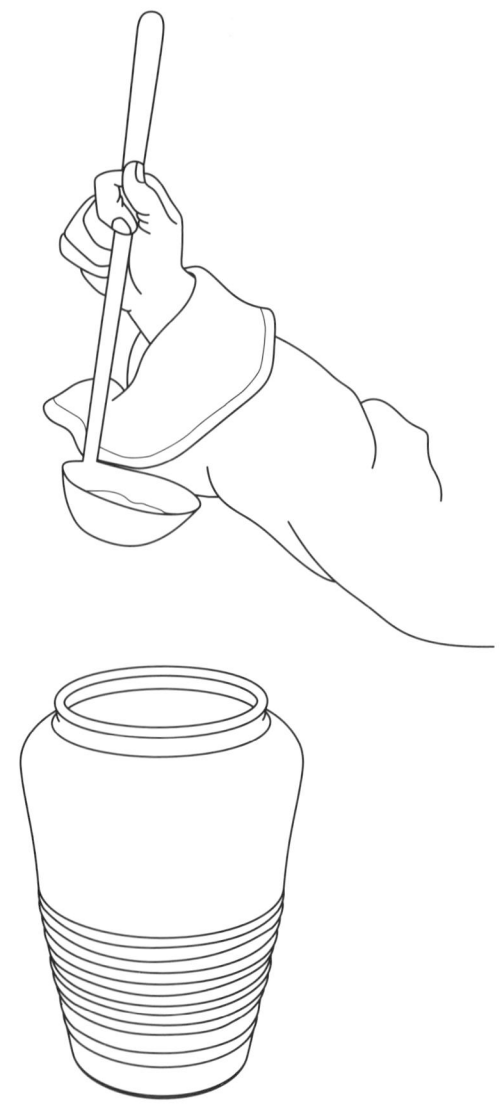

图六　东乡族油罐使用图

图七　东乡族油罐剖面图

图八　东乡族油罐名字解析图

东乡族陶锅

图一　东乡族陶锅主图

　　陶锅，也是砂锅，是东乡族所特有的一种炊具，该陶锅现收藏于东乡民俗博物馆。

　　传统的砂锅是陶器的一种。陶的发明是人类社会发展史上划时代的标志，夹砂陶是新石器时代制作普遍的一种陶器，以红陶和灰陶为主。经过历代改良，夹砂陶演变成了现在我们使用的砂锅。该陶锅内部镂空，可放置木炭，热气能使陶锅受热均匀。形状似一个碗中间有一个高的通气口，这能让食物充分受热，滋味越美味。两边附有耳栓，以及提环，方便使用，是吃火锅的重要器皿。

　　它的特点是导热性比较差，这一个特性不但不是砂锅的缺点，而且是它突出的优点。它可以使锅内的食物和汤汁长时间地保持在微微沸腾的状态，由于火小，时间又长，最后可以使肉烂，汤汁鲜美，别具风味。而陶锅的制造工艺和普通陶瓷出品相差无几，属于泥条盘制法。泥条盘的制法是陶艺成型技法中最为方便、造型表现力最强的技法之一，可以制作出其他任何成型方法所能做出的作品，如圆形、方形、异形乃至雕塑等等。用泥条盘制法制作陶艺，一方面是泥条可以自由地弯曲与变化，方便制作一些比较复杂的、不太规整的、较随意的陶塑，再者就是它能够保留泥条在盘筑时留下来的手工痕迹和一道道盘旋的纹理，当然也可以修整得不留痕迹。

陶锅的发明，体现了东乡族对食物美味的精益求精。也体现了东乡族对生活的美好追求。

图片来源

图一至图八　肖巧妮　制图

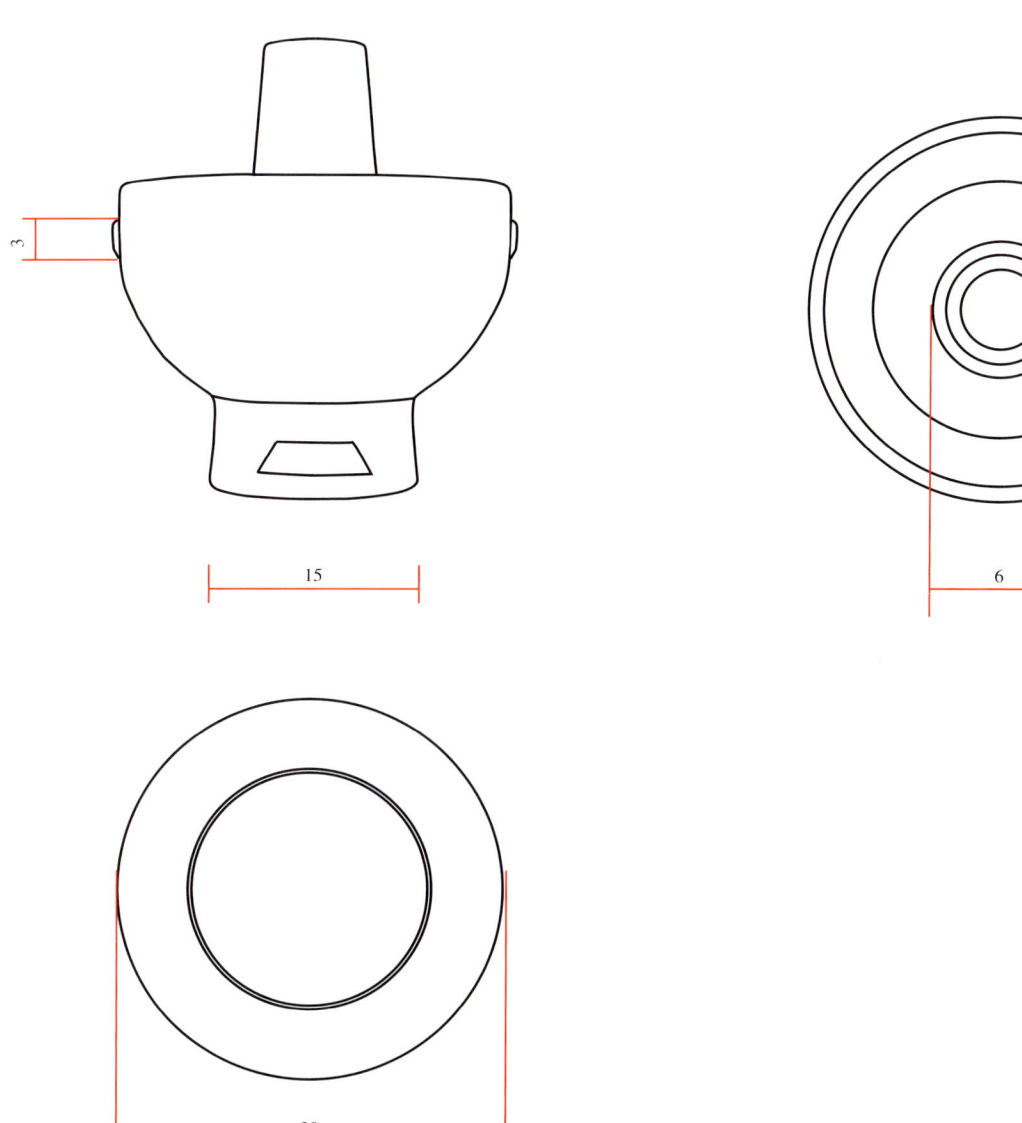

图二　东乡族陶锅三视尺寸图（单位：cm）

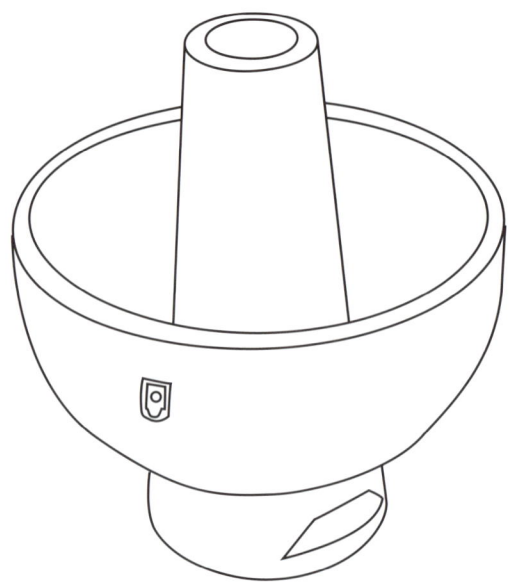

图三 东乡族陶锅线框图

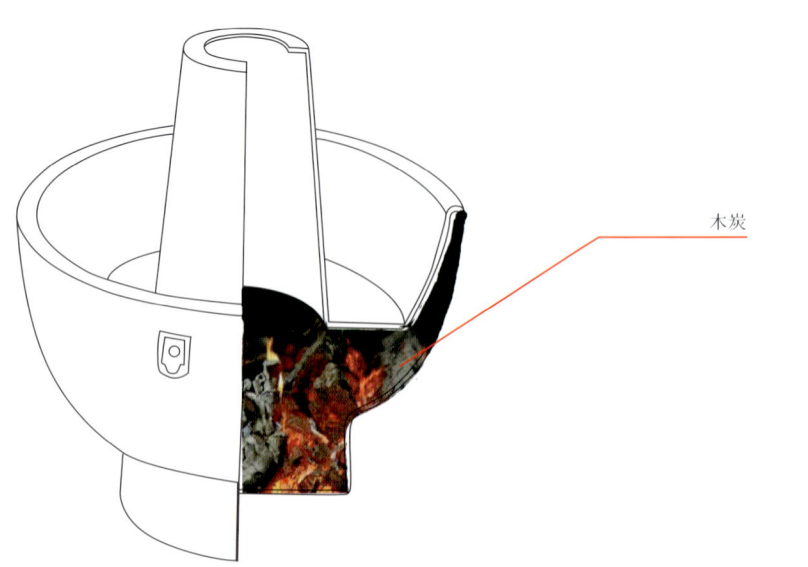

木炭

图四 东乡族陶锅剖面图

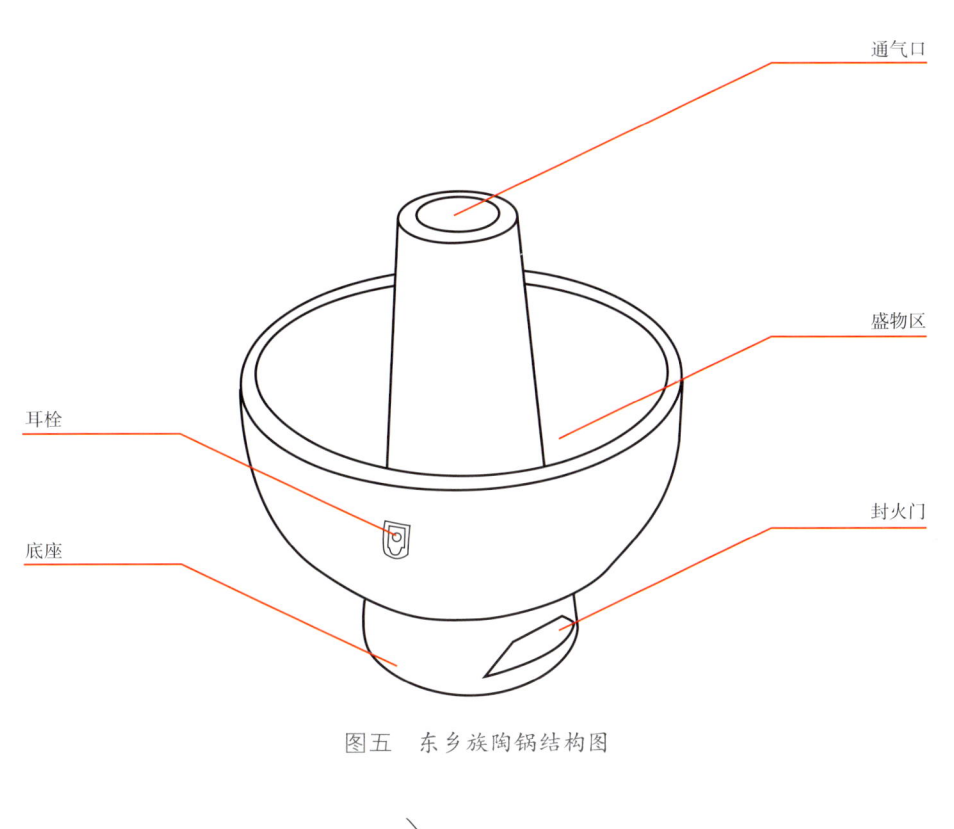

图五 东乡族陶锅结构图

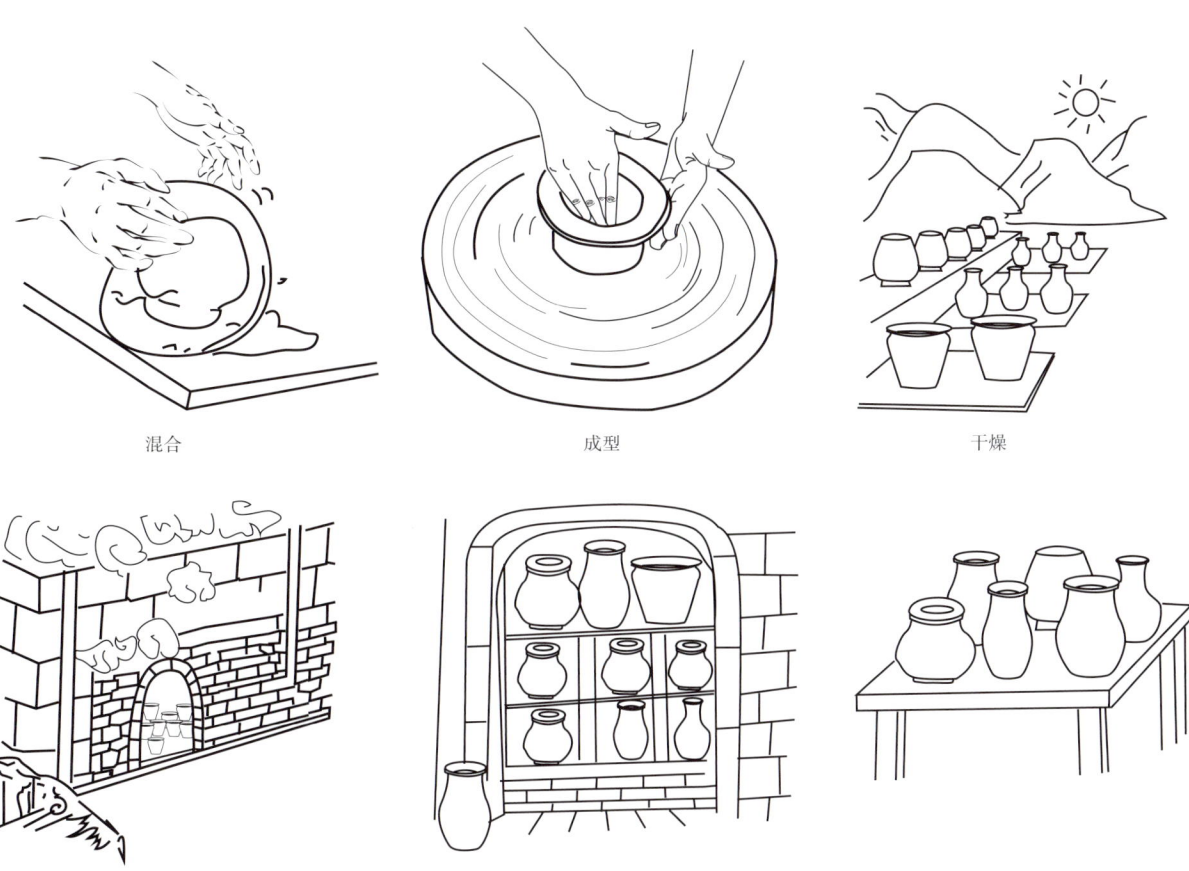

图六 东乡族陶瓷工艺流程图

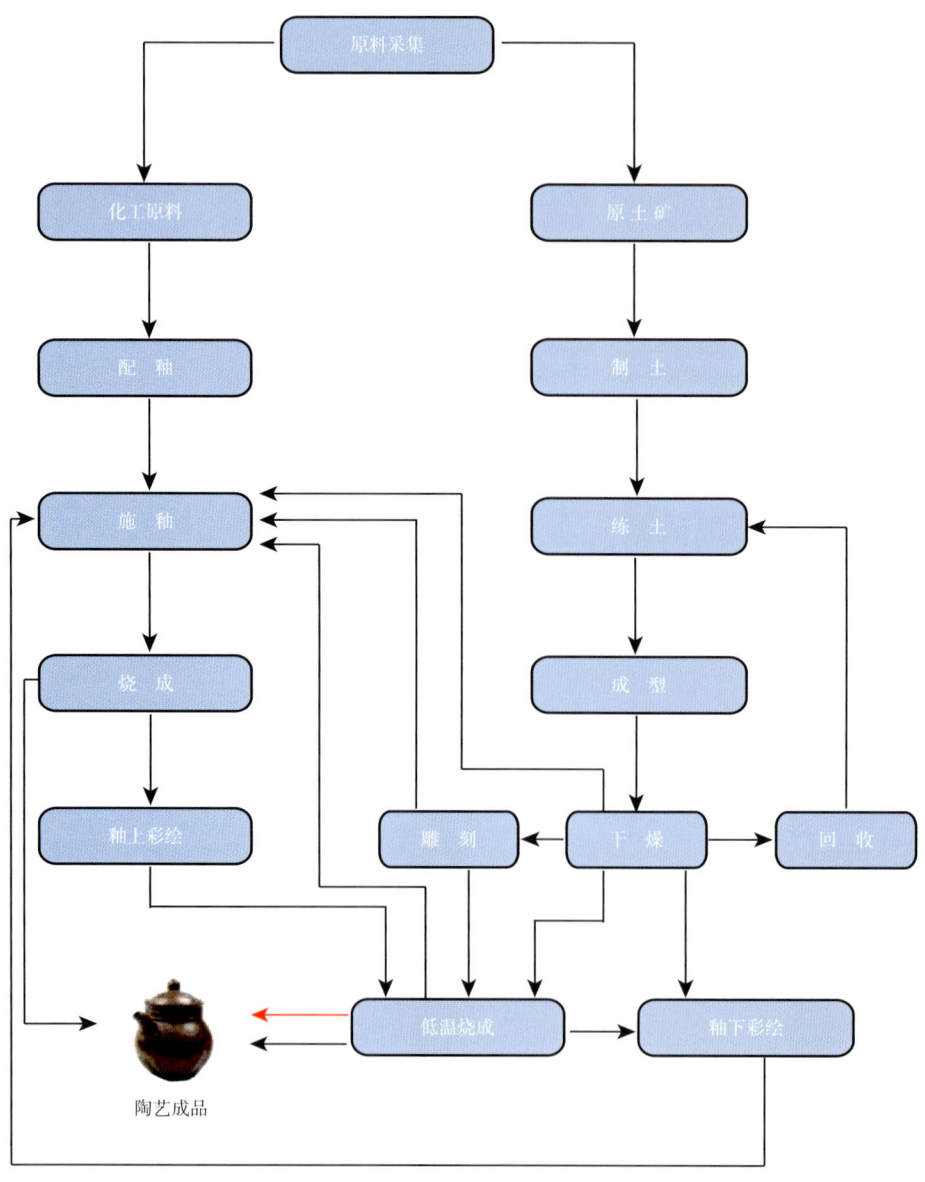

图七　东乡族陶瓷工艺流程图

图六　东乡族铜火锅氛围图

东乡族石那哈（把勺）

图一　东乡族石那哈（把勺）主图

把勺，俗称汤匙。现收藏于东乡民俗博物馆。

汤匙的历史源远流长。早在旧石器时代，亚洲地区就出现过汤匙。汤匙是一种进食用的匙，其最常见的用途为喝西汤，因而得名。

本案例中的把勺是由木头制成的，柄较长，勺壁较厚，窄柄舌形，造型简单。长度达到25厘米。通常长柄勺子用来舀稀饭、胡辣汤、米茶等，本案例中的把勺是专门用来盛胡辣汤的。因为胡辣汤汤汁粘稠，如果用短柄，则会把汤汁洒在手上，因此，把勺的长度稍比其他的要长。一般勺在功能上可分为两种，一种是从炊具中捞取食物入盛食具的勺，同时可兼作烹饪过程中搅拌翻炒之用，古称匕，类似今天的汤勺和炒勺。另一种是从餐具中舀汤入口的勺，形体较小，古称匙，即今天所俗称的调羹。

勺子，又名匙。它应该是说历史最为悠久的用餐工具了。所以很难说具体是哪一个人发明了勺子，而只能说东西方都在原始社会就最早使用了勺子。只是随着时代和餐饮的多样化发展，工艺水平逐渐提高，勺子也就变得更加实用、更加精致，形状也越来越多样化。

图片来源
图一至图八　王欣欣　制图

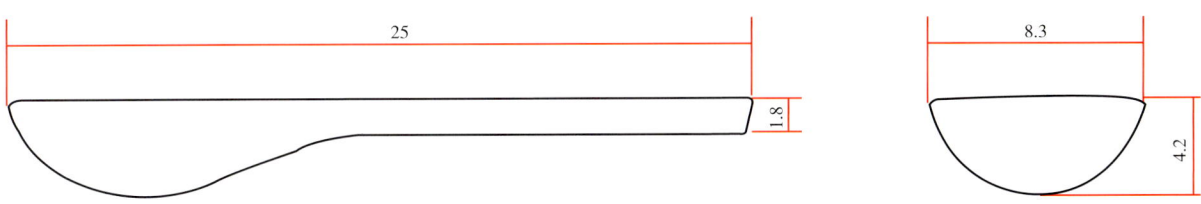

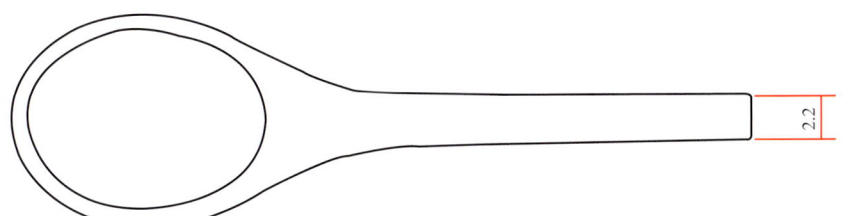

图二 东乡族石那哈（把勺）三视尺寸图（单位：cm）

图三 东乡族石那哈（把勺）线稿图

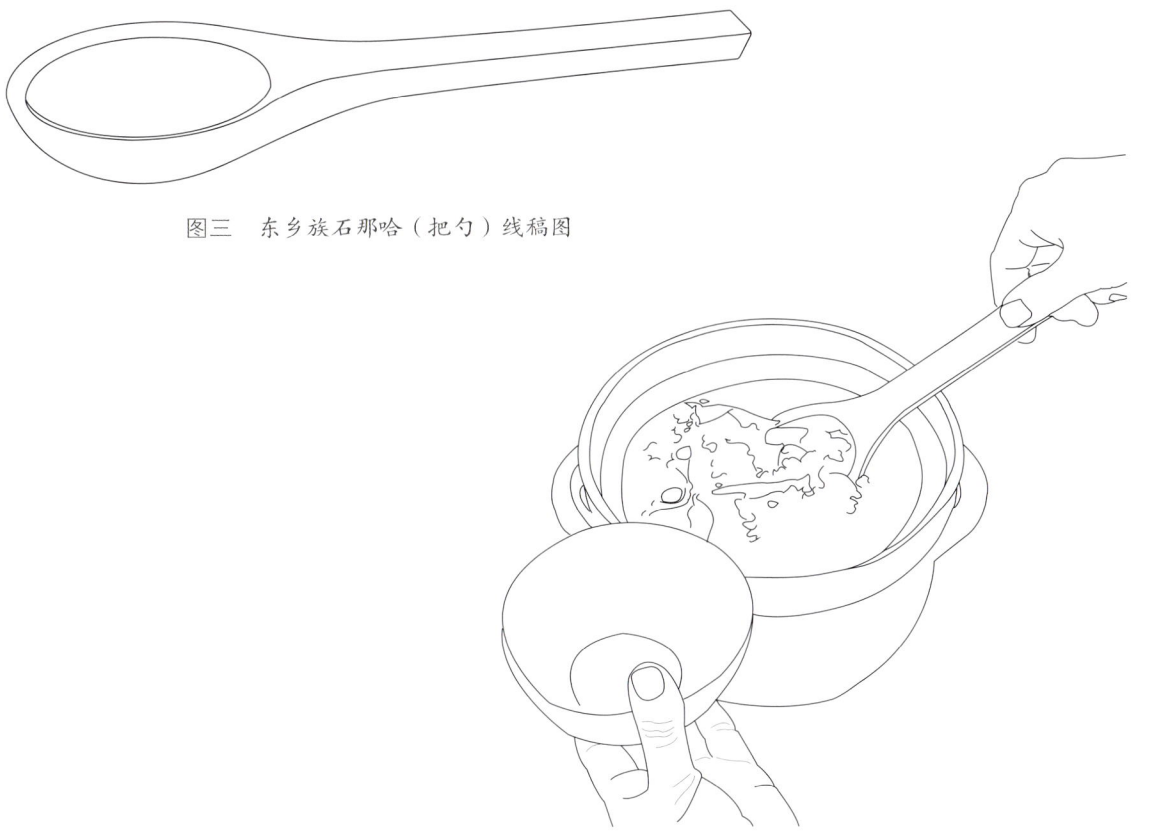

图四 东乡族石那哈（把勺）使用图

第三章 东乡族传统餐饮

铜饭勺　　　不锈钢饭勺　　　木饭勺　　　塑料饭勺　　　铁饭勺

图五　东乡族石那哈（把勺）对比图

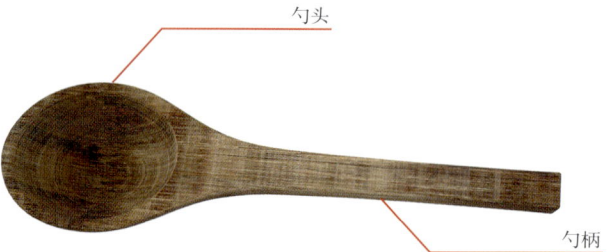

图六　东乡族石那哈（把勺）名词解析图

图七　东乡族石那哈（把勺）演变过程图

图八　东乡族石那哈（把勺）制作工艺图

第三章　东乡族传统餐饮

东乡族锅台

图一　东乡族锅台主图

锅台，是东乡族人家中用来做饭的一个操作平台。锅台用黄泥或者砖垒成几何形状，前边有口用来添柴火，上面留出大的圆形放上铁锅，而且可以在出口砌烟囱用来出烟。锅台旁边有个箱子，叫风匣，也叫风箱，风匣在此所起的作用就是给炉子里鼓风（吹氧），以便使炉子的燃料充分燃烧，形成高温。

锅台的材料主要是砖头、水泥、砂子。把水泥和砂子加上水搅拌均匀。用砖垒起来，同时用湿的水泥砂子粘起来。锅台约距离地面一米左右，一般为四方形，中间放锅，左侧有进风口、后面有出烟口、前面有进柴口和出渣口。锅台又叫灶台、灶火、柴灶。右边有个风匣，主要起到鼓风，加快柴火燃烧，使温度上升的功效。木风匣是一个长方体木箱，它由两部分构成。箱外较宽的一面正中有一个五寸长的风嘴，较窄的两面下方各有一个正方形的小口，小口内各有一个能活动的正方形的风板，正好盖主小口。风箱内又有一块长方形的木版，连接着上下两根风板，风板另一头通向箱外，又连接着一个手柄。把木风匣安在锅台的一边，在灶内点着柴火，然后，用手握住风匣的手柄，推进去，拉出来，推进去，拉出来，就会产生源源不断的风，吹燃柴火，从而烧开水，做熟饭。

锅台和风匣的产生，不仅加速了我们餐

饮文化的发展,更加快了科技的发展。现代的煤气灶的发展就是从锅台一步一步演变而来的。而吹风机也取而了风匣。

图片来源

图一至图七　胡浩然　制图

图二　东乡族锅台、风匣上色图

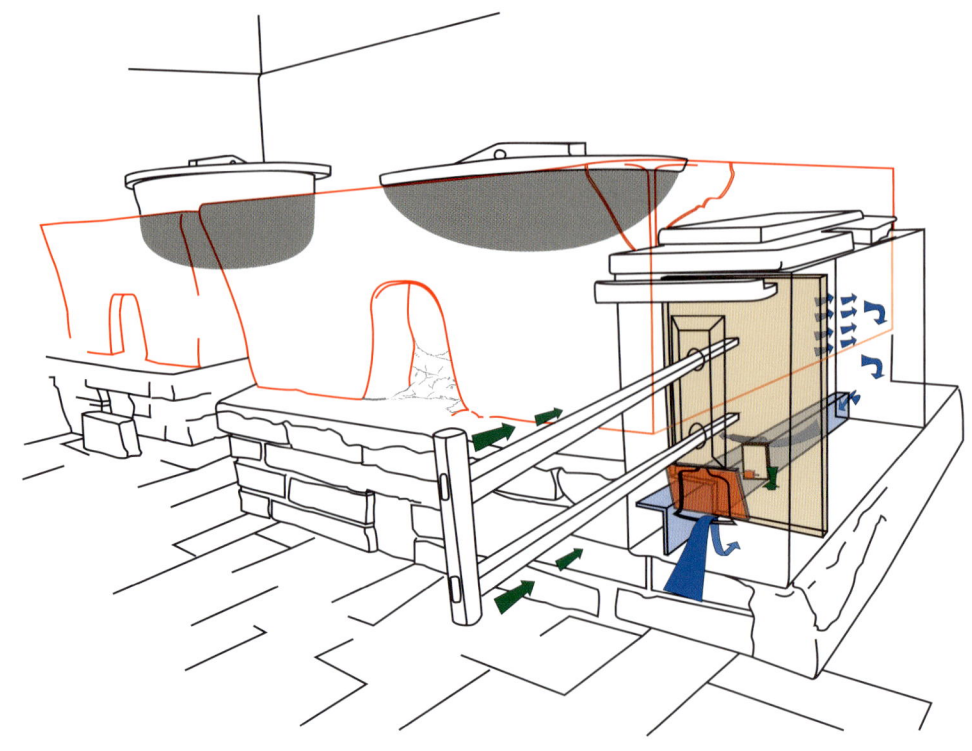

图三 东乡族锅台、风匣透视图

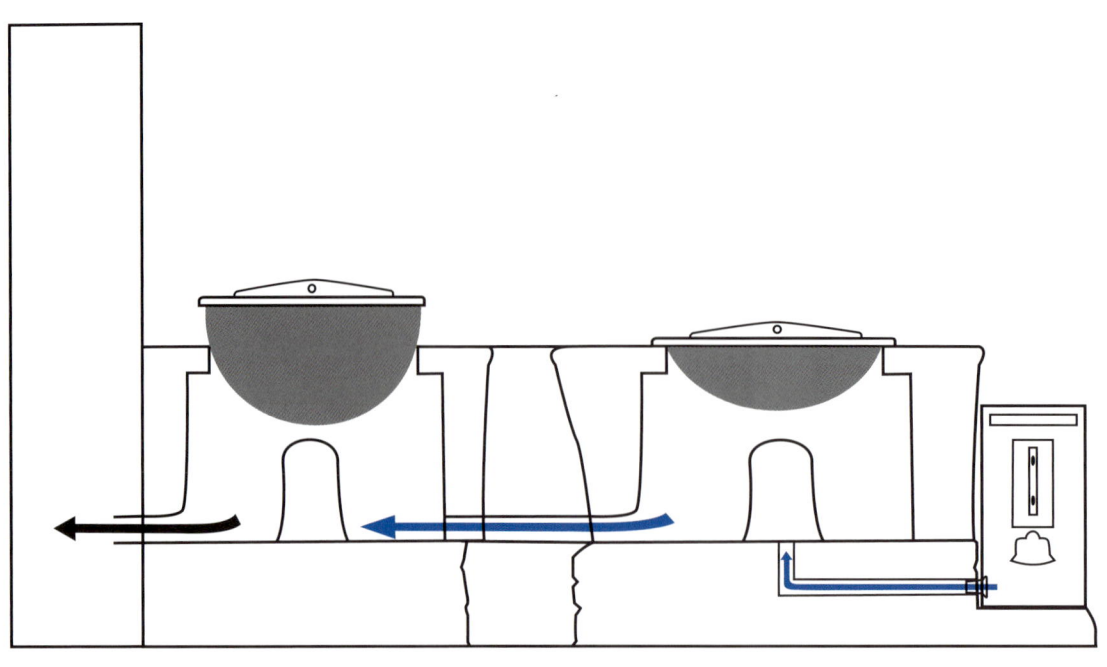

图四 东乡族锅台、风匣气流原理图

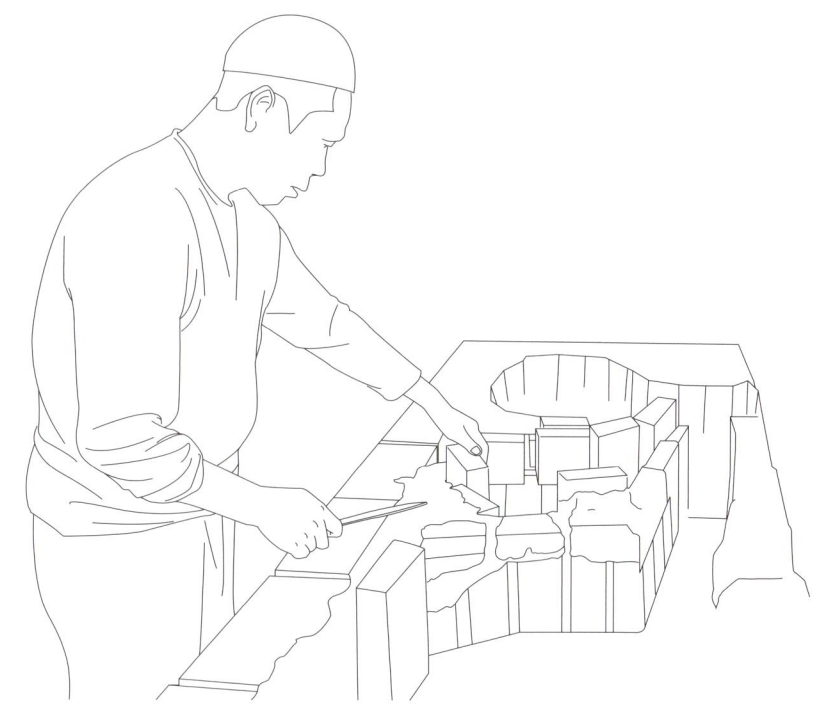

图五　东乡族锅台、风匣制作工艺图

图六　东乡族锅台、风匣解析图

图七　东乡族锅台、风匣使用氛围

东乡族羊肉包子

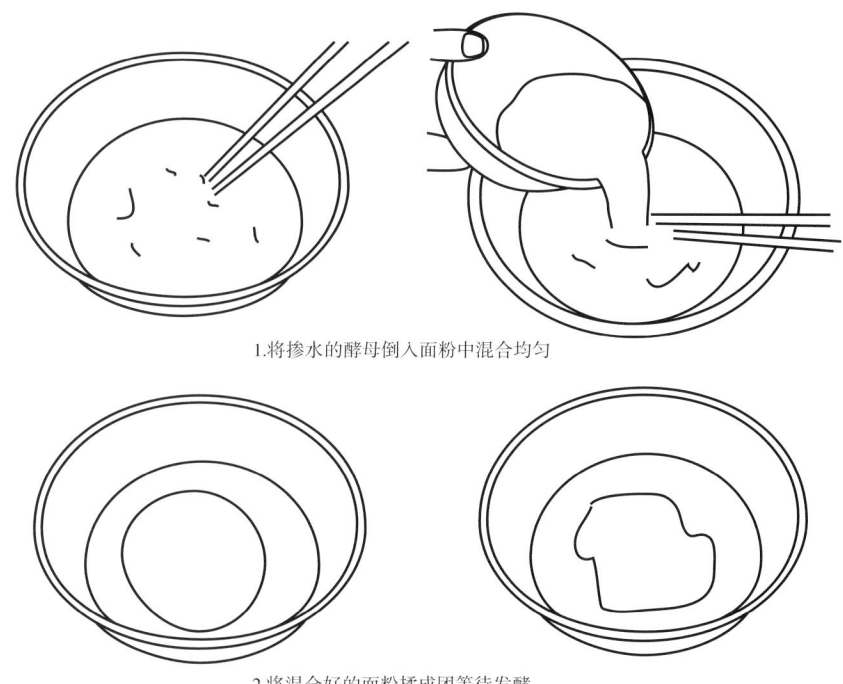

1.将掺水的酵母倒入面粉中混合均匀

2.将混合好的面粉揉成团等待发酵

图一　东乡族羊肉包子和面图

羊肉包子，出自东乡族民居。东乡族羊肉包子和普通包子形状相似，他的的做法也普通包子的做法基本相同。东乡族人们先将羊肉剔净筋皮，洗净，剁成碎末；再将鲜槐花洗净，剁成碎末，羊肉、槐花放入盆内，酱油要分三次加入，每次加入后要搅拌均匀；接下来会倒入鸡清汤、葱白末、五香粉、香油；最后与槐花末、羊肉末拌匀做成馅。

包子皮的做法是，面粉加水和酵母揉成面团发酵。面团发好后，兑碱揉匀，稍后将面团搓成约2厘米粗的长条，制成大约30克一个的块，擀皮是东乡人拿手活儿，包子皮的质量也直接决定了包子在外观上是否能呈现最理想的形状。擀面杖在东乡族妇女手中得心应手，她们将面块擀成中间稍厚边缘稍薄的圆皮，包上七分满的馅心，捏好放入蒸笼内静置1至2分钟，上笼用旺火蒸12分钟左右即可。

羊肉包子是发酵食品，多吃发酵食品对人体健康是非常有好处的。传统发酵食品具有丰富的营养价值和强大的保健功能.经过发酵的包子、馒头有利于消化吸收，这是因为酵母中的酶能促进营养物质的分解。因此，身体消瘦的人、儿童和老年人等消化功能较弱的人，更适合吃这类食物。同样，早餐最好吃面包等发酵面食，因为其中的能量会很快释放出来，但对于要减肥的人来说，晚餐最好少吃，以免发胖。

羊肉包子的出现，说明了东乡族人民对食物的注重性，和营养性。在辛苦劳动之前吃上几口羊肉包子，能让人让人整个上午都干劲充足。

图片来源
图一至图五　肖月　制图

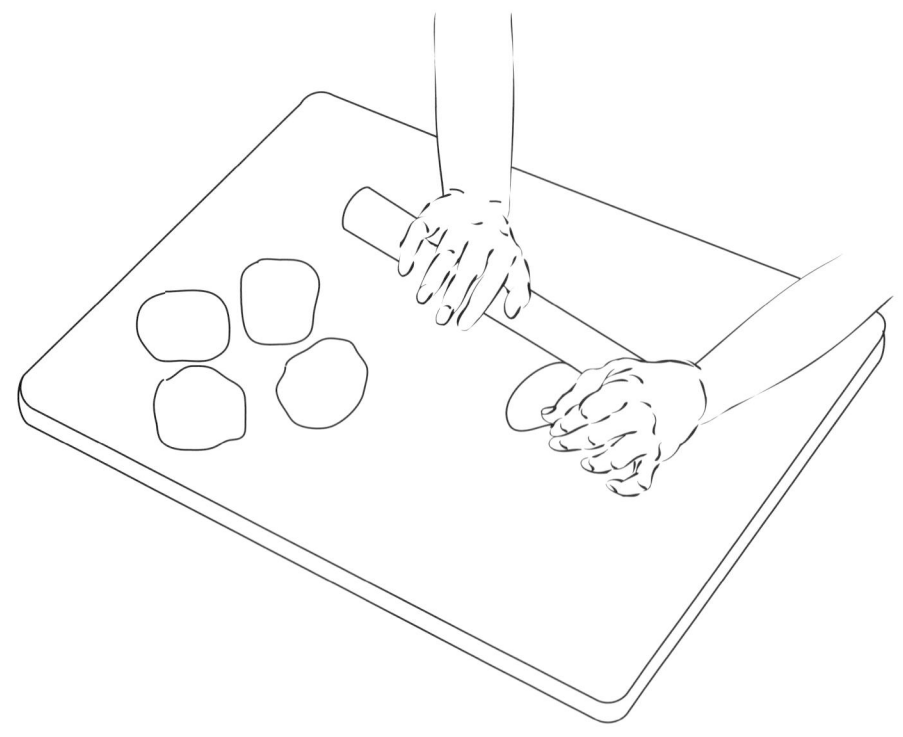

图二　东乡族羊肉包子擀包子皮图

图三　东乡族尕鸡娃对比图

图四　东乡族尕鸡娃工艺图

第三章　东乡族传统餐饮

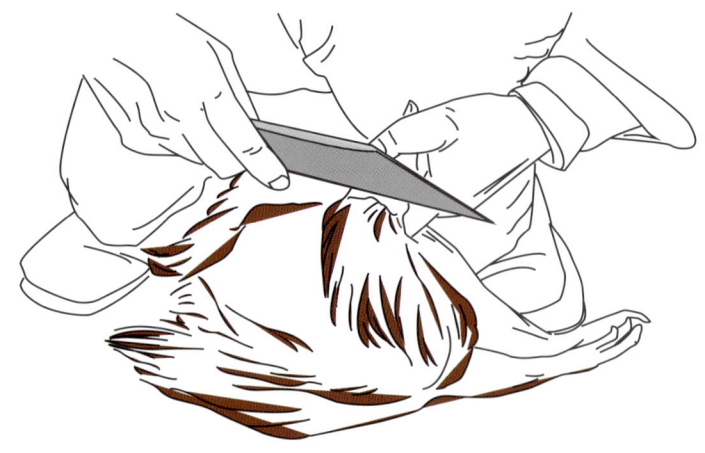

图五　东乡族尕鸡娃杀鸡图

图六　东乡族尕鸡娃线稿图

图七　东乡族尕鸡娃上色图

图八　东乡族尕鸡娃食用图

图九　东乡族尕鸡娃制作图

东乡族花卷

图一　东乡族花卷主图

花卷，出自东乡族民居。蒸好出炉的东乡族花卷大小与其他地区花卷大小差不多。

花卷在制作上很简单，选好面粉适量取清水和好，静放一段时间，待面团发酵好，将其擀成一厘米厚左右薄皮，分成几块，切成长条，再抹上姜黄，卷好，醒放，蒸笼的水滚开之后，放入花卷，以中大火蒸约8分钟，熄火3分钟开盖，一盘色泽金黄，浓香四溢，形如菊花，香甜可口，叫人馋涎欲滴的花卷就做好了。花卷虽算不上最具特色的东乡美食，但是勤劳淳朴的东乡族人民却给我们展现了不一样的花卷，与其他不同的是，在制作工程中涂抹了姜黄，这样花卷在蒸好后，色泽金黄，再加上花瓣似的造型，让成型的花卷看起来像一朵绽放的菊花。

在东乡族，耕地多为山旱地，农作物主要以小麦、玉米、洋芋、豆类为主。东乡族的饮食都离不开这些农作物，尤其是面类食品在日常饮食中占有重要地位。东乡族面食及其制作方式多源自中亚，历史悠久。东乡族妇女个个心灵手巧，厨艺精湛，经她们巧手加工，会变出各色各样、造型别致的面食品。

图片来源
图一至图九　张静怡　制图

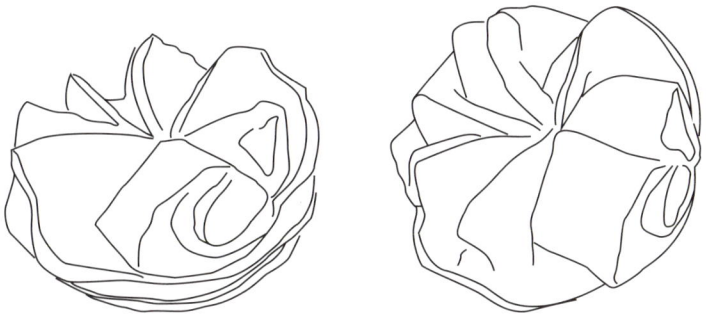

图二　东乡族花卷线稿图

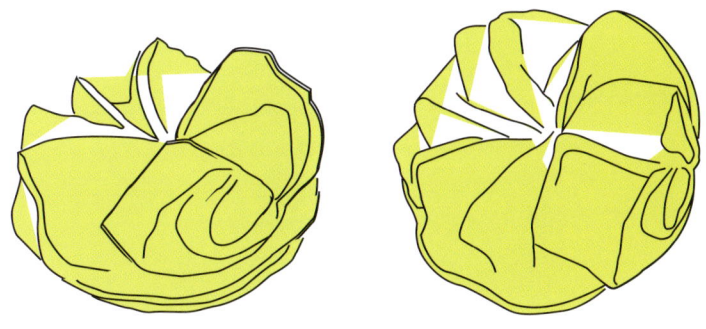

图三　东乡族花卷色稿图

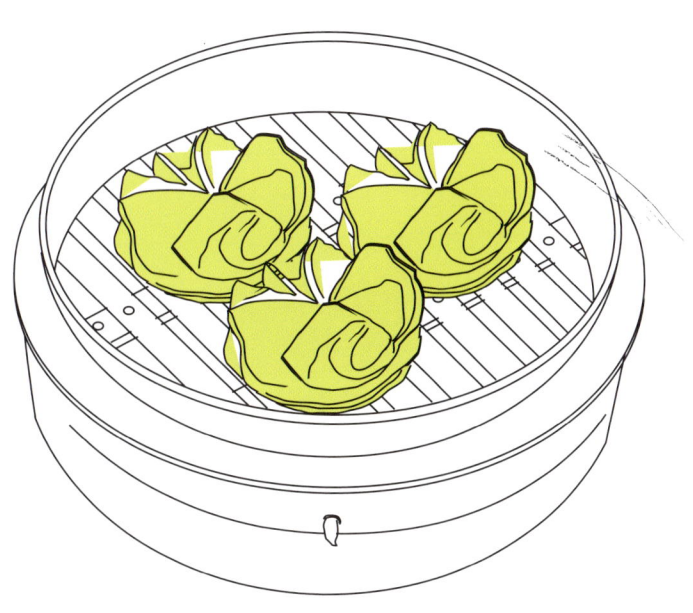

图四　东乡族花卷氛围图

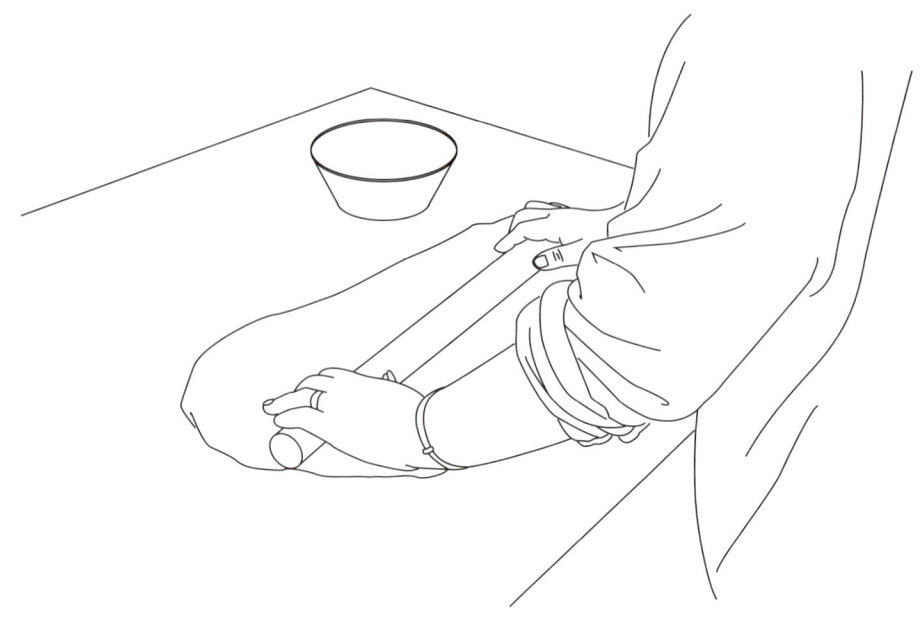

图五 东乡族花卷擀面图

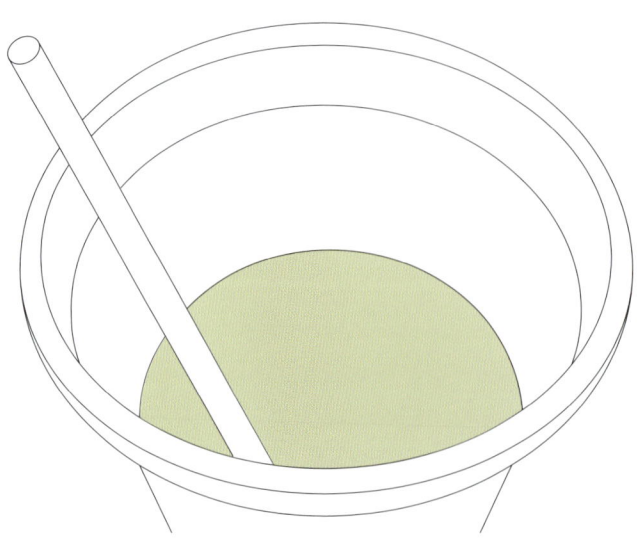

图六 东乡族花卷和面图

图七 东乡族花卷使用图

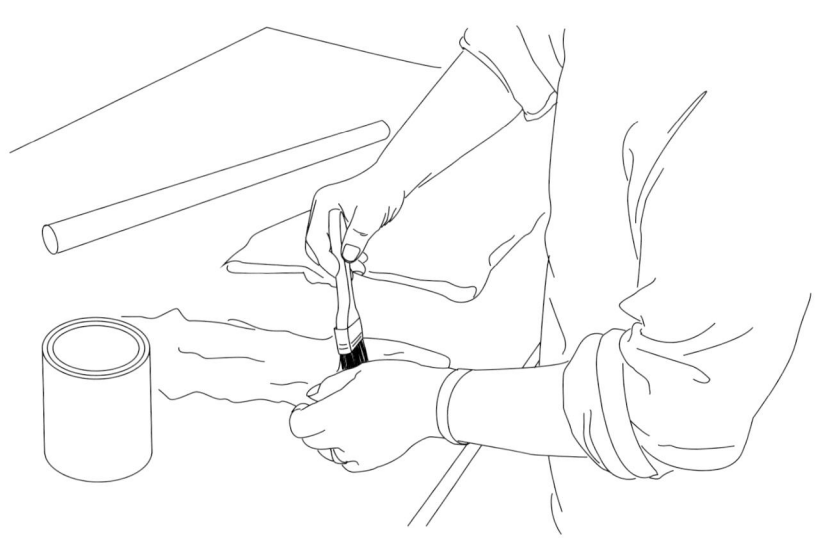

图八 东乡族花卷制作图

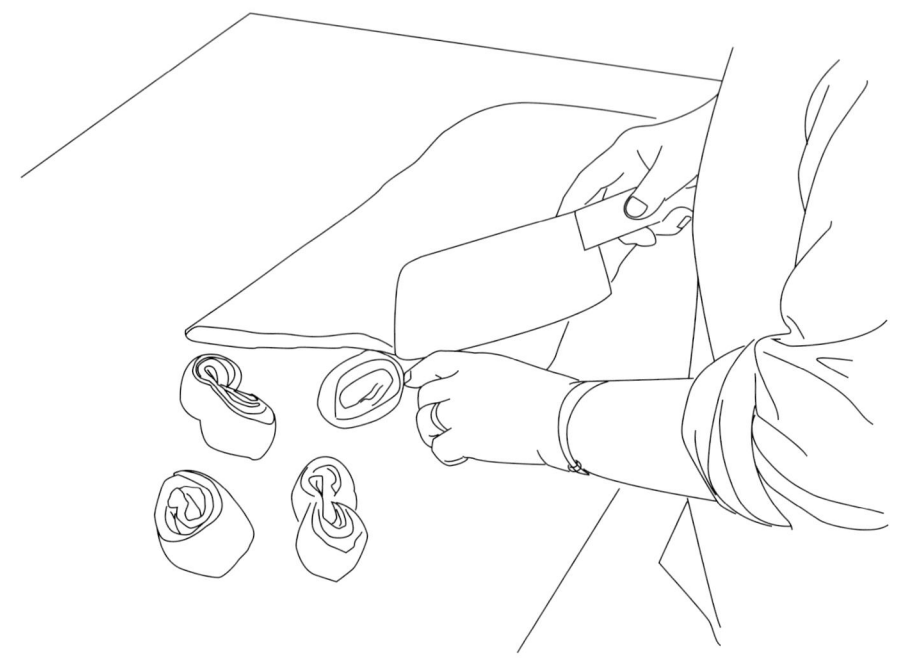

图九　东乡族花卷工艺图

东乡族手抓羊肉

图一　东乡族手抓羊肉主图

　　手抓羊肉，早在南北朝前后，"东乡手抓"就是帝王的贡品，被称之为"枹罕赤髓羯羊肉"，也叫"枹地羊"。出自东乡族民居。如今，色香味美，肥而不腻，没有外地羊肉的腥膻味的"东乡手抓"，已受到西北人民的喜爱，在日常生活中必不可少。其所具有滋补温中，强骨壮阳的作用也受到广泛关注。

　　东乡族人民很注重羊的品质，做一道完美的"东乡手抓"这头道工序就是"舍饲"和选羊。东乡本地的高山泉水和深沟野菜饲养出的羊市东乡是做东乡手抓的最佳原料。另外，"东乡手抓"羊肉制作加工也极其讲究。东乡族人民把已宰好的羊经过剥皮、淘内脏、清洗等多道程序处理后，全羊完整地下入冷水锅，用急火猛煮。等锅内的水待开未开时，用小眼细网罩打尽浮在水面上的杂质沫子，再放入花椒、葱段、姜片、草果、青盐等调料，再用温火慢煮，出锅时需两人用干净木杆撑起全羊小心提起，放在木制案板上或蒸笼里，控水稍凉。最后，用快刀或利斧按脖子、前腿、后腿、肋条、背子、胸岔、羊尾巴卸成七大块，再均匀地将每一大块剁成若干小块，趁热装盘，即可享用美味的东乡手抓羊肉。

　　西北人民外出游牧，数月不归，而羊肉却有饱食一顿，整天不饿之功效。东乡族的手抓羊肉深受人们的喜爱。好客的东乡人，生活再穷再简单，每逢佳节或宾客临门，待客最隆重的仪式便是宰羊，手抓羊肉在宴席上是必不可少的。手抓羊肉的胸茬和肋条肉最为鲜美，最为珍贵，东乡族人民先要敬呈给贵客和最年长者品尝。东乡族人的热情好客增强了民族凝聚力，弘扬和发展了中华民族传统美德，有利于促进民族团结和国家安定。

图片来源
图一至图五　肖月　制图

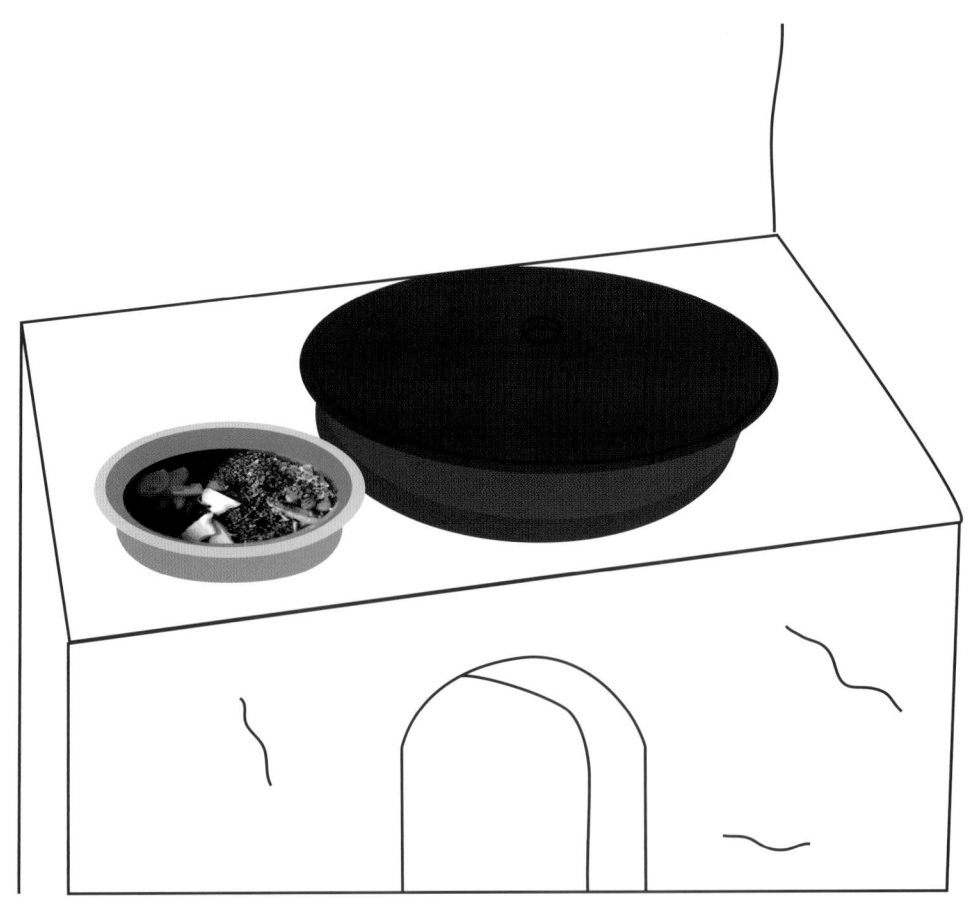

图二　东乡族手抓羊肉放调料图

图三　东乡族手抓羊肉斩羊肉图

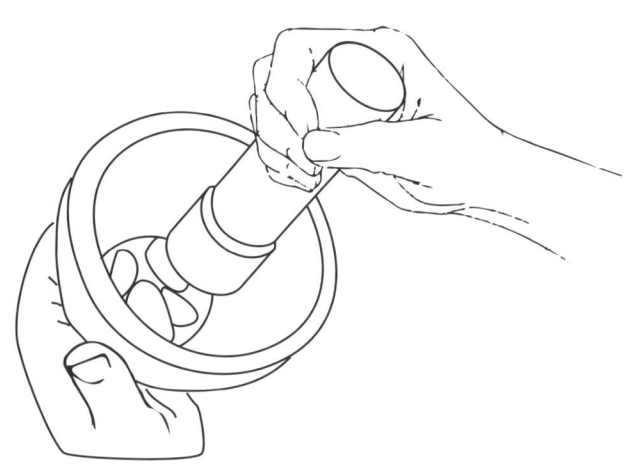

图四　东乡族手抓羊肉做酱料图

图五　东乡族手抓羊肉上桌图

东乡族油果

图一　东乡族油果主图

　　油果，出自东乡族民居，中国传统的早点之一。油果是一种呈方形棕黄色的油炸食品，其成品外酥嫩内松软，色泽金黄，咸香适口，是东乡县的著名小吃，也是老少皆宜、妇幼喜食的大众化传统早点食品。东乡族善于制作油炸食品，所做的油炸食品不仅在节日宴请客人时必备，而且还常做为礼品相互馈赠。在开斋节或平时请阿訇诵经也要制作油炸食品；妇女坐月子，娘家人去看望除要带一种名为仲布拉的面食外，也要带一些油炸食品。

　　制作油果的材料为面粉和食用油，同时东乡族人们为了让油果出锅之后更加的松脆可口会在面粉里面打上几个鸡蛋，这样面会更加有韧劲。制作的时候要有一个面盆和可以炸东西的锅，同时要准备一把梳子。制作油果首先将面粉放入盆中，将鸡蛋加入面粉中。在和面，注意面要和得软硬适中，然后要醒面，同时要注意每隔一段时间要揉一次面，面醒好了之后在擀面，把面擀成呈长方形的面皮，为了油果炸出来之后更加松脆要让梳子在中间上面均匀的划出一些条纹，在两端用梳子划成菱形之后再用刀把面皮切成一个个方形。然后就要炸油果了，把油烧到八成热，放入油果。东乡族人们都是在自己烧的大锅里面炸，这样更容易把握火的大小，然后直至把油果炸成金黄色，在捞出即可。

　　油果在东乡族人民的日常生活中还是非常重要的，也是人们都比较喜爱的一种小吃。在日常生活中，特别是在早餐中，在东乡县提起油果这种食品，可以说是家喻户晓。因为东乡县居民现在很多家还在做这种小吃，有的是做来自己吃，有的是来客人的时候必须会做给客人们让大家尝一下自己自己家乡的特色小吃，对现代的人们也有着很深的影响。

图片来源
　　图一至图九　申辰　制图

图二　东乡族油果和面图

图三　东乡族油果切面图

图四　东乡族油果擀面图

图五　东乡族油果造型制作图

图六　东乡族油果下锅前切面图

图七　东乡族油果下锅图

图八　东乡族油果下锅后图

图九　东乡族油果出锅图

东乡族三香茶

图一 东乡族三香茶主图

三香茶,是居住在河州(今甘肃临夏地区)东乡地区东乡族人民的独特待客饮料。东乡族人民热情好客,来了客人,都是长者出门远迎,客人进屋要先请上炕,随后要献上比较讲究的盖碗茶。主人首先献上盖碗茶,盖碗很讲究,都是绘以飞龙、花草的细瓷烧成的,茶水清香并加以白糖或冰糖、枸杞和烧枣,俗称"三香茶"。

东乡族人民喜欢喝茶,因此几乎每餐离不开茶,多数用盖碗泡茶,也有用小茶壶的。盖碗亦称"三炮台",即由茶盖、茶碗和底盘座组成。三香茶其实不是传统意义上的茶,所需要的茶叶并不多,也没有固定的配茶模式。东乡人讲究沏茶,认为用雪水和泉水沏茶最佳。若来客人时,当着客人的面,将碗盖揭开,用开水烫一下碗,放入糖、茶及其他原料,然后注入开水,盖起盖子,双手捧递,一则表示对客人的尊敬,二则表示这盅茶不是别人喝剩的剩茶。除待客外,还用于自己的日常保健,茶能使人精神振奋,增强思维和记忆能力,能消除疲劳,促进新陈代谢,并有维持心脏、血管、胃肠等正常机能的作用。喝三香茶时,先用托盘托起茶碗,再用盖子轻轻"刮"几下,使之浓酽。然后把盖子盖得有点倾斜度,用嘴吸着喝。不能拿掉盖子用嘴去吹漂浮在上面的茶料,不能连续吞饮。要一口一口地慢饮。当喝完一盅还想要喝时,碗底要留一点茶水,不能全部喝干。

三香茶不仅体现了东乡族人民热情好客

的民风,也体现了东乡族文化的博大精深。三香茶继承源远流长的中华茶文化,汇中华茶道之精粹,集历代宫廷皇家品茶之特色,继少数民族饮艺的悠久历史,使之成为华夏民族艺苑中的一技独秀。

图片来源
图一　资料来源:fotoe
图二至图八　向益虹　制图

图二　东乡族三香茶开盖图

图三　东乡族三香茶线稿图

图四 东乡族三香茶茶料图

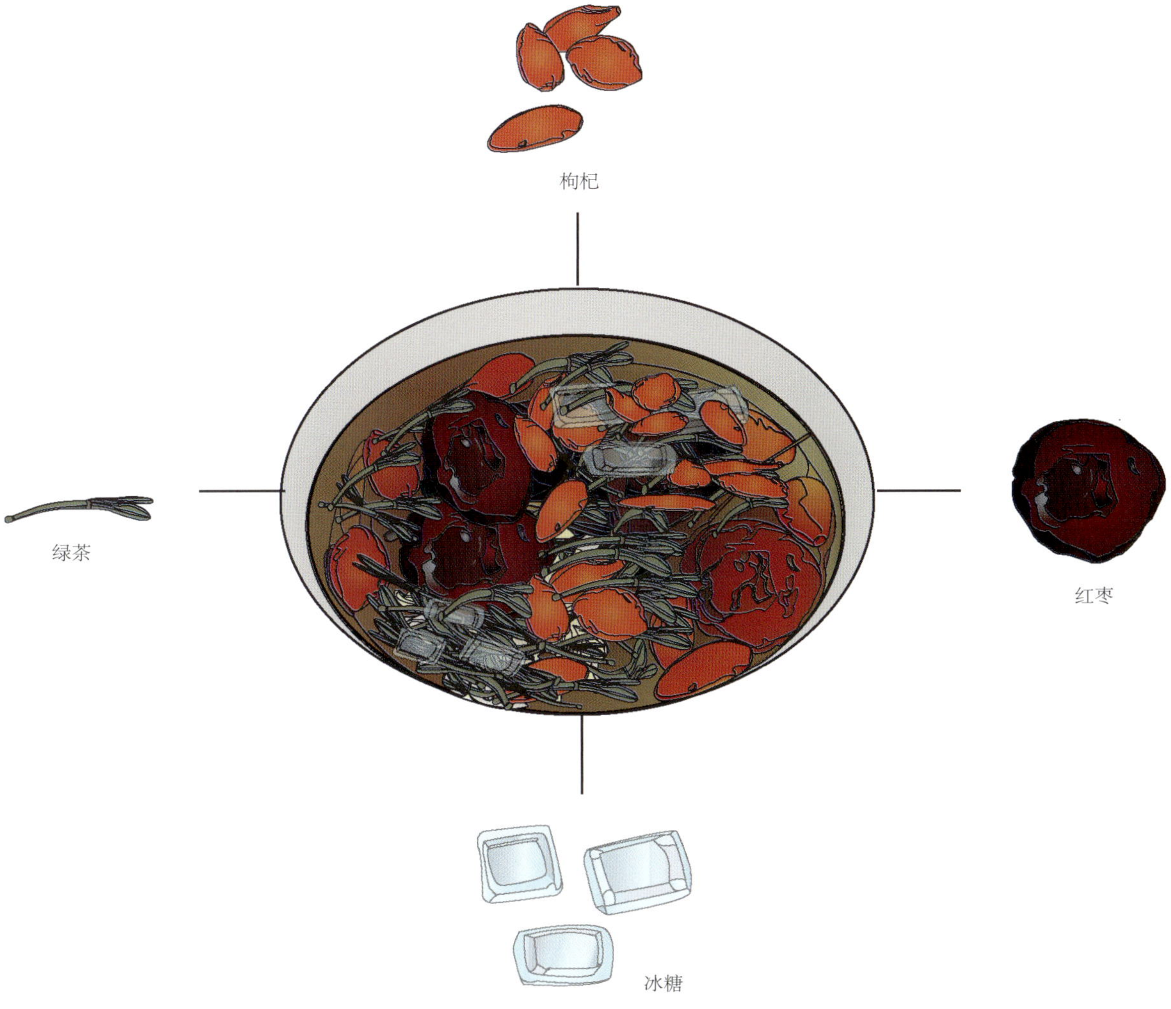

枸杞

绿茶

红枣

冰糖

图五 东乡族三香茶材料图

第三章 东乡族传统餐饮

图六　东乡族三香茶剖析图

图七　东乡族三香茶使用氛围图1

图八　东乡族三香茶使用氛围图2

东乡族铜茶壶

图一 东乡族铜茶壶主图

铜茶壶，现收藏于东乡民俗博物馆。

铜茶壶由壶盖、壶身、壶底、圈足四部分组成，壶盖有孔、钮、座、盖等细部。壶身有口、延（唇墙）、嘴、流、腹、肩、把（柄、扳）等部分。东乡族喜欢饮茶，爱喝云南的春尖茶和陕青茶，来客人以"三香茶"（一般加冰糖、桂圆或烧枣）待之。一般群众每餐都离不开茶，多数用盖碗泡茶，也有人喜欢用小茶壶泡茶。茶叶短缺时，人们还采些当地的一种干草当茶叶。东乡人把平时喝茶称作"刮碗子"，其中的含义除了喝茶外，还有聊天的意思。在盖碗茶内放有茶叶、冰糖、桂圆或红枣、葡萄干、杏干等，名为"三泡台"。茶文化是茶艺与精神的结合，并通过茶艺表现精神，兴于唐代，盛于宋、明代，衰于清代。茶道的主要内容讲究五境之美，即茶叶、茶水、火候、茶具、环境。茶文化要遵循一定的法则。唐代为克服九难，即造、别、器、火、水、炙、末、煮、饮。宋代为三点与三不点品茶，"三点"为新茶、甘泉、洁器为一，天气好为一，风流儒雅、气味相投的佳客为一。"三不点"为茶不新、泉不甘、器不洁，是为一不；景色不好，为一不；品茶者缺乏教养举止粗鲁又为一不，共为三不。碰到这种情况，最好是不作艺术的品饮，以免败兴。

铜茶壶不仅体现了东乡族人民使用的喝茶用品，还宣扬了茶文化的独特地位，促进人与人之间的交流，能够令饮茶者修心养性、陶冶情操，提高精神境界。铜茶壶更让人们了解了少数民族的器具，体现出中华人民卓越的智慧和历史沉淀下来浓厚的文化底蕴。

图片来源

图一至图七　赵祎祎　制图

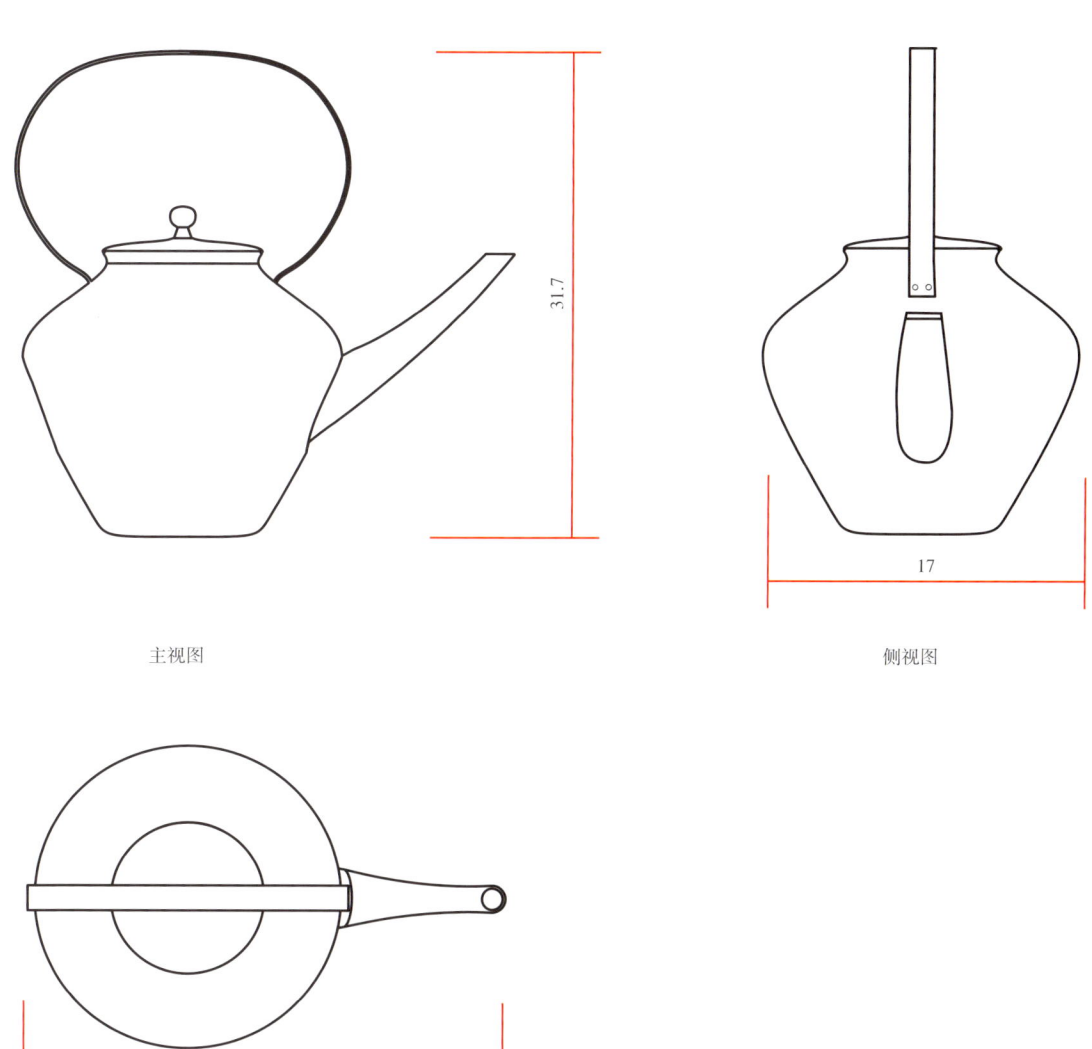

图二　东乡族茶壶三视尺寸图（单位：cm）

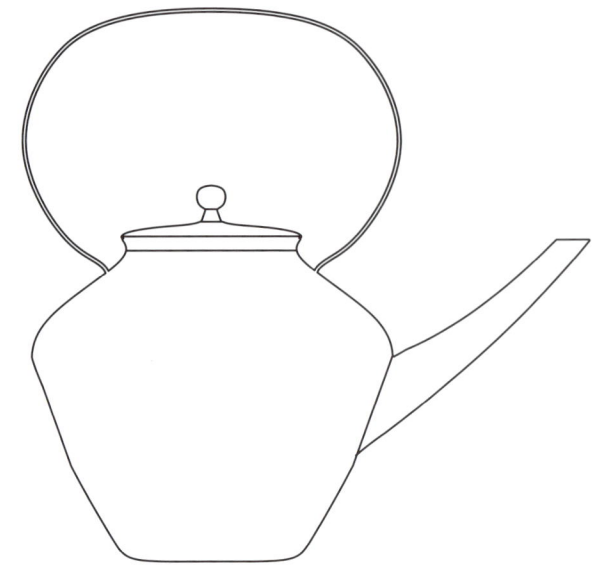

图三　东乡族铜茶壶线稿图

图四　东乡族铜茶壶名词解析图

民国时期的火壶主图

铜方壶主图

铜壶主图

茶壶主图

图五 东乡族铜茶壶对比图

第三章 东乡族传统餐饮

图六　东乡族铜茶壶剖面图

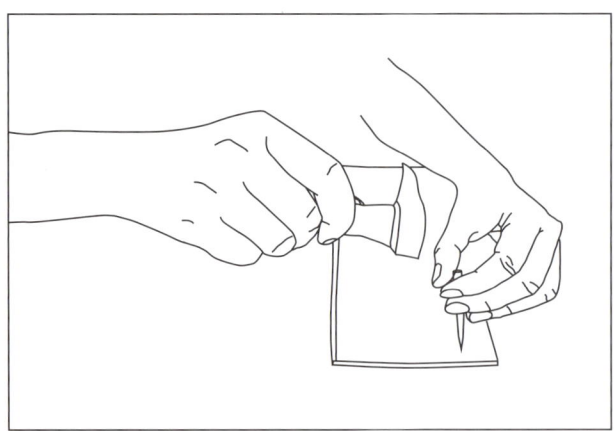

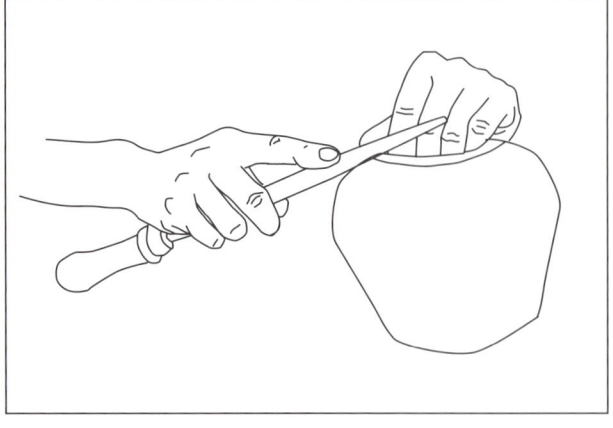

图七　东乡族铜茶壶制作工艺图

东乡族铜土光

图一　东乡族铜土光主图

铜土光就是铜锅，是用来煮汤做饭的用具。此物品高为12厘米，底面直径12厘米，盖子直径15厘米。整体呈现出倒圆柱形。现收藏于东乡民俗博物馆。

铜土光的主要部件有锅盖，锅身组成。锅盖上焊接有提把，锅身的锅口处用铁丝紧箍有钢丝，两边缠绕提环；这样在固定提环稳定的同时又增加了锅的美感，并且它的长度符合人体工学，是为了人们在取拿时，防止烫伤。锅盖是向里盖的，锅口上有突出的卡槽，以防止锅盖直接掉入锅内。各个部件的组合看似随意其实包含和很多科学原理和美学原则。另外在日常饮食中，东乡人特别偏爱土豆制品，几乎餐餐不离。有时在炕火灰中焐，有时放在火上烤，有时加羊肉丝炒，有时煮烂用青稞面、酸菜、蒜泥拌吃，真是百吃不厌。其中铜锅洋芋饭，就是需要铜土光制作，少了这铜土光，味道就逊色了。

这款生活用品十分符合现在的简洁大方的设计理念，虽然当代人对于铜锅的使用争议很大，但这并不影响铜锅在东乡文化中所占据的小小的地位。并且使用铜锅煮汤做饭，能够补充人体缺乏的铜微量元素，各种病情能够起到很好的防护作用。由此可见，铜锅的使用体现了东乡族人们对养生的关注，还对产品小细节的注重，来提高人们的生活质量。

图片来源
图一至图八　虞洁琼　制图

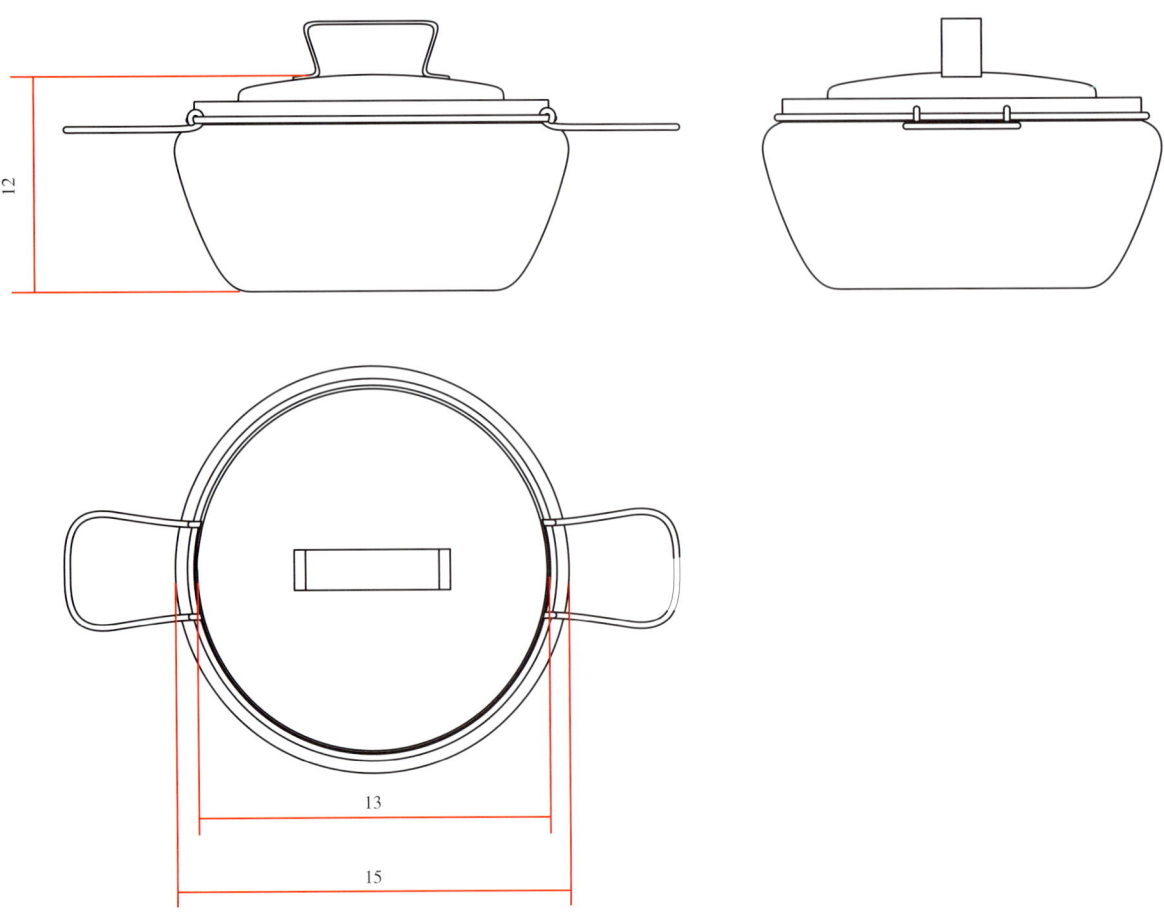

图二　东乡族铜土光三视尺寸图（单位：cm）

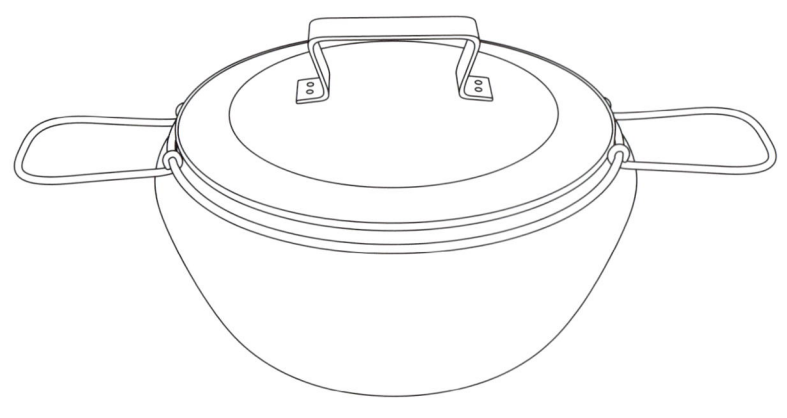

图三　东乡族铜土光线稿图

图四　东乡族铜土光组合图

图五　东乡族铜土光名词解析图

第三章　东乡族传统餐饮

图六　东乡族铜土光剖面图

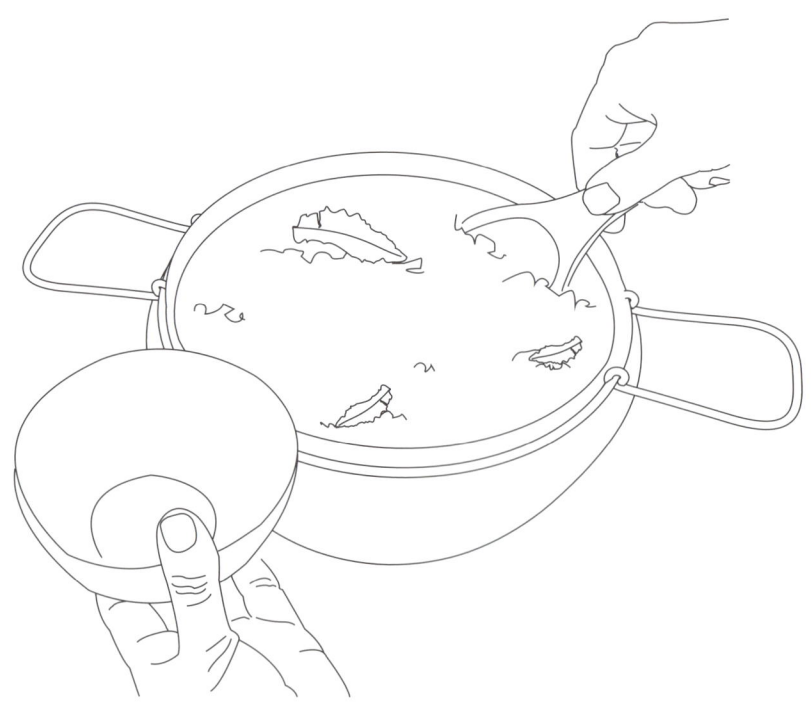

图七　东乡族铜土光使用图

图八　东乡族铜土光对比图

第四章 东乡族传统生活用品

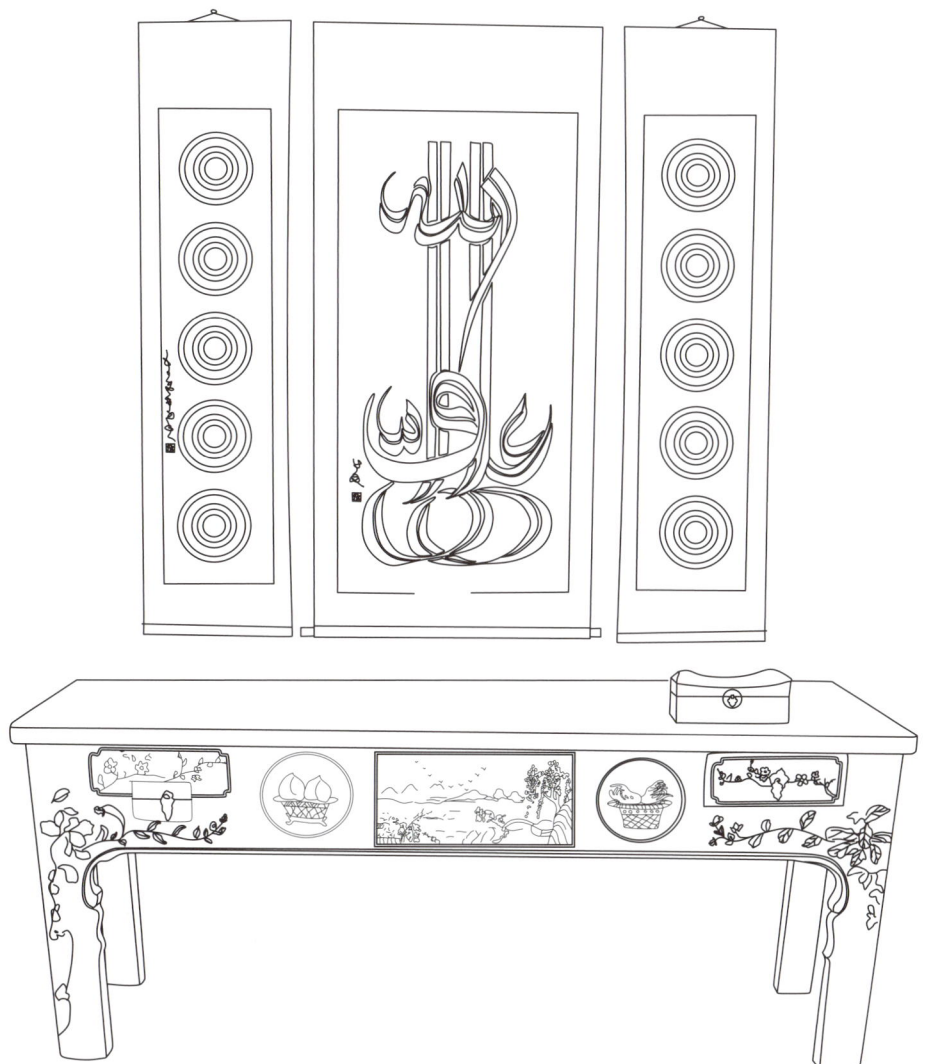

东乡族六角桶

图一　东乡族六角桶主图

六角桶，出自东乡民俗博物馆，是盛水或其他东西的器具，深度较大，用金属、木材或塑料等制成。水桶，盛水的容器。一般是长圆形，多有提梁。古代木制水桶的应用比较广泛普及，春秋战国铁器冶炼科技的进步，之后有了铁制水桶。19世纪，塑料科技的兴起，使得塑料水桶更轻更方便更廉价的进入人们的生活。

在西北水源较少，常常取水都需要到较远的河水中摄取。六角桶就是东乡人常用的取水工具。六角桶是由六块木块，通过箍桶的方式制造的。箍桶是用箍将做桶的板捆在一起，迫使其成为所需形状和确保接缝严实。完整的箍桶制作遵循从上到下、从里到外的步骤流程，共有四十多道工序。制作茶盘这样的小件，一般的箍桶匠需要半天左右时间，而脚桶、浴桶这样的大件，需要更久。在制作要求上，成品器具表面必须平整、木料光滑紧实，这才算得上基本合格。木桶材料都是采用杉木，民间也称之为"和木"，这种木材呈白色，质轻，有香味，是制作房梁和器具的上好材料。大凡准备做桶的百姓家，早早的就备好了木料和桶箍，桶箍也分三六九等，最差的要算竹箍，好一点是铁箍，最好的是铜箍。使用什么样的桶箍也反映出这个人家的生活水平，因此，若是家里有姑娘要出嫁，再穷也要打制几副好铜箍。

随着塑料工业的发展，塑料制的澡桶、马桶、脚桶等逐渐进入了老百姓的生活，这些塑料桶既不怕摔，也不怕漏，更不用每年去修理，因而渐渐取代了木桶。

图片来源
图一至图九　陈炳灿　制图

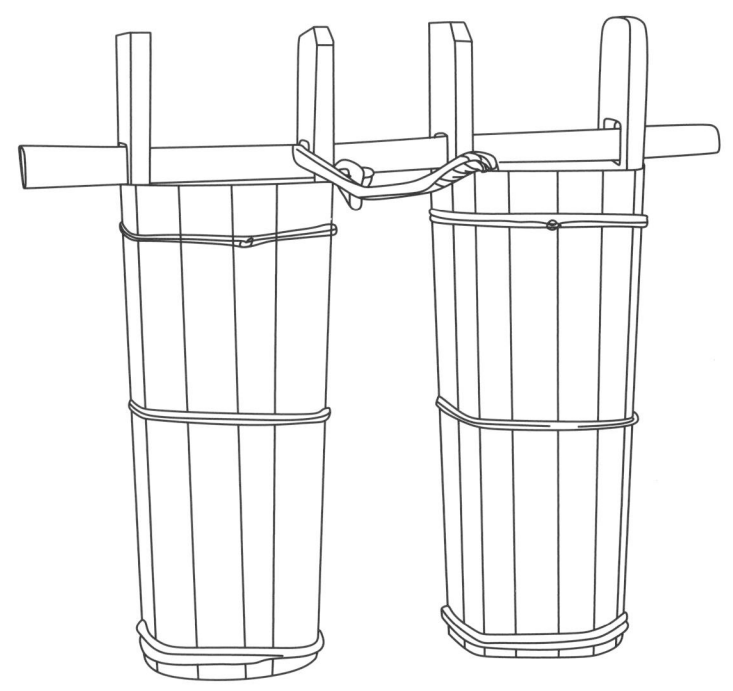

图二　东乡族六角桶线稿图

图三　东乡族六角桶组合图1

图四　东乡族六角桶组合图2

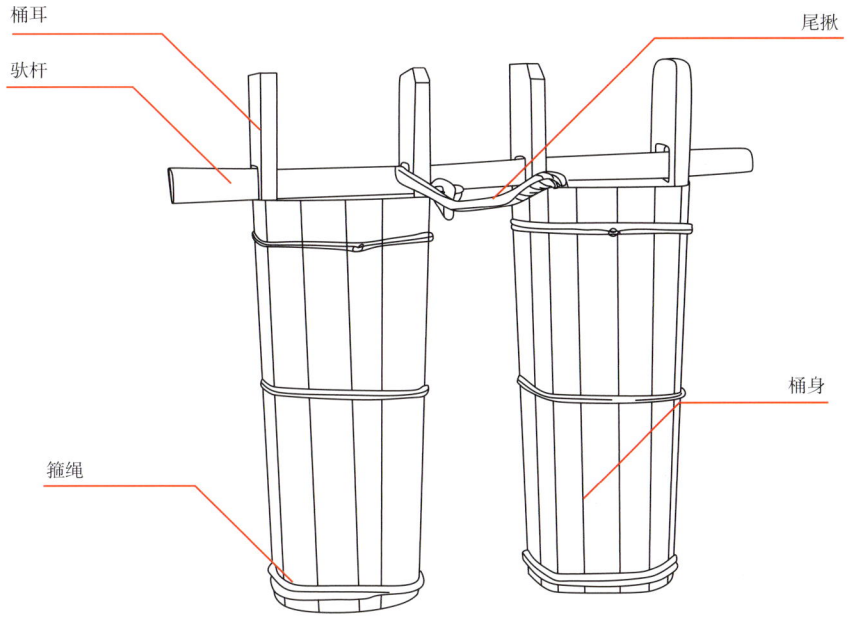

图五　东乡族六角桶解析图

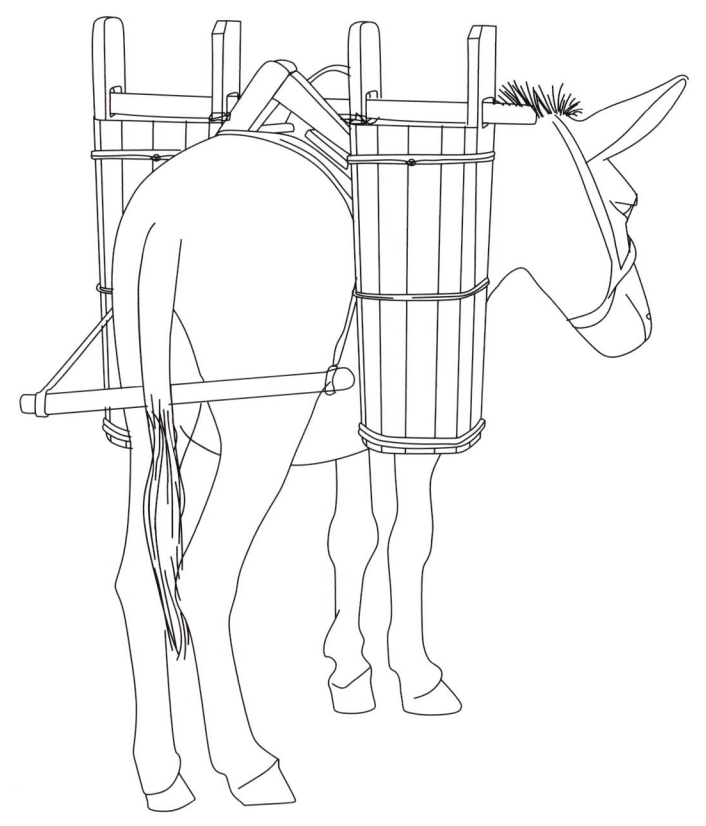

图六　东乡族六角桶使用图

第四章　东乡族传统生活用品

229

图七　东乡族六角桶渲染图1

图八　东乡族六角桶渲染图2

图九 东乡族六角桶连结方式图

东乡族铜炭火壶

图一 东乡族铜炭火壶主图

铜炭火壶，出自东乡民俗博物馆。因为东乡族人民喜欢喝茶，从饮食习惯上看，由于东乡族以牛羊肉为主，其腥肉之食，非茶不消，多喝茶才能达到生理的平衡。东乡族讲究茶具，过去煮茶和沏茶壶一般都是用银和铜制做的，形式多样，别具一格，有长嘴铜茶壶、银鸭壶、铜火壶等。现在一般用锡铁壶、紫砂壶等。

本案例是东乡族人民用来煮茶的器具，它高30厘米，腹径15.5厘米，底径11.7厘米。它是东乡族人民把火锅和铜壶相结合而产生的一款极具创新性的产品，有加热快、持久保温的特点。它主要部件有壶身、带盖鸭嘴弯流、壶把、提环、壶足、拱形火门、烟囱、烟囱盖和一条连接壶身和烟囱盖的铜链。整个铜壶造型古朴大方，尺寸比例恰到好处。本案例铜壶使用起来也特别方便，首先打开注水盖倒入水并放入茶料盖上盖子，然后从长烟囱顶放入木炭点燃，铜壶便可开始加热。长烟囱内部有一块隔灰板，木炭燃烧产生的炭灰可以通过它露入壶底之后可以通过拱形火门掏出来。壶嘴上有一块小盖子，铜壶加热的时候可以将它翻转下来使加热空间封闭，提升加热速度。烟囱顶部有一块烟囱盖，通过移动它来调节烟囱开口的大小而决定烟囱中进入空气的多少来控制火候。为了防止烟囱盖丢失用一条铜链将它与壶身链接起来。因为壶身大，便在壶身前面加了一个提环使人们倒茶的时候更容易操控它。壶身下面有足尖外折的三扁足，这样在使整个壶身稳定的同时又增加了壶的美感。各个部件的组合看似随意其实包含和很多科学原理和美学原则。

整个铜壶不但造型优美、结构科学，而且使用简单方便，也是现代电热水壶和保温壶的鼻祖。它高度彰显了东乡族人民的聪明与智慧。

图片来源

图一　资料来源：fotoe

图二至图十一　李雪松　制图

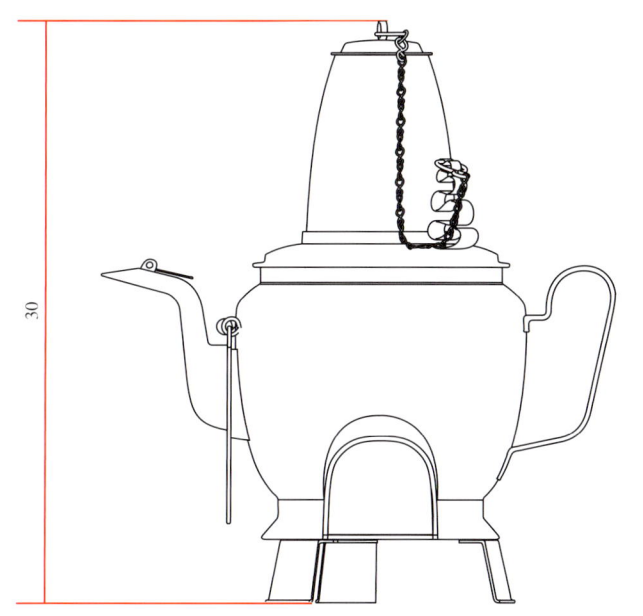
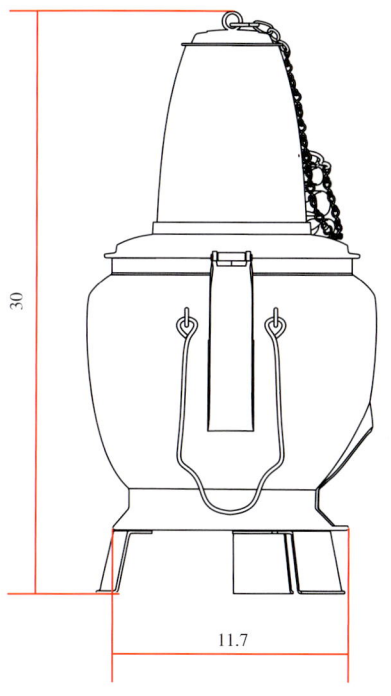
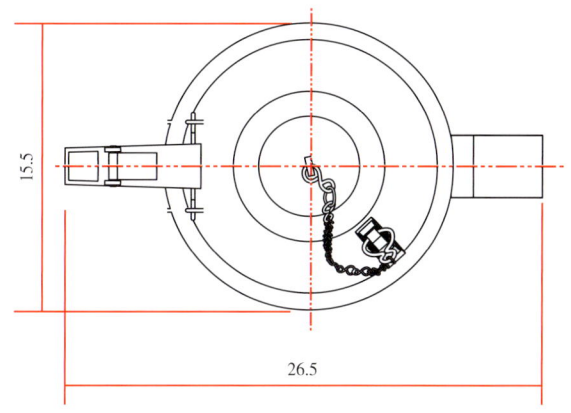

图二　东乡族铜炭火壶三视尺寸图（单位：cm）

图三　东乡族铜炭火壶线稿图

图四　东乡族铜炭火壶组合图

图五 东乡族铜炭火壶剖面图

图六 东乡族铜炭火壶名称解析图

图七　东乡族铜炭火壶使用图

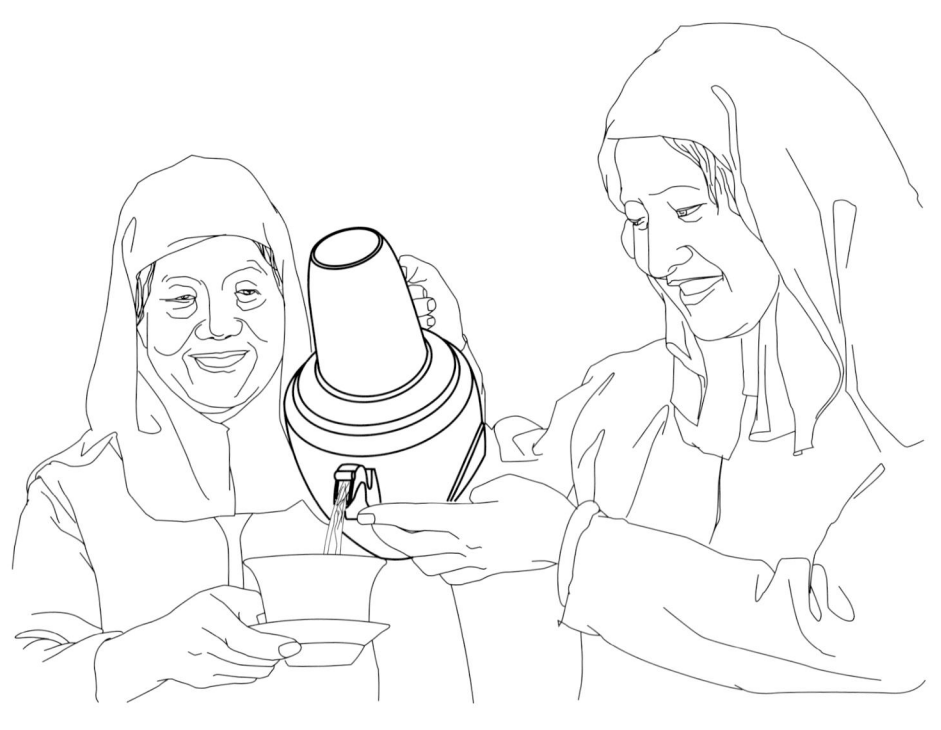

图八　东乡族铜炭火壶氛围图

图九 东乡族铜炭火壶制作工艺图

图十 东乡族铜炭火壶渲染图　　　　图十一 东乡族铜炭火壶上色图

第四章 东乡族传统生活用品

237

东乡族咪咪

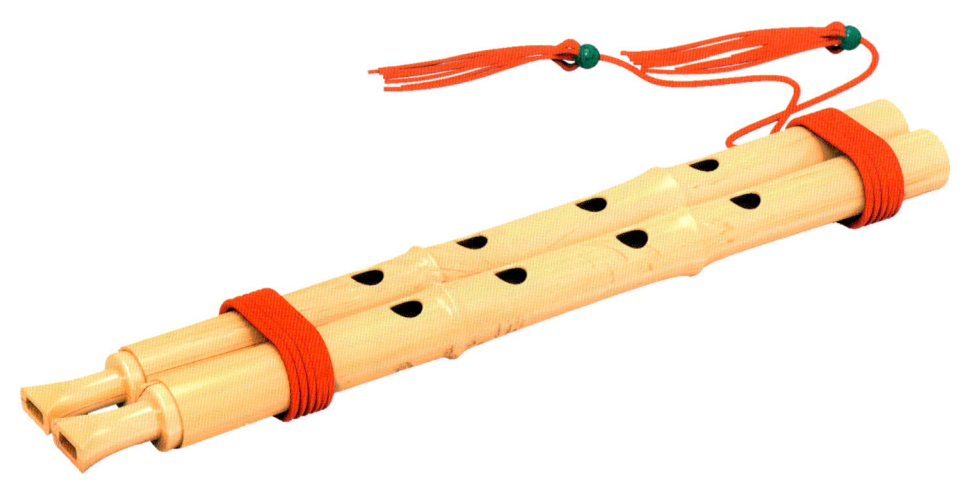

图一　东乡族咪咪主图

　　咪咪，又称筚筚、筚篥，气鸣乐器，出自东乡民俗博物馆。它是东乡族所常用的日常娱乐民间乐器，但同样回、保安、撒拉、土、裕固等族也有它的身影。咪咪制作简便，容易吹奏，独奏、伴奏均可，音色柔和、优美，深受东乡男子的喜爱，广泛流行于甘肃省临夏、武都、甘南和青海自治县等地。

　　咪咪用两根约14厘米长，小指般粗细的竹子管做成，类似于排箫。咪咪的制作常常选择光滑的竹子，用铁扦子在两支竹管上均匀地分别烫上四个、五个或六个洞眼，然后用红丝线排扎在一起，再吊上个流苏穗子做装饰，最后将枝皮或毛儿刺皮做成两个像唢呐哨片那样的芯子放进竹管，就可以噙在嘴里吹奏，用手指按住竹管上面平行的两个小孔，随着指法的变换，吹奏出各种迭宕起伏的音符。咪咪在东乡族中一度广为流传，由于制作简单，携带方便，演奏风格别具一格等特点，作为一种东乡男子经常使用的乐器，丰富了东乡群众的生活。本案例咪咪由管身和管哨两部分组成，管身竹制，由长短、粗细、孔距、音高均相同的两支管身并列捆扎而成。竹管打通中间竹节，上、下两端敞口，管长13厘米，尾端内径4厘米。两支管身上分别开有相同的四个圆形按音孔，孔距为：管尾至第一孔3厘米，第一至第二孔2.3厘米，第二孔至第三孔2.5厘米，第三孔至第四孔2.3厘米，第四孔至管首2.8厘米。咪咪的制作工艺有两种，咪咪管哨要用丁香树或柳树枝的外皮制作，先将树枝的外皮切割成小段，并使其与木杆分离，此树皮管无需加工，吹奏时含扁即为双簧管哨，一般哨长2.7厘米、外径0.8厘米，将树皮管哨分别插入两个管身上端的管口内，外露1厘米即可。

演奏时，管身竖置，双手持握咪咪，左手在下，中指、食指分别横按两管第一、二两孔，右手在上，中指、食指分别横按两管第三、四两孔。口含两管上端管哨吹奏，可发出同度双音，音列为g、a、c1、d1、e1（g1），音域两个八度。发音柔美、淳厚，高音清脆、高亢，低音洪亮、深沉，穿透力较强。咪咪可用于独奏或为民歌伴奏，是我国西北甘肃、青海各族人民十分喜爱的民间乐器。常用于群众性的花儿会场合中，为当地山歌花儿的演唱进行伴奏，它所发之音，也是"花儿"音调中最常用的五声音阶。

图片来源
图一至图九　邱珂　制图

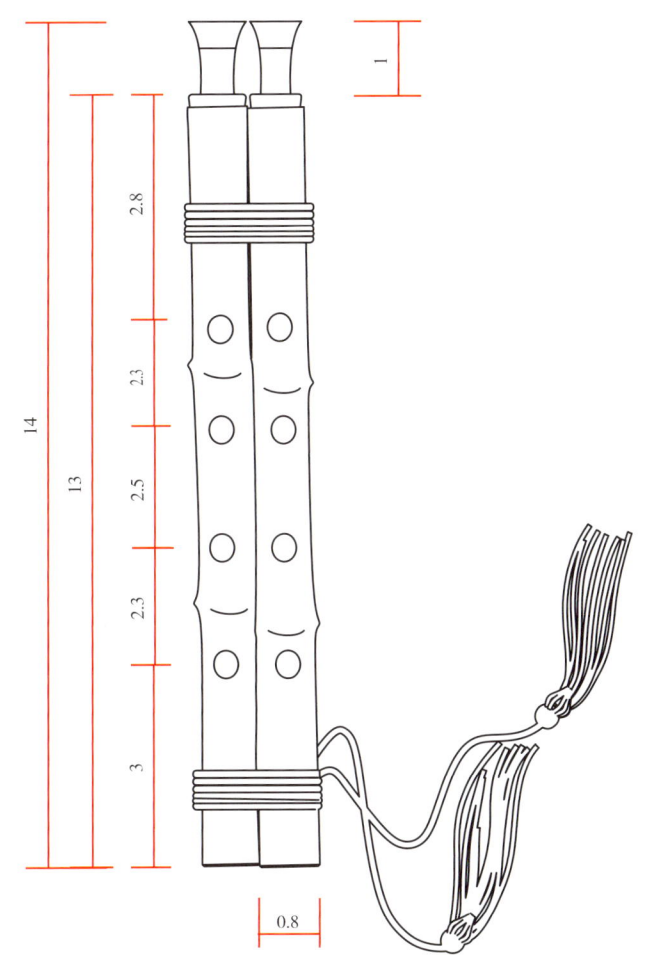

图二　东乡族咪咪尺寸（单位：cm）

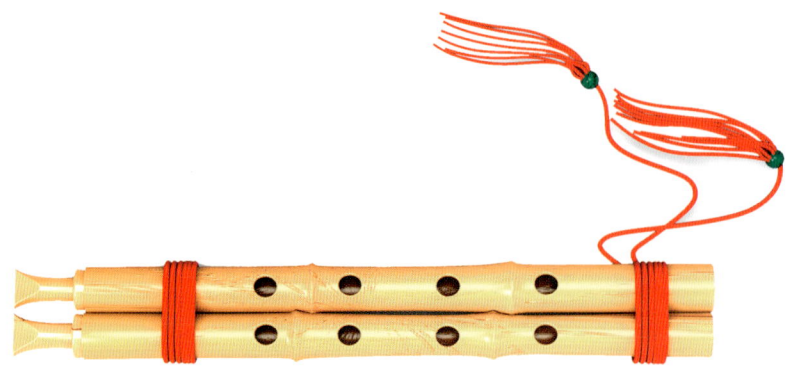

图三　东乡族咪咪正视图

图四　东乡族咪咪左视图

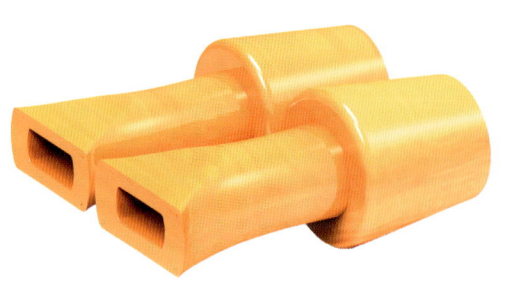

图五　东乡族咪咪管口细节图

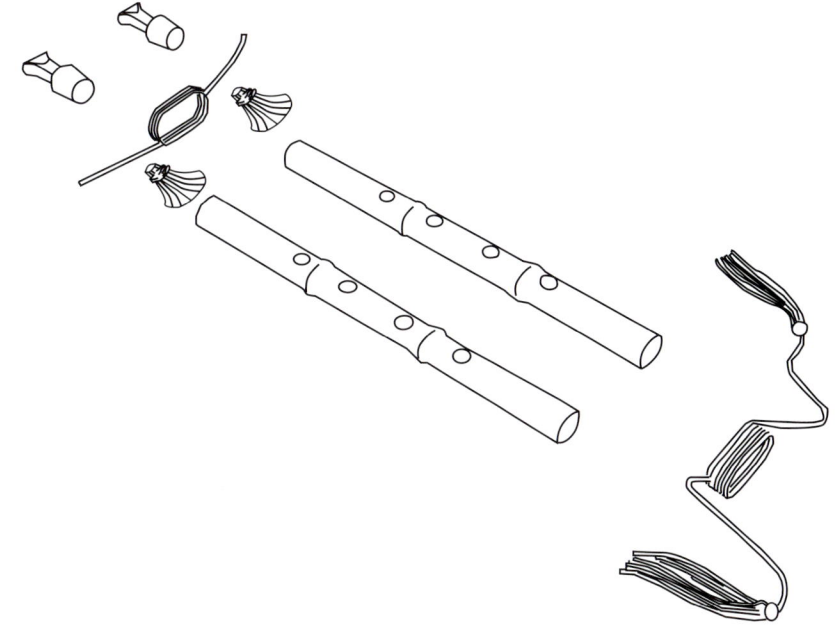

图六　东乡族咪咪结构图

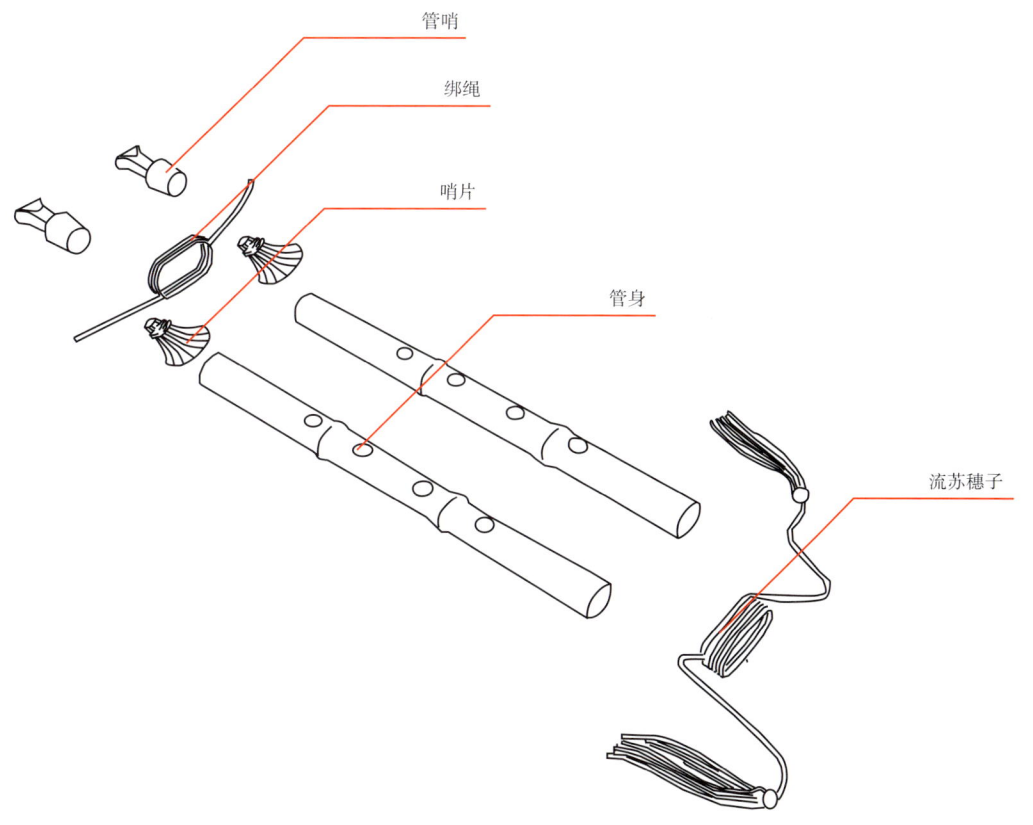

图七　东乡族咪咪名称图

图八　东乡族咪咪使用气氛图

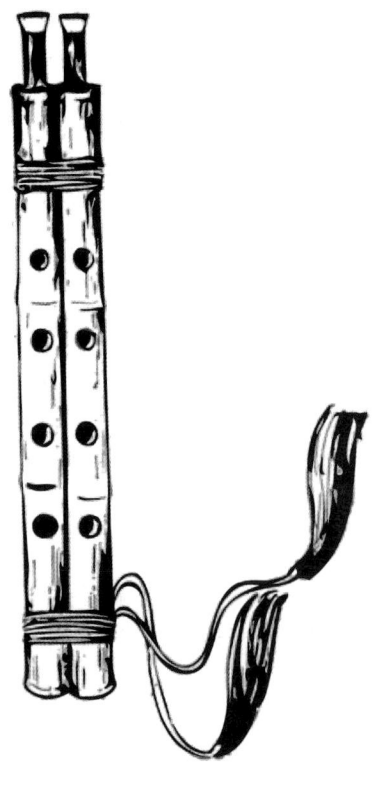

图九　东乡族咪咪素描图

东乡族厨柜

图一　东乡族厨柜主图

厨柜，出自东乡民俗博物馆，收藏衣物、文件等用的器具，方形或长方形，一般为木制或铁制。它是一种长方形家具，形体较高大，可存放物品。柜子的使用始于夏商周时期，那时称为"椟"。到了明清时期，柜子成为室内必备的家具，且形制已定型。明清柜子按形制可分为方角柜、圆角柜、亮格柜，形制不同，其构成部件也有不同。柜类家具主要是指以木材、人造板或金属等材料制成的各种用途不同的厨柜。

本案例的厨柜作为东乡族人民日常生活中家家必不可少的生活器具，也是东乡族最具代表的特色之一，由把手、柜门、牙板、柜脚所构成，整体造型做工精细，是一个标准的矩形立方块，柜内中空，均不见有隔板。该厨柜一般靠墙陈设，故背面无需装饰，而作为看面的正面做工就较为精细，有两扇柜门，柜门只有简单的一整面，除了一对金属的门把喷上了金色的油漆，其他并没有什么过度的装饰，其打开方式是有中间往外打开。厨柜的边缘用木较为敦厚结实。柜子的下端牙板用了雕刻装饰，雕刻的图案简单，却极为用心，图案极具民族特色，最下端的柜脚做的稍微宽厚些，使整个柜子更加稳重。柜子的两个侧面和顶端均不加任何装饰，柜子平整的顶端，是可以放置物品的，所以也可以作为一个桌面来看。

这款东乡族橱柜的造型经典，整体以及各部位比例协调，结构合理，特别是厨柜正面的造型不仅具有强烈的东乡民族文化之经典也体现了中华文化之精髓，更是近代厨柜之典范。

图片来源
图一　资料来源：fotoe
图二至图九　张灿斌　制图

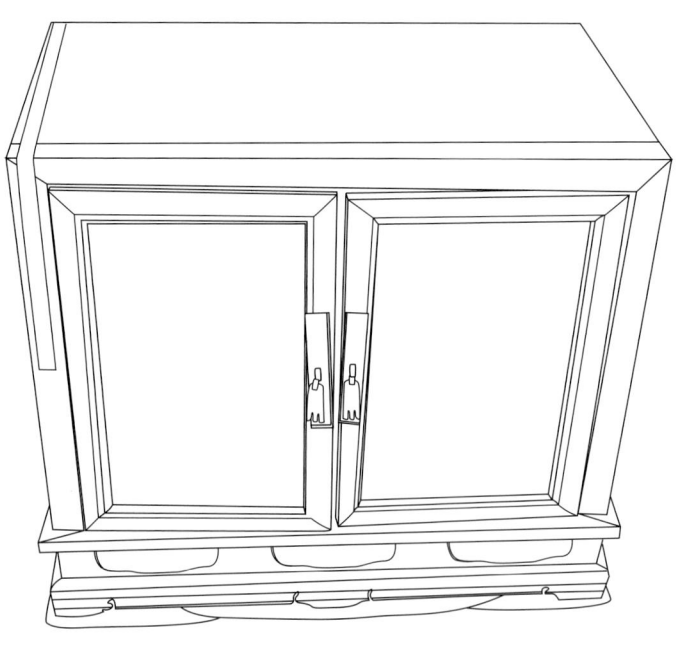

图二　东乡族厨柜线稿图

图三　东乡族厨柜上色图

图四　东乡族厨柜名字解析图

图五　东乡族厨柜存放衣物图

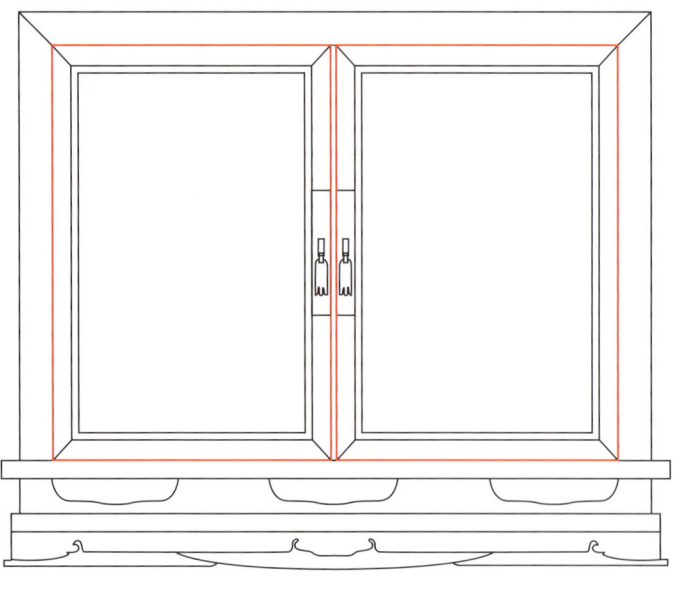

图六　东乡族厨柜打开方式图

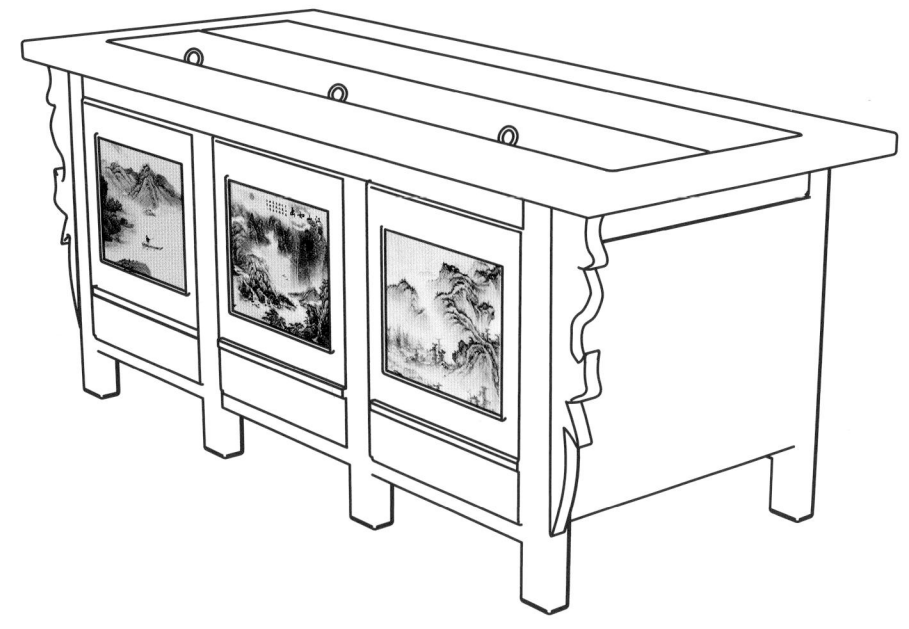

图四　东乡族米柜线稿图

图五　东乡族米柜使用图

图六　东乡族米柜名称解析图

图七　东乡族米柜组合图

图八　东乡族米柜剖面图

东乡族几案

图一　东乡族几案主图

几案,出自东乡民俗博物馆。几案呈现长桌子形,而且四周有一些花纹与雕饰,从而使它看起来更加的美观。几是古代人们坐时依凭的家具,案是人们进食、读书写字时使用的家具,人们常把几案并称,是因为二者在形式和用途上难以划出截然不同的界限。几案其形式早已具备,而几案的名称则是后来才有的。

几案,在厅堂殿阁的布置上,和其他家具一样,也各有其特点的规范。而几与案只是形制不同,长短大小相差无几,但多呈长条形。几案在使用中既可用于放置器物也可用于宴享。明清时,几案有了进一步发展,造型独特,用料考究,而且在雕饰方面更加重视。从种类上来分,案的种类有食案、书案、奏案、毡案、欹案。几的种类有宴几、凭几、炕几、香几、蝶几、花几、茶几、案头几。东乡族博物馆的几案也是在很早之前存留下来了,由于人们的保护从而保留到了现在。本案例中的几案高85厘米,长210厘米,宽60厘米。花纹为蟠桃、山水画、桃花、花枝。

在几案的结构形态上,几案的设计较简练,淳朴。且造型大方,比例适度,轮廓简练舒展,几案的样式多样,且用途广泛,几案的造型大都造型独特,用料考究,而且在雕饰方面更加重视。

图片来源
图一至图七　李雪松　制图

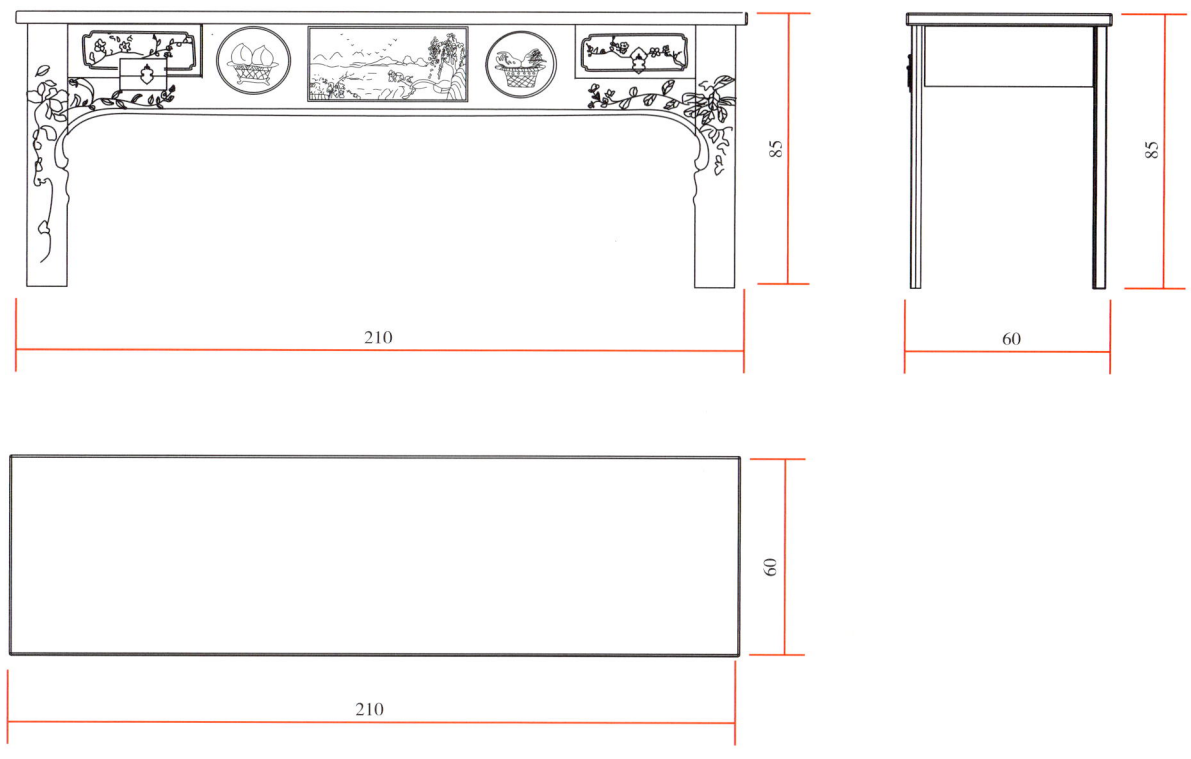

图二　东乡族几案三视尺寸图（单位：cm）

图三　东乡族几案线描图

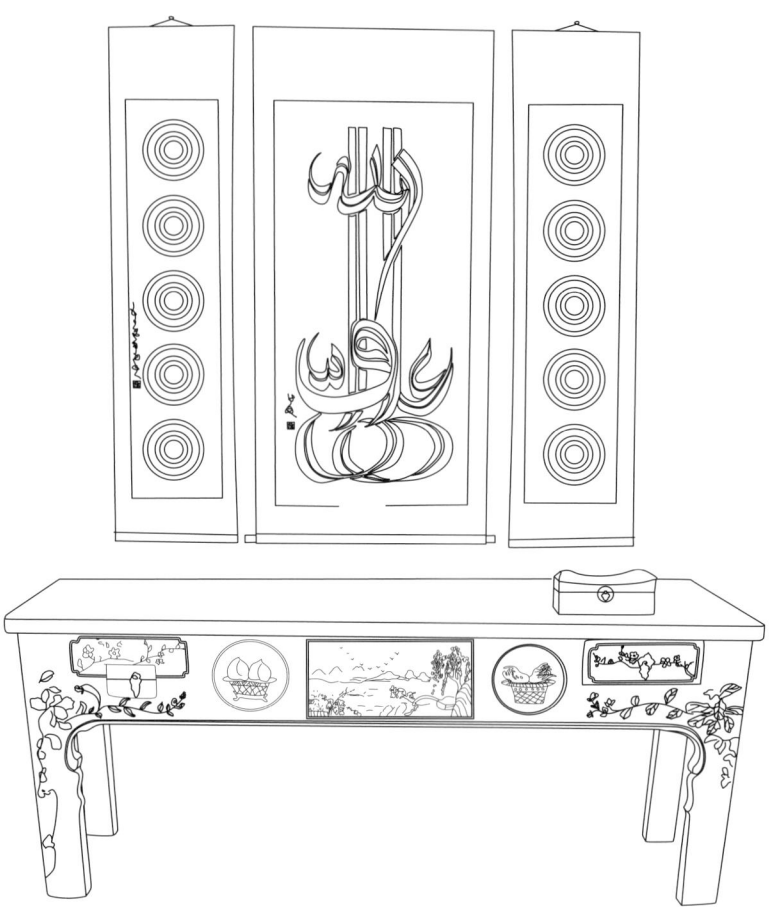

图四 东乡族几案环境图

图五 东乡族几案细节图

图六　东乡族几案渲染图

图七　东乡族几案抽屉结构图

东乡族付盖阿拉松箱子

图一　东乡族付盖阿拉松箱子主图

付盖阿拉松箱子，简称大皮箱，是民国时期东乡族出行用的行李箱。现收藏于东乡民俗博物馆。本案例中大的皮箱长80厘米、宽45厘米、高25厘米。

东乡族因居住在河州（今甘肃临夏地区）东乡地区而得名。该民族自称"撒尔塔"，是以撒尔塔人为主，融合当地回、汉、蒙古族等逐渐形成的。撒尔塔原始意思为"商贾"，指定居于中亚一带信仰伊斯兰教的各种人，主要有突厥人、波斯人，统称为色目人。明朝，东乡族人民主要从事于农业生产，畜牧业也占有重要的地位。因此皮制品较多。而手工皮具，追求浓郁的自然气息、返璞归真的风格，彻底告别尘世的虚伪奢侈。每张纯正真皮皆有天然纹路、皮痕、色泽不一等特性。它保留了牛背上的褶皱和纹理，淳朴、自然。它由手工缝制，单个制作，避免了在街上遇上相同的尴尬局面。

当然要制做皮箱，皮革的制造是最为重要的，而制成成品皮革需要经过几十道工序：生皮—浸水—去肉—脱脂—脱毛—浸碱—膨胀—脱灰—软化—浸酸—鞣制—剖层—削匀—复鞣—中和—染色加油—填充—干燥—整理—涂饰—成品皮革。制成皮革后，进行缝制。缝制的线为皮革专用麻腊线（延伸性小，成型性好，板面丰满富有弹性，无油腻感，革的粒面、绒面有光泽，吸水易变软，可塑性容易整型，颜色从本色的浅肉粉色到淡褐色），传统手工上油封边，厚实的皮料手工上线一般不会有开线问题，这样的皮具使用时间越长越有复古和怀旧感，会越用越光滑，越用越好看，轻微的划痕、擦痕、虻伤、折痕、皮色不均等也会自然消失。缝合前就需要把装饰扣或者四合扣，和尚头，吸扣，钩扣，气眼，铆钉等安装上的，铆钉有小号、中号、单面铆、双面铆，铆钉用于皮革结合处的铆合。经铆合过的皮件结实牢靠，并有装饰美观效果。

付盖阿拉松箱子的设计，体现出了当时东乡族也崇尚美的原则。东乡族在使用皮革装饰的基础上，对于皮箱的使用功能丝毫不懈怠。出行之余，行李箱带给了他们极大的方便。因此，付盖阿拉松箱子为东乡族的出行生活起着关键作用。

图片来源

图一至图九　肖巧妮　制图

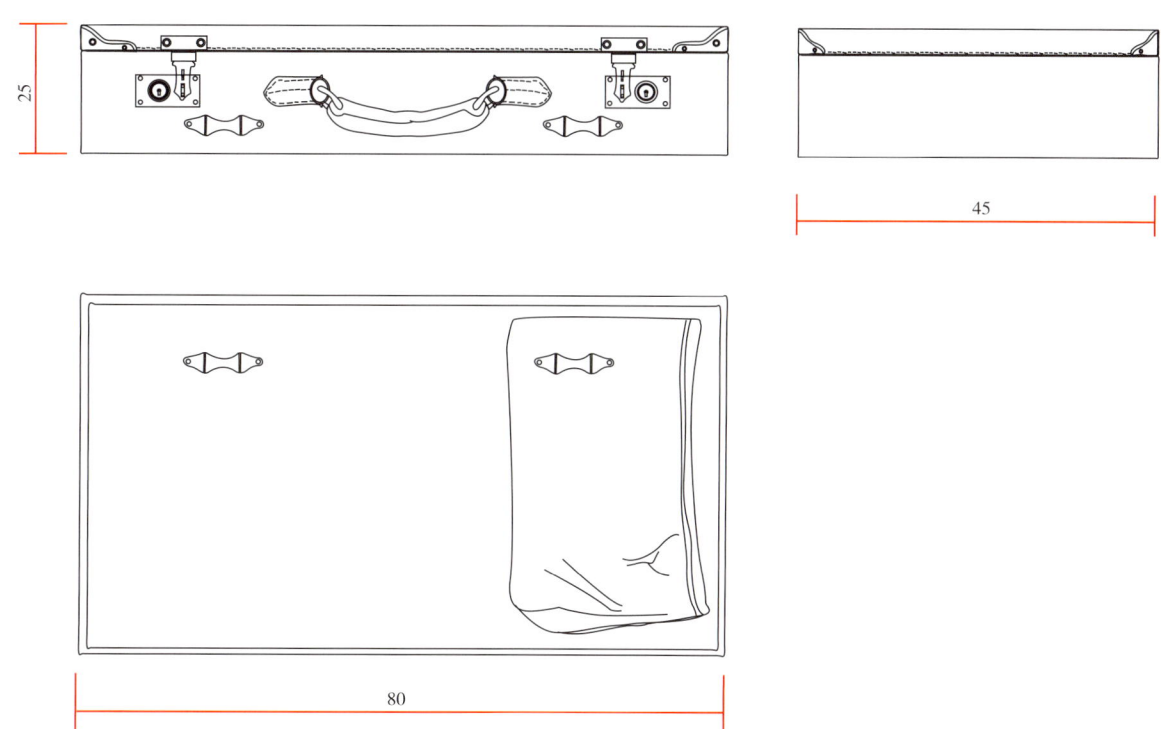

图二　东乡族付盖阿拉松箱子三视尺寸图（单位：cm）

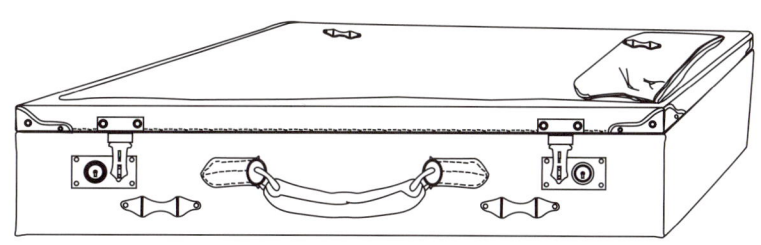

图三　东乡族付盖阿拉松箱子线稿图

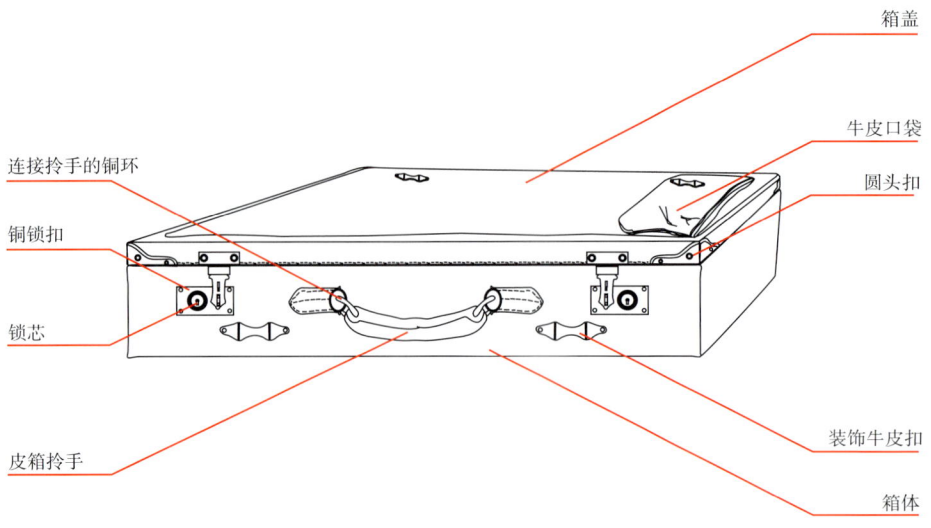

图四　东乡族付盖阿拉松箱子结构图

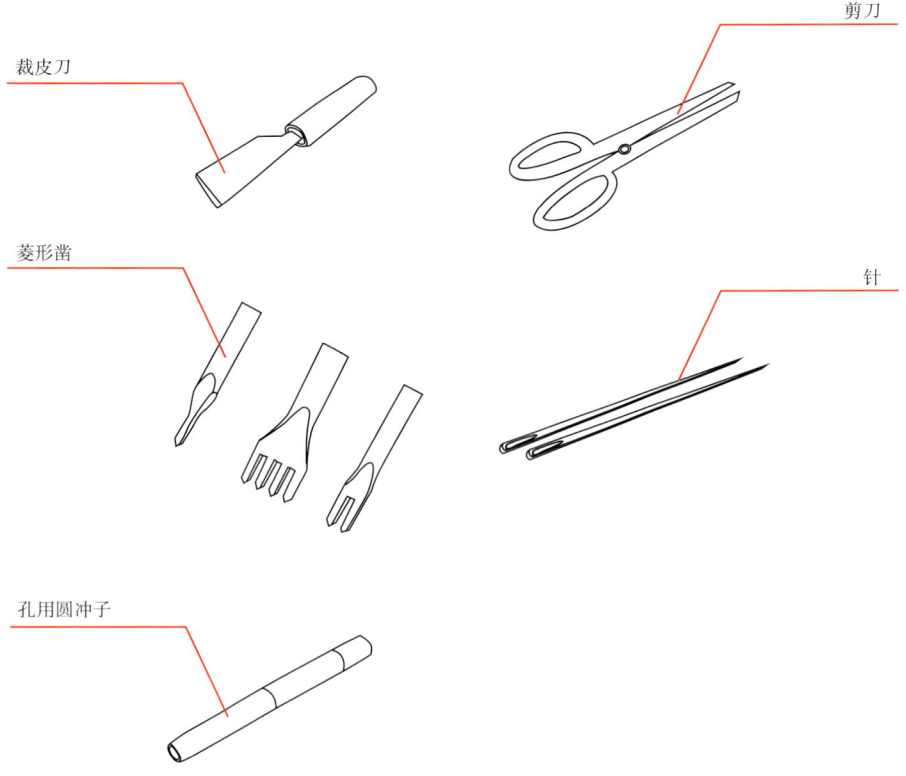

图五　东乡族付盖阿拉松箱子工艺图1

图六　东乡族付盖阿拉松箱子工艺图2

类别序列号	名称	特征	范例
1	Sc雕刻皮	以植物鞣法鞣制的皮革，富吸水性，染色、塑型都相当容易。适合印花法或印花组合技法等技巧。	笔记本封套、票夹、零钱包
	Nippi雕刻皮	以植物鞣法鞣制的厚质皮革，质地硬且结实。适合印花组合技法。手缝麻线。	皮带、名片夹、印花组合技法作品
2	雕刻皮	以植物鞣法鞣制的皮革，质地柔软。适合印花法、印花组合技法等技巧。	手环、手缝皮线的侧肩包
3	压花牛皮	在Sc雕刻皮上压出花纹的皮革。可以压出许多不同的花纹，多半都会在皮革上加入染色。	眼镜袋、小礼物包
4	法制雕刻皮	法国制，是植物鞣法制的皮革。皮革面瑕疵少，切因为有经过防水加工，不需再进行处理便可以直接拿来使用。	相框
	德制雕刻皮	德国制，是植物鞣法制的皮革。皮革质地较硬。延展性差，适合手缝或印花组合技巧	美式唐草雕花技巧的作品
5	透染牛皮	以植物鞣法鞣制，染色后自然风干的皮革。皮革硬度适中，颜色鲜明。	钥匙包、手机套
6	光面雕刻皮	以植物鞣法肉质的皮革，因为有进行过表面处理，所以表面带有平滑的光泽度。	皮带、名片夹，腰带
7	油感牛皮	以混合鞣法鞣制的皮革在制成的过程中假如了大量的油，因此质地感比较湿润，防水性佳。	手机吊绳、辫子编的手环
8	拿帕软牛皮	经混合鞣法鞣制的皮革染色而成皮革质地接近鹿皮。属于柔软的皮革。	侧肩包
9	牛面皮	使用鞣法鞣制的皮革，经过上鼓摔鬆的处理，因此质地柔软、轻薄。	托特包
10	牛鹿皮	将皮革里面刷毛，产生似大鹅绒般的质感，比露屁屁的毛还略长。	手机套
11	鹿皮	经鞣法的皮革染色后，再以起毛手法处理皮革里面，产生出的皮革相当柔软。	侧肩包、三角手提包
12	白色猪皮	以合成植物鞣法鞣制成的纯白的皮革。染色。的颜色度高	糊染的作品
13	半透明猪皮	将猪皮经由脱毛、除去亲质、干燥的过程之后制成的半透明的皮革。	胸花、小名片夹、小灯罩
14	蟒蛇皮	蛇皮上的菱形花纹相当珍贵。摩擦力佳，也可以与其他皮革衔接使用。	短夹

图七　东乡族付盖阿拉松箱子工艺图3

第四章　东乡族传统生活用品

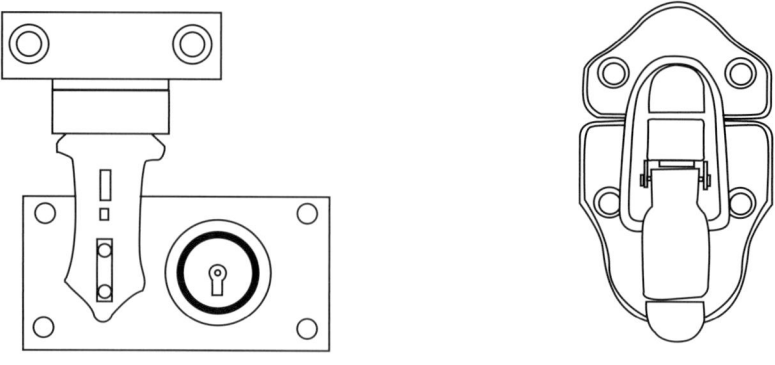

图八　东乡族付盖阿拉松箱子铜锁对比图

图九　东乡族付盖阿拉松箱子使用图

东乡族炕桌

图一　东乡族炕桌主图

炕桌，也称炕几和炕案，一种东乡族使用的家具，出自东乡民俗博物馆。东乡族因居住在河州（今甘肃临夏地区）东乡地区而得名。东乡族由于居住在北方，因此生活中少不了炕。为了生活的简洁和舒适，在吃饭和工作时也能享受温暖，炕桌是东乡族最好的选择。本案例中的炕桌长：110厘米、宽60厘米、高30厘米。（炕桌可根据不同的需要做不同的尺寸）

炕桌和普通桌子的形状相同，四条腿，供人们在床上和炕上吃饭，写字等时使用，十分方便。炕桌原是一种可放在炕、大榻和床上使用的矮桌子，基本式样也可分为无束腰和有束腰两种。有些炕桌造型更矮小而精致，现放在双人或三人沙发前的矮桌也有叫炕桌的。炕桌主要由木制做而成，制作炕桌主要经过以下几道工序：采木—晾干—锯成可用木板—改小木板—刨板—测距—画榫—锯榫—凿榫—穿逗—炕桌—喷漆。做成炕桌后需要用锤敲打榫卯和榫槽的结合处，使其加固加紧，必要时还要用楔子辅助，也可以使用钉子。炕桌上一般都有一些雕饰图案，使炕桌更加美观。这些雕饰用的木板上有能使炕桌稳定而特有的燕尾榫。制做炕桌最简单的榫就是明榫，而根据艺人技艺的精湛程度对榫卯结构的用法也不一样，榫卯结构越复杂，做出来的炕桌越精致，美观。可分为明榫、暗榫、套榫、夹头榫、插肩榫、抱肩榫、钩挂榫、锲钉榫、走马销榫等。

炕桌矮小，不宜盛放过重的物体，也不宜在太大的场合使用，与其他桌子不同的是它的轻巧灵活，容易移动，矮小实用，可用于一两个人读书写字，三到五个人吃饭，五到七个人围坐在一起聊天。炕桌的保护方法是不要过于碰撞，不要放在潮湿荫凉的地方，使用完及时清理和清洗，用干毛巾擦干，不要接触火等等。

炕桌是东乡族不可缺少的生活用具，炕桌的使用为东乡族的生活起居带来了非常大的便利，也为东乡族的生活起着不可替代的作用。东乡族炕桌的设计和使用，为今天北方炕桌的设计提供重要的参考价值，也是东乡族和汉族智慧相融合的结晶，从而体现了中华民族相互团结相互学习的历史意义。

图片来源
图一至图七　李雪松　制图

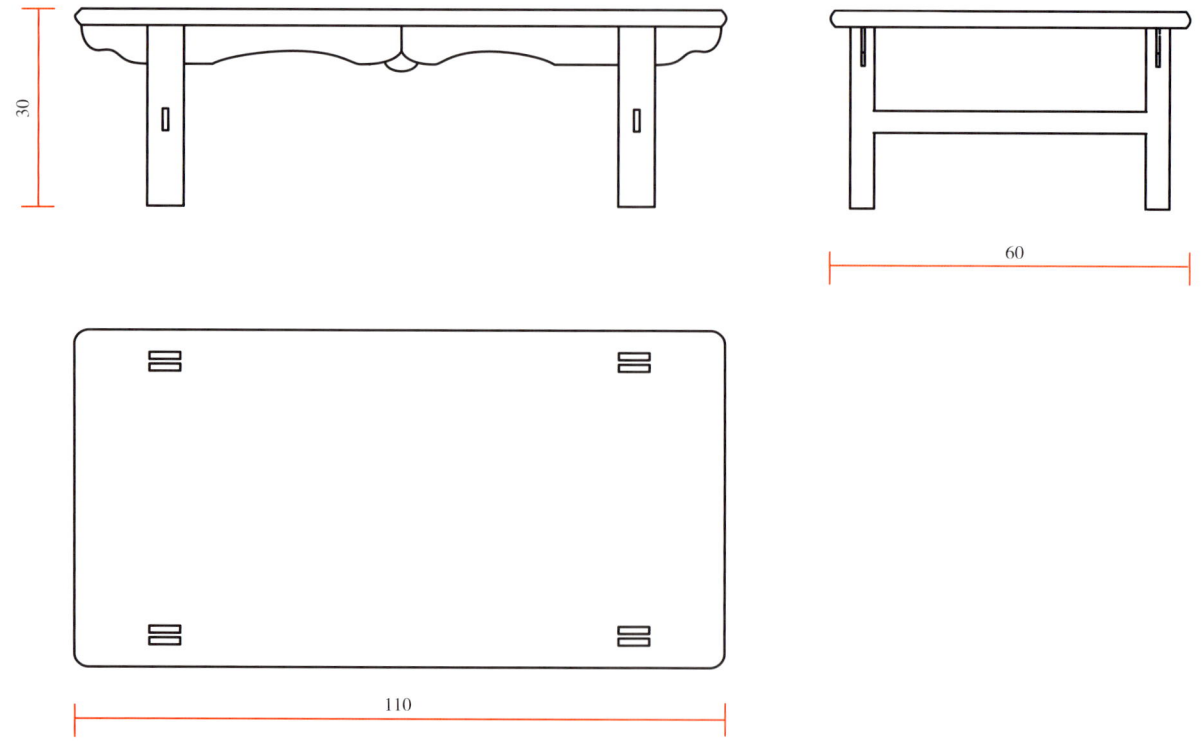

图二　东乡族炕桌三视尺寸图（单位：cm）

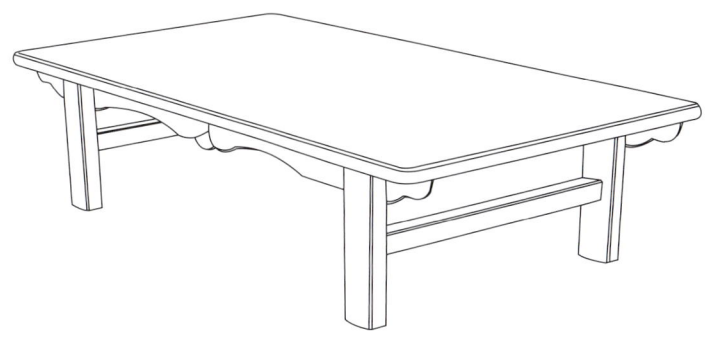

图三　东乡族炕桌线框图

图四　东乡族炕桌细节图

图五　东乡族炕桌解析图

图六 东乡族炕桌使用氛围图

图七 东乡族炕桌使用图

东乡族栲栳

图一 东乡族栲栳主图

"栲栳",是用柳条编成的盛物器具,体量较大,旧时北方地区农家常用物,现在已不多见。现保存于甘肃省临夏市东乡县东乡民俗博物馆。唐寅《题崔娘像》诗:"琵琶写语番成怨,栲栳量金买断春。",用栲栳来量金子而夸张富裕程度,还有旧小说中描写"一团栲栳大小的光芒"以及民间俗语中形容大小或形状如栲栳:如"把栲栳圈银交椅取来"、"栲栳般大的物事"等,均说明了生活中栲栳的普遍性。本案例中的器具直径37厘米,高50厘米。

东乡人称芭斗,为民间老手艺人用柳条精心编制,各地方用处不同,有的农村用来作粮囤用,放干粮,有的地方老太太做针线笸箩用.有大有小,大的用来放粮食;小的用来放些零食、干粮等,用处很多。也叫升,和斗一样,都是原来量粮食的,可说是多用途工具。一般编制篮筐都会选择柳的柔韧部分来编制。柳编技艺是我国传统的手编技艺,经过历代艺人的传承发展,凝聚了广大劳动人民的心血和汗水。据考证,用柳条编织的篓,是采用柳、线混编,将麻线所具有的强拉力与柳条的韧性、弹性结合于一体,使柳编工艺向前迈进了一大步。值得一提是，见于史籍的柳编工艺品，最有名的是"杯"。"杯"是先用柳条编成各种杯、盘等日用器皿，再用油漆加工成成品。这种柳编制品不但耐用，而且美观。当时著名思想家孟子对于"杯"有记叙。

柳编制品的生产过程大体分为选料、上色、浸泡、编织、熏蒸、晾晒、刷漆等7个环节，全部采用手工制作。编织方法主要有穿、缉、拧、系、编、织、缠、绞等。柳编技艺历史悠久，历经数代民间艺人的传承、革新，已成为具有广泛代表性的民间艺术形式，其实用价值、审美价值和社会价值得普遍认可。柳编是简单的工具与高超技艺的结合，是实用性与审美的结合，并通过编织技艺的革新，在编织结构上和制品形式上创造出许许多多不同类型的产品，满足了群众生产和生活需要，同时，柳编技艺这种民间艺术形式也得到长足的发展。

图片来源
图一至图七　肖月　制图

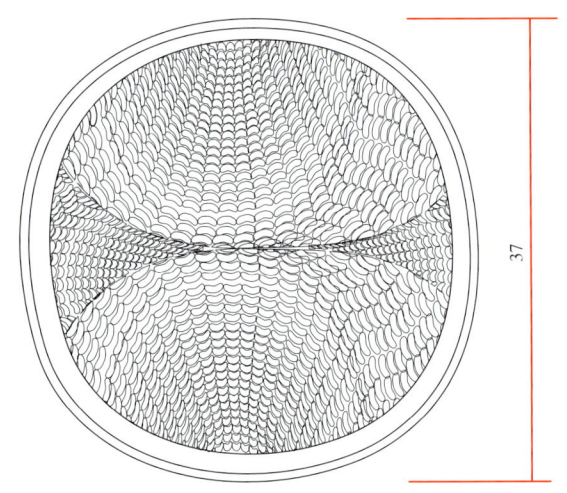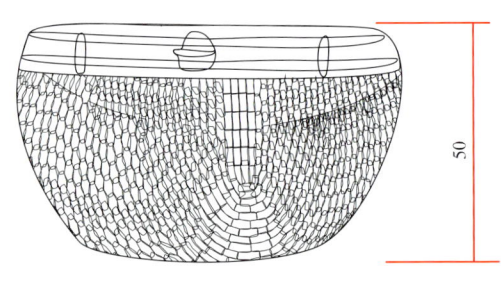

图二　东乡族栲栳尺寸图（单位：cm）

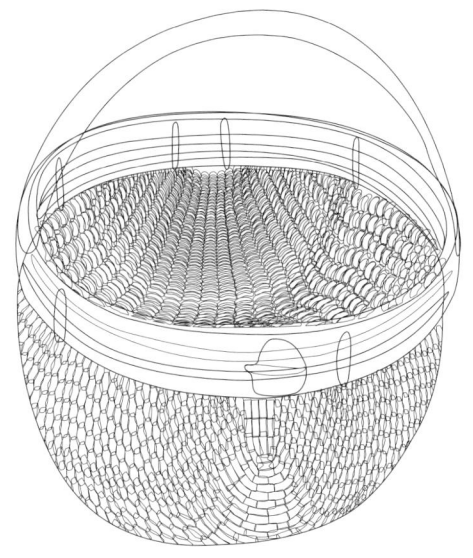

图三 东乡族栲栳线框图

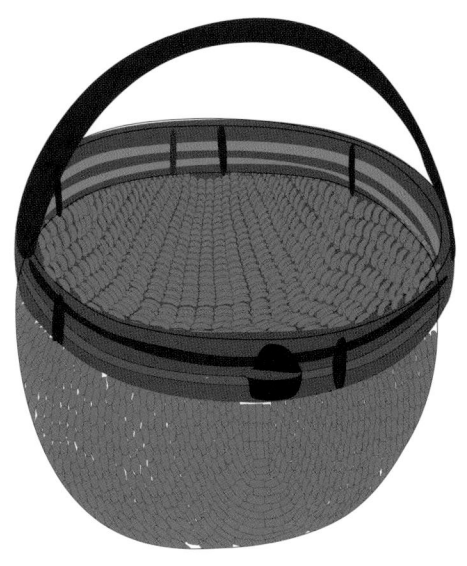

图四 东乡族栲栳上色图

第四章 东乡族传统生活用品

图五　东乡族栲栳使用图

图六　东乡族栲栳制作工艺图

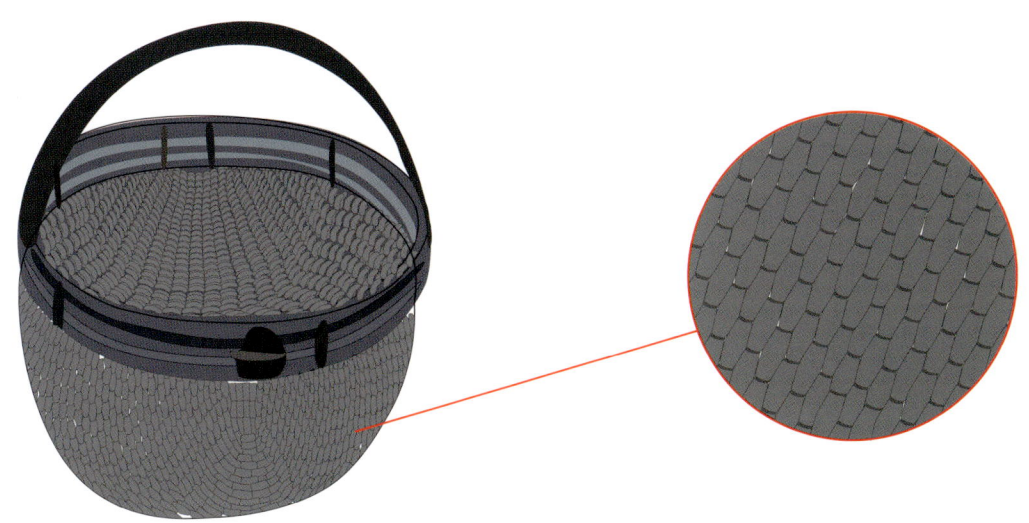

图七　东乡族栲栳细节图

271

东乡族烙铁

图一 东乡族烙铁主图

本案例的烙铁出自东乡民俗博物馆。因为底的面积较大、也重一些,所以装上一个把手,便于使用。大的内直径13厘米,长16~20厘米,厚5毫米;小的内直径9厘米左右,长10厘米,厚5毫米。

提起烙铁的用途,还曾有过不太光彩的历史,就是被用做刑具使用。烙刑是我国也是世界最古老的酷刑之一。"烫"是人体最难以承受的感觉,我国自商代发明熨衣服的烙铁以来,就开始将烙铁当作刑具。用烧热、烧红的铁具、木炭……或者说是一切可以产生"烫"的物件,灼于受刑者的皮肤,使其产生痛感烙铁分为平底柄式、平底把式、圆柱钳式和棍式。"平底柄式"是最常见的烙铁,底是平的,有一个长手柄。使用时将其烧红,行刑手握住长柄一端(因为铁的传热速度快,行刑手用烙铁时往往要戴手套),用烧红的平底灼于受刑者的皮肤;"平底把式"的底较大,是为了增加受刑时的痛苦。使用时把"圆柱"烧红,夹住受刑者的大腿、上臂;"棍式"也较常见,多用于女性受刑者。烙铁最初不是用来当作刑具,而是用来熨平衣服。商时,纣把其当作一种刑具,从此,烙铁成为世界烙刑的基本工具。

使用时,把烙铁头放在炉火里烧热后,

取出用来熨烫衣物。除日常家庭使用外，烙铁也是焊洋铁壶的必不可少的工具。像洋铁皮制作的水桶、水壶等，在敲打成型后，都要化锡焊缝。把烙铁头烧热后，把焊锡放在烙铁头上溶化，用溶化的锡水就可以焊缝了。时至今日，虽然改用了电烙铁，但仍是这样的工艺。

图片来源
图一至图八　王欣欣　制图

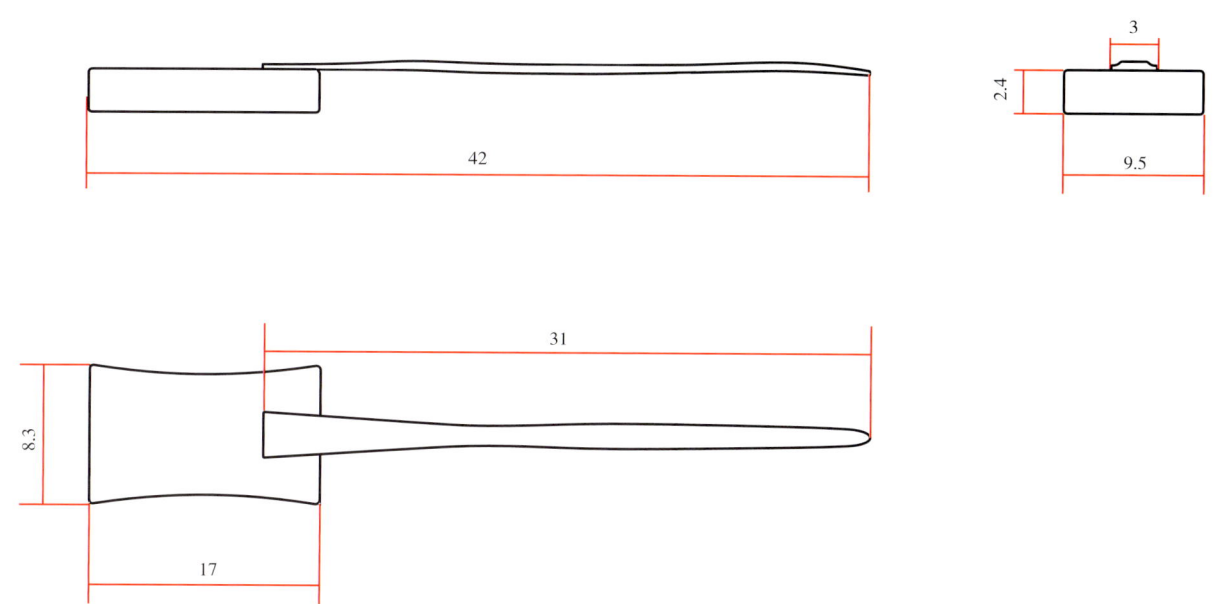

图二　东乡族烙铁三视尺寸图（单位：cm）

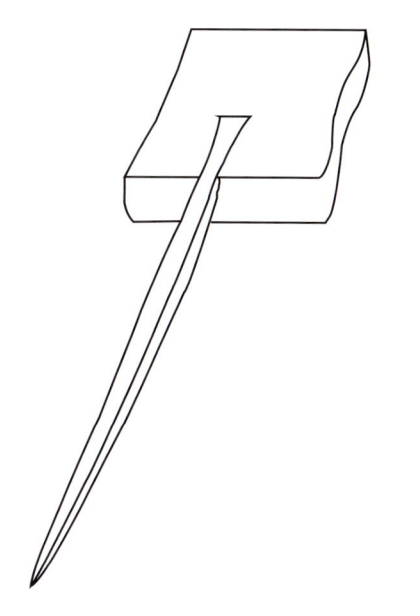

图三　东乡族烙铁线稿图

民国矩形烙铁　　　　　　　民国锄头形烙铁

清代三角烙铁　　　　　　　铲形青铜烙铁

图四　东乡族烙铁对比图

图五　东乡族烙铁组合图

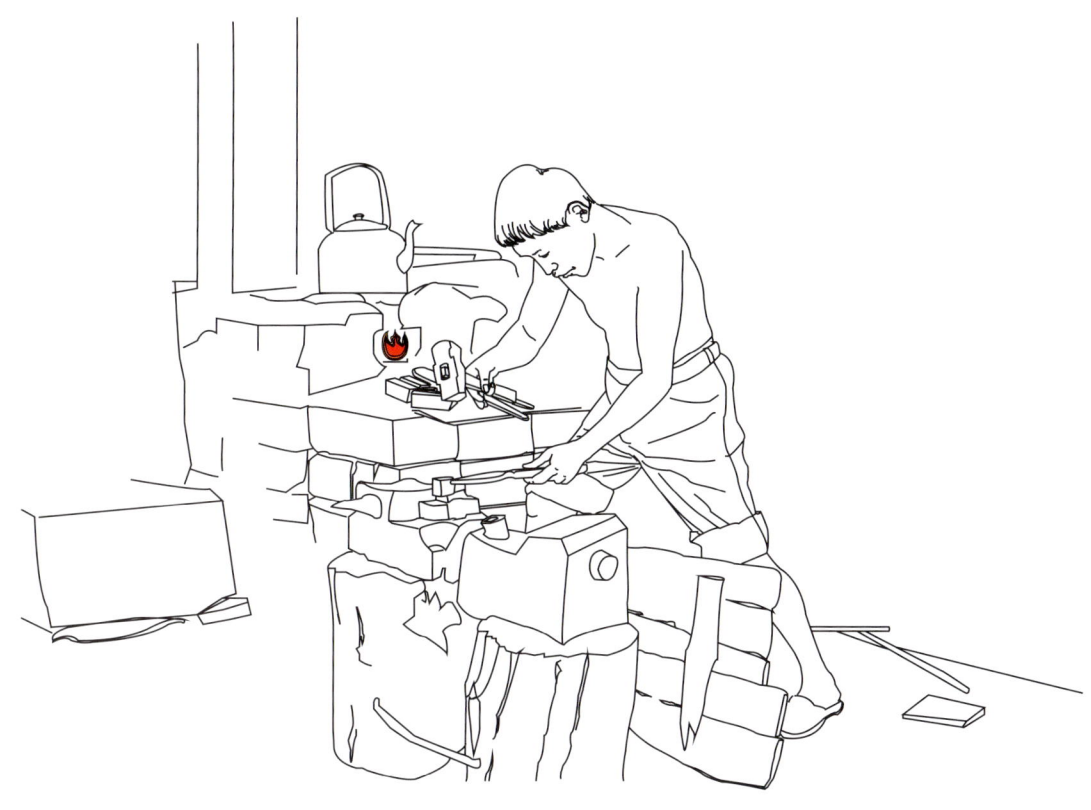

图六　东乡族烙铁加工工艺图

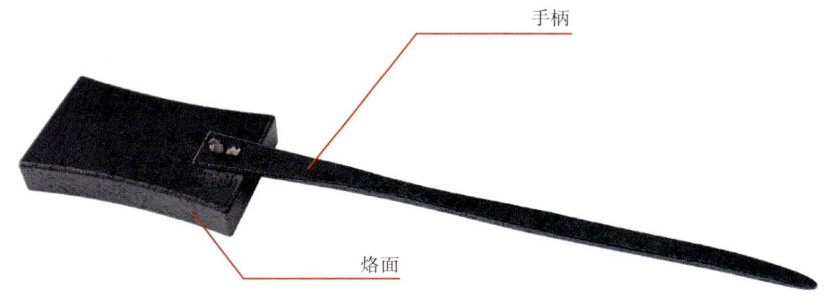

图七　东乡族烙铁名词解析图

图八　东乡族烙铁使用图图

东乡族柳条箱

图一　东乡族柳条箱主图

柳条箱出自东乡民俗博物馆,以去皮的柳树枝条编成的箱子。箱身宽48厘米,长82厘米,高39厘米,也称柳条包。箱子呈长方形,材料以柳条为主,乌黑色的铁条皮包边,箱子有一拎把和一个锁扣,柳条编制精致又结实,柳条箱的使用在中国各族是十分普遍的,也是常用的生活用品。

柳编制品的种类繁多,有席、筐、篓、簸箕、笆斗、柳条箱、笸箩、花篮、笊篱、食盘等多种类型。广大农村的许多生产工具历来依靠柳编、条编制作。入冬以后,农村编筐编篓的副业便开始了,他们常常以地窖作为工作场所,既温暖,又可保持条编材料一定的湿度。利用冬闲,工作一季,其主要产品均为服务于农村农业生产和农家日常生活的各种器皿工具。主要柳编生产工具有篓筐、簸箕、水斗、笆斗、大车拦箱、小车偏篓、粪箕、粮囤仓围、柳条帽等等。主要柳编生活用品有柳条箱(包)、饭篮、菜篮(圆、椭圆)、笊篱、针线笸箩、炕席、苇箔等。尤其是日用品类,编制工艺比较细致考究。选择细滑而韧性强的枝条(桑条较佳),泡制加工成洁白如玉的细柔条料,编制时勒编紧密,条缕均匀。如妇女用的针线笸箩、花篮等物,有时用染过色的破篾或高粱皮缠边,织出十字形或口字形几何花纹,十分美观。

柳条编织是中华民族传统文化,也是十分有民族特色的一项工艺,无论是箱、篓、筐、等盛器或者现代家具都得到了很好的发展与运用。柳条箱的出现表明东乡族人对生活用品的创新。

图片来源
图一至图十　汤繁稀　制图

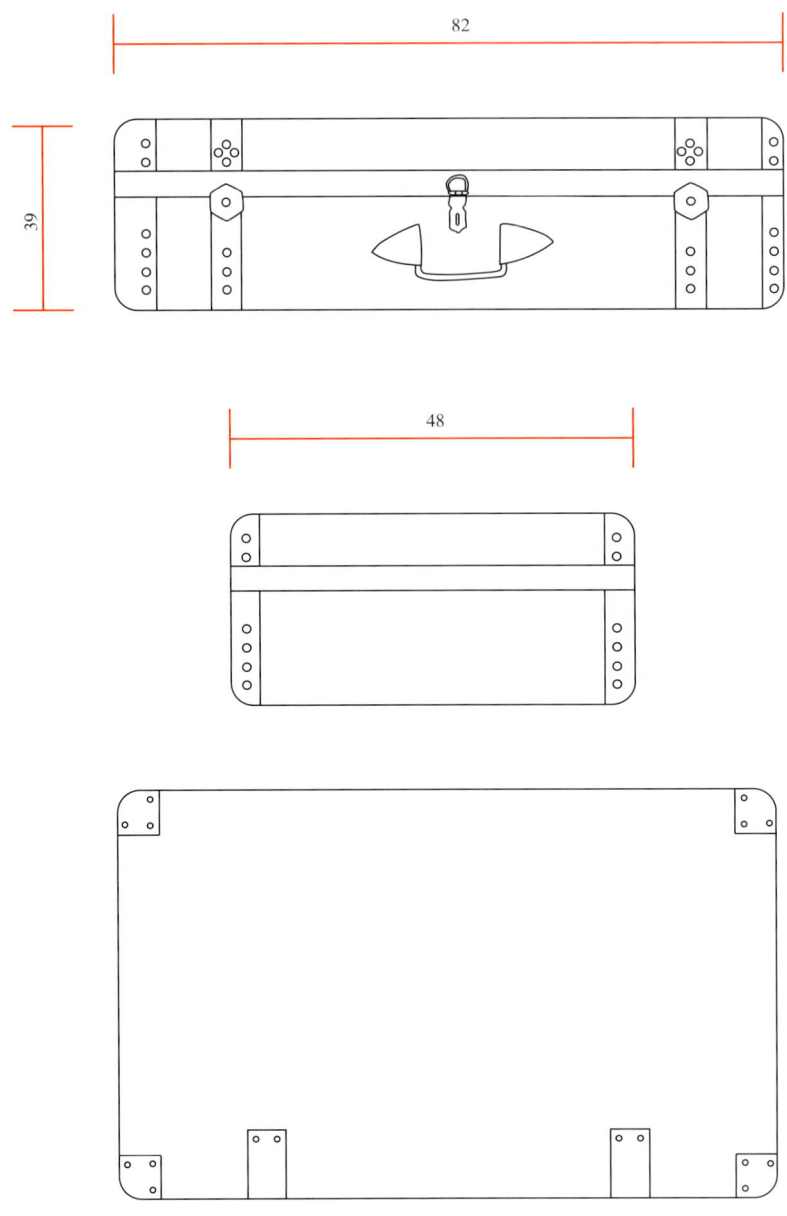

图二 东乡族柳条箱三视尺寸图（单位：cm）

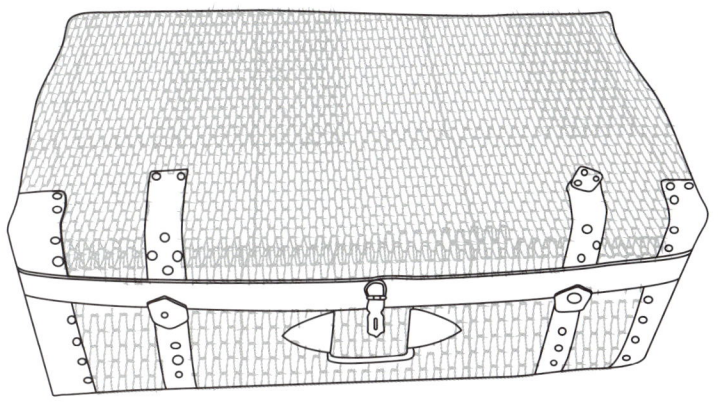

图三　东乡族柳条箱线稿

图四　东乡族柳条箱上色图

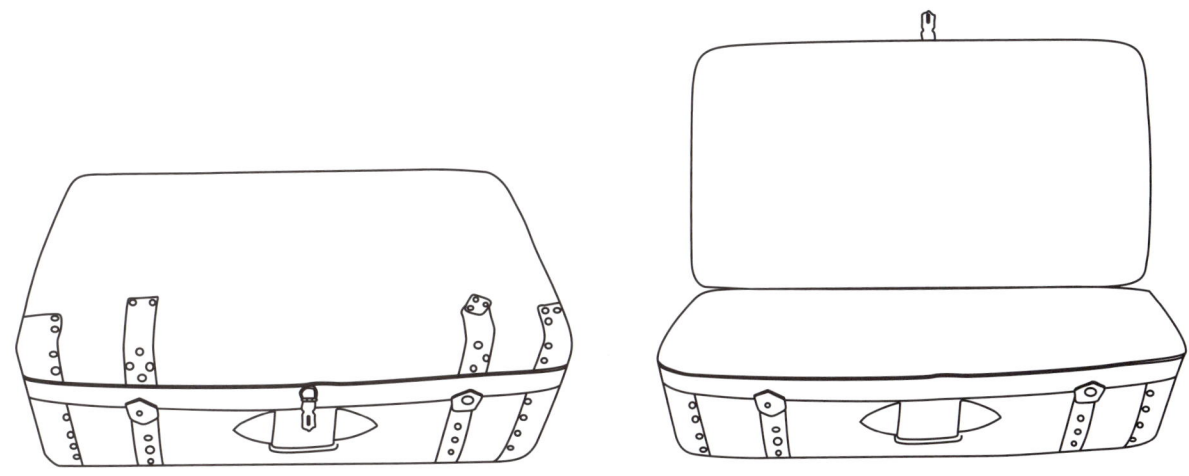

图五　东乡族柳条箱关闭打开效果图

图六 东乡族柳条箱装衣物图

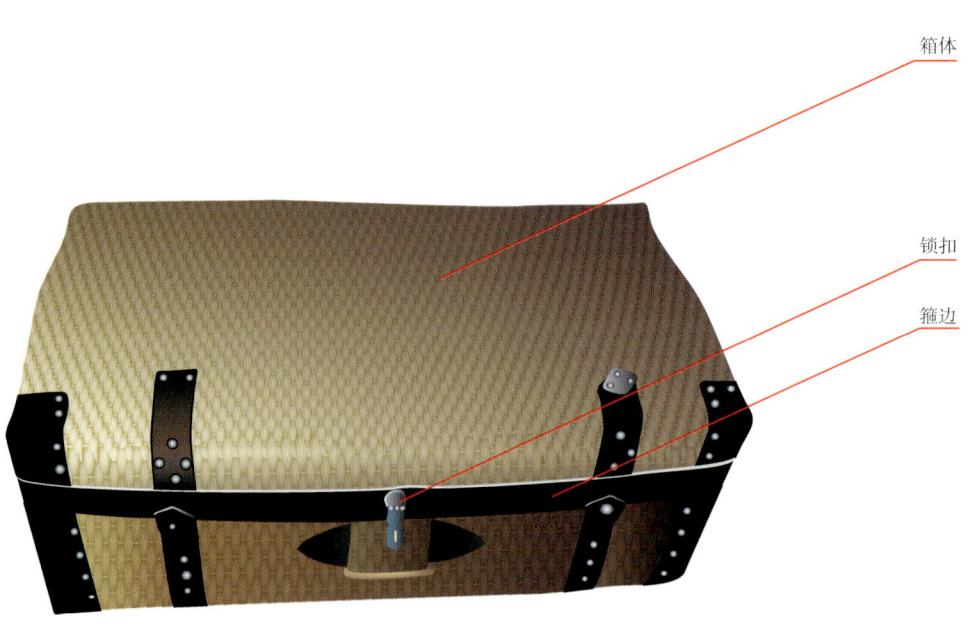

图七 东乡族柳条箱名字解析图

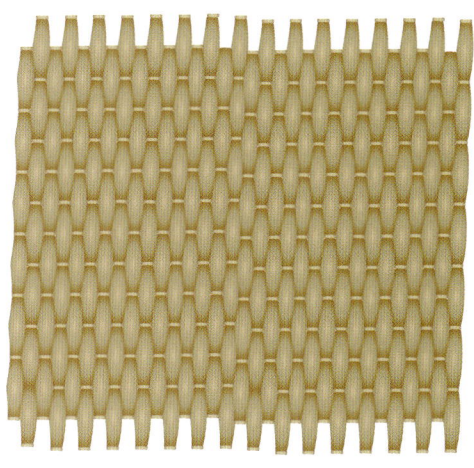

图八 东乡族柳条箱编织图

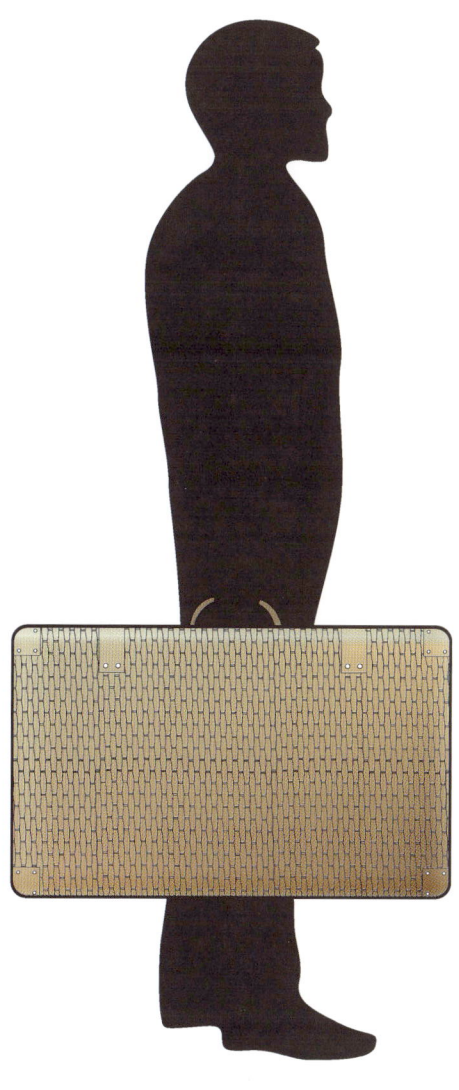

图九 东乡族柳条箱使用图

第四章 东乡族传统生活用品

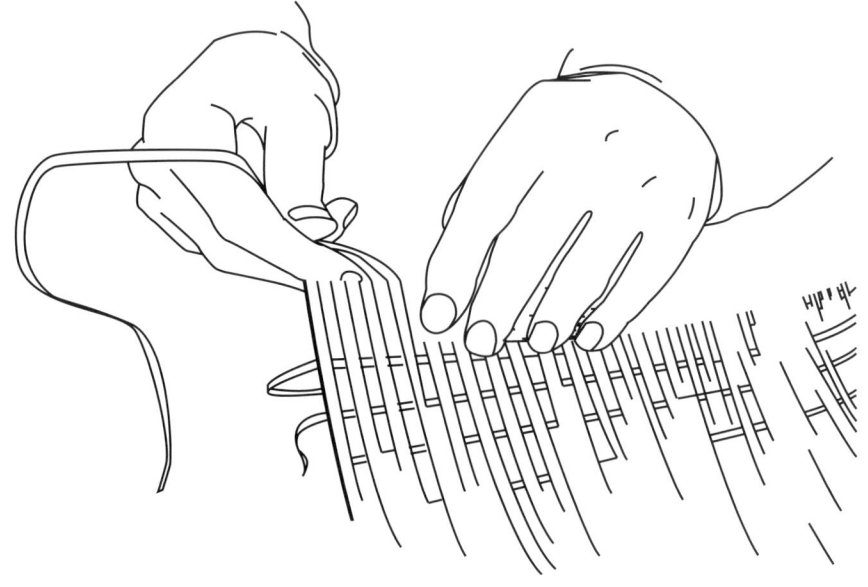

图十 东乡族柳条箱制作工艺图

东乡族托松罐罐

图一 东乡族托松罐罐主图

托松罐罐，是一种盛油的陶制容器，宽12厘米，高18厘米，此油罐带盖、细颈、有把、鼓腹，推断出是装液体油的容器，另外，陶罐整体呈黑色，上了釉，圈足，使整个罐体造型生动协调，在不影响其使用的情况下保证其美观。

陶器是指以粘土为胎，经过手捏、轮制、模塑等方法加工成型后，在800摄氏度~900摄氏度左右的高温下焙烧而成的物品，陶艺的制作工艺按顺序可分为原料加工（包括配泥和配釉）、泥坯塑制、赋釉及煅烧四大工序。烧制陶器的关键因素是：泥、釉、火。为什么有些陶器会莫名其妙的出现裂纹呢？为什么有时甚至会掉皮（釉）呢？这不外是在一定温度条件下泥和釉的收缩系数（又称膨胀系数）不相一致的结果。有时人们亦会对这种缺陷特意加以利用，传统的开片釉（碧裂）及现代陶艺的一些肌理追求就是利用釉和泥收缩系数不相一致的原理配制出来的。配泥的目的，一方面是为了清除杂质，另一方面是把产地来源不同，成型和煅烧性能不同的土搭配成符合制作者所需要的、具有一定烧成温度范围的、能和釉及煅烧温度相呼应的熟土。有时为了加强泥质在高温煅烧情况下的支承力，使坯体不致下塌而适当渗些砂子。有时为了追求陶土烧成后的色泽而加入一些着色原料成为"色胎"。陶土和瓷土的化学成分基本是相同的，由于风化和再风化的原因，改变了它们的物理性能，使之出现了陶土具有较大的粘性和可塑性，瓷土具有脆性及高温状态下玻化程度较大的区别。

托松罐罐是古代东乡人用来储液体油的容器，实用且美观，放在家里既可以当作容器又可以当作工艺品，实用且美观。陶制工艺是中华民族传统工艺，在东乡族同样也有如此精致美观的容器。

图片来源
图一至图十一　汤繁稀　制图

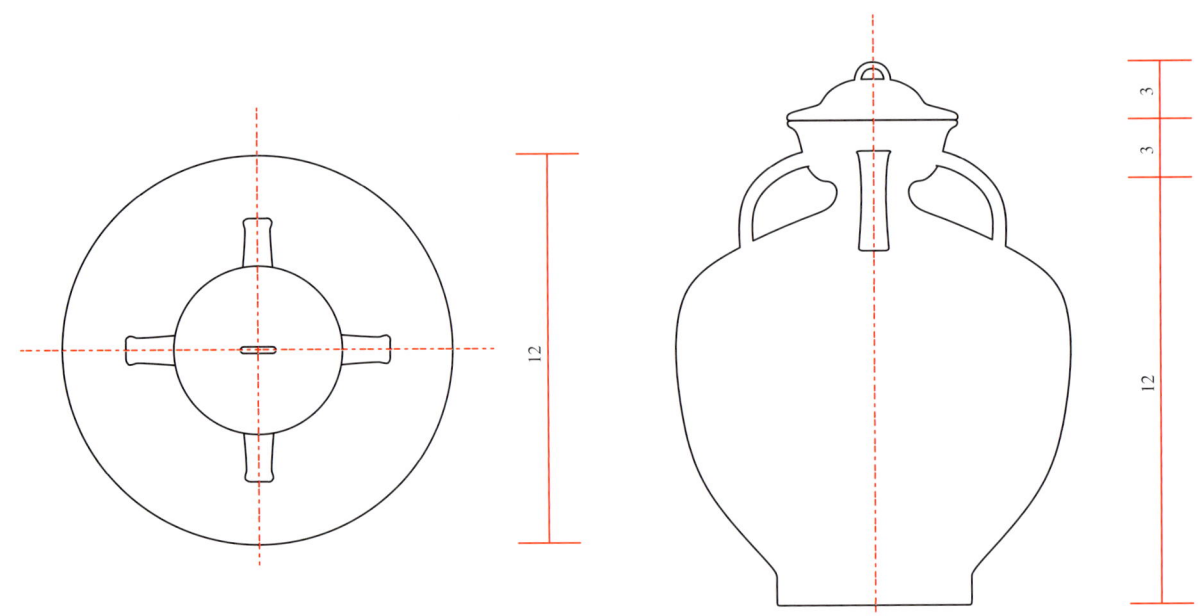

图二　东乡族托松罐罐尺寸图（单位：cm）

图三 东乡族托松罐罐渲染图1

图四 东乡族托松罐罐渲染图2

图五 东乡族托松罐罐打开盖子图

第四章 东乡族传统生活用品

图六　东乡族托松罐罐组合图

图七　东乡族托松罐罐另一种造型图

图八　东乡族托松罐罐剖面图

托松罐罐

托松葫芦

图九　东乡族托松罐罐对比图

盖子
提手
罐身
罐底

图十　东乡族托松罐罐名字解析图

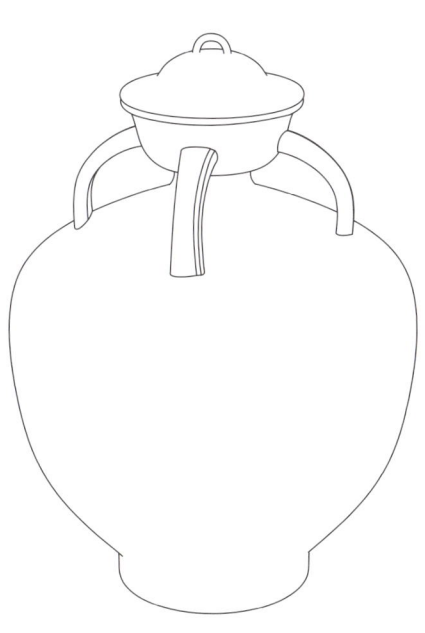

图十一　东乡族托松罐罐线稿图

第四章　东乡族传统生活用品

287

东乡族托松葫芦

图一 东乡族托松葫芦主图

托松葫芦，出自东乡民俗博物馆，底座宽9厘米，罐身最宽处10厘米，高与托松罐罐不同的是托松葫芦呈小口，整个罐身曲线弧度很小，上黑釉，有塞，用于盛液体油，是以前家家都有的老油罐。

从河北省阳原县泥河湾地区发现的旧石器时代晚期的陶片来看，中国陶器的产生距今已有11700多年的悠久历史。陶器是指以粘土为胎，经过手捏、轮制、模塑等方法加工成型后，在800摄氏度~900摄氏度左右的高温下焙烧而成的物品，品种有灰陶、红陶、白陶、彩陶和黑陶等。具有浓厚的生活气息和独特的艺术风格。

托松葫芦的使用是体现了东乡人民在造型上面的智慧，用这个盛油不仅能盛的量大，且拱顶油罐：罐顶为球缺形，球缺半径一般为油罐直径的1.2倍。拱顶本身是承重构件，有较大的刚性，还能承受较高的内压，有利于降低蒸发损耗，而且密闭性好，是储存油的最好的容器。同时还可提高储油的安全性，这种油罐设计不易积尘、积水，不易污染油品。

图片来源
图一至图八　汤繁稀　制图

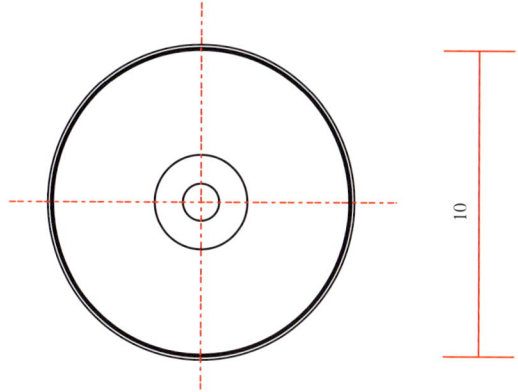

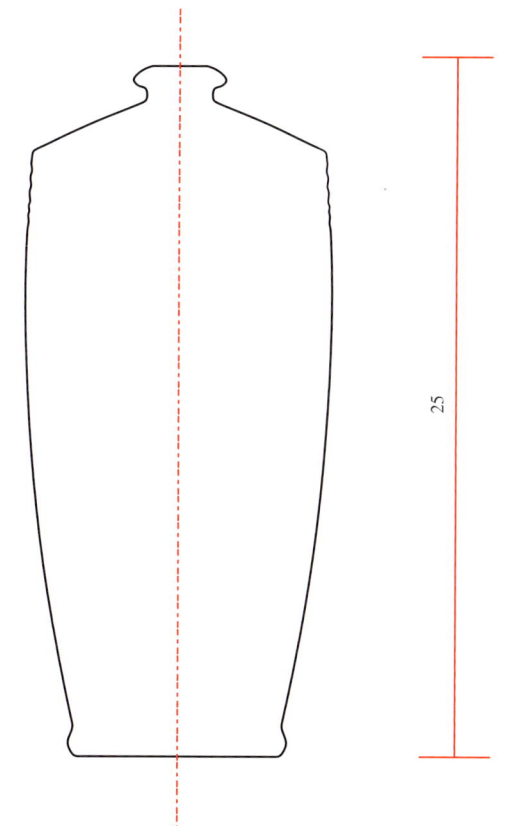

图二　东乡族托松葫芦尺寸图（单位：cm）

图三　东乡族托松葫芦线稿

图四　东乡族托松葫芦两种不同类型的托松葫芦图

图五　东乡族托松葫芦剖面图　　　　　　　　图六　东乡族托松罐罐渲染图

图七　东乡族托松葫芦名字解析图

托松罐罐　　　　　　　　　　　托松葫芦

图八　东乡族托松葫芦对比图

第四章　东乡族传统生活用品

291

东乡族熨斗

图一　东乡族熨斗主图

本案例的熨斗出自东乡民俗博物馆，长42.7厘米，宽19.1厘米，把手宽度为2.7厘米。熨斗也被叫作烙铁，它的功能与烙铁一样，在炉火上加热后，用来熨烫衣物、布料。根据书中记载熨斗最早的历史可追溯到商代，至今已经有2000多年的历史。当时它是作为刑具而发明的，专门用来熨烫人的肌肤。我国从汉代就有了用青铜铸的熨斗，其行状如一个长柄平底锅，使用时把烧红的木炭放在锅里，待底部热烫后即可熨衣物。所以，又叫"火斗"。也有把熨斗叫做"北斗""金斗"的。"金斗"则是采用鎏金工艺精制的熨斗。汉代熨斗多为青铜制作，斗的外型呈圜腹，宽口沿，长柄。而清代的熨斗则更显华丽，菱花型沿口、龙口柄、斗身上铸有漂亮的纹饰，清代熨斗的柄较之汉代的熨斗柄短了很多，但柄都是空心的且开口，是为了防止烫手，装木柄用的。本案例中的熨斗也为铜熨斗，但其造型简单，并无华丽的纹饰，圆底，圆形沿口，柄较清代的要长，具有挡板。

这种实心铸铁的熨斗，从民国以后比较流行，成为百姓家庭的日常用品。熨斗的历史很悠久，虽然古时熨斗的使用与现在的大不相同，但同样都是劳动人民智慧的结晶。时至今日，熨斗的发展日新月异。现代熨斗基本不采用原始炭火加热的方法，代之以电加热、蒸汽加热。

图片来源
图一至图八　王欣欣　制图

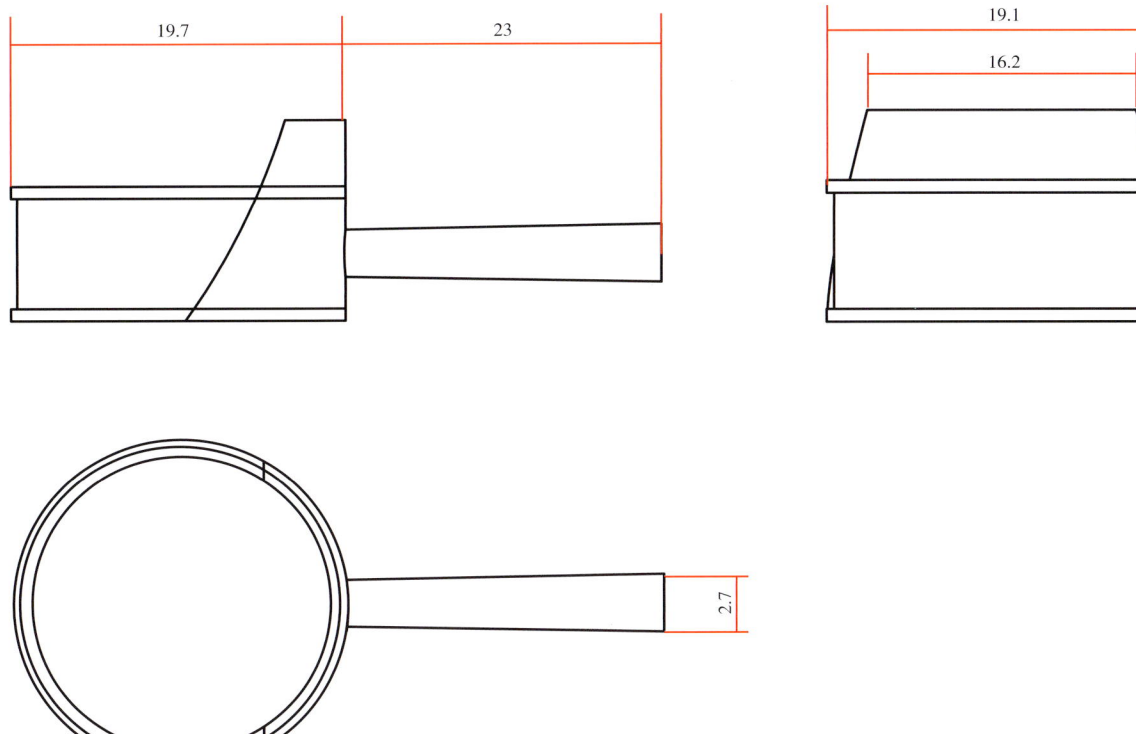

图二　东乡族熨斗三视尺寸图（单位：cm）

图三　东乡族熨斗线稿图

第四章　东乡族传统生活用品

图四　东乡族熨斗剖面图

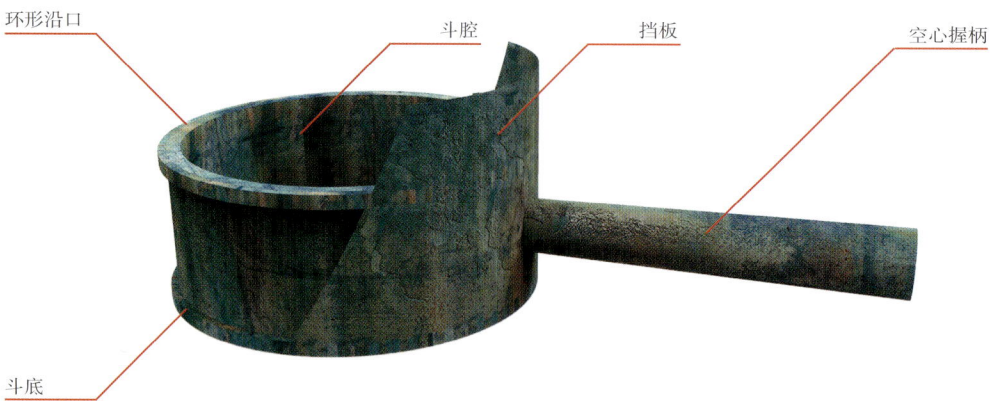

图五　东乡族熨斗名词解析图

图六　东乡族熨斗使用图

民国铜熨斗　　　　　　　　　清末铜熨斗

清代铜熨斗　　　　　　　　　宋代铜熨斗

图七　东乡族熨斗对比图

第四章　东乡族传统生活用品

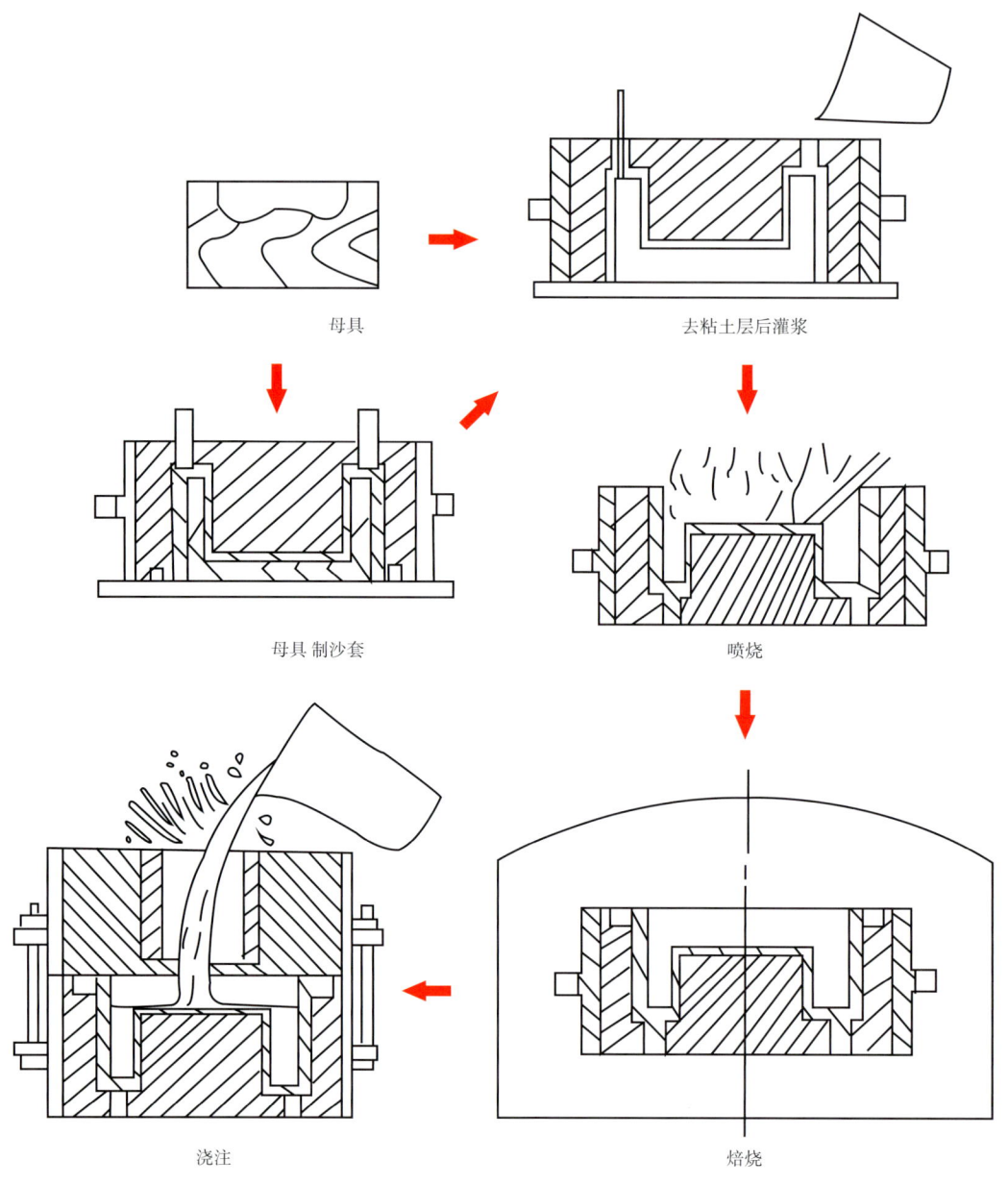

图八 东乡族熨斗铸造工艺图

东乡族粘土烛蜡

图一　东乡族粘土烛蜡主图

本案例是粘土烛蜡，烛蜡为东乡语，油灯的意思。

案例中的油灯形状像茶壶，所以又称为油灯壶。油灯，起源于火的发现和人类照明的需要。灯作为照明的工具，实际上只要有盛燃料的盘形物，加上油和灯芯就能实现最原始的功用。而具有一定形制的灯的出现，则是人类将实用和审美结合的成果。早期的灯，类似陶制的盛食器"豆油灯"。"瓦豆谓之登（镫）"，上盘下座，中间以柱相连，虽然形制比较简单，却奠立了中国油灯的基本造型。此后经青铜文化的洗礼，由于铸造技术的提高，油灯和其它器物一样，在造型上得到了重要的发展，创造了中国油灯艺术的辉煌。从春秋至两汉，油灯的高度发展，已经脱离了实用的具体要求，它和其它器物一样，成为特定时代的礼器，"兰膏明烛，华灯错些"，折射了社会政治的规章法度。这一时期的代表作有河北平山三汲出土的战国银首人形灯和十五枝灯；广州南越王墓出土的西汉龙形灯；河北满城出土的西汉长信宫灯、羊形灯和当户灯；广西梧州大塘出土的西汉羽人灯；江苏邗江甘泉山出土的牛形灯；湖南长沙发现的东汉卧人形吊灯；山西襄汾县出土的东汉雁鱼灯。

东乡族的气死猫灯具有独特的历史价值，壶状的灯身能够装更多的灯油而不容易倾洒出，短嘴有效的避免了老鼠的偷食，整个油灯设计是东乡族人民智慧的结晶。

图片来源
图一至图七　肖月　制图

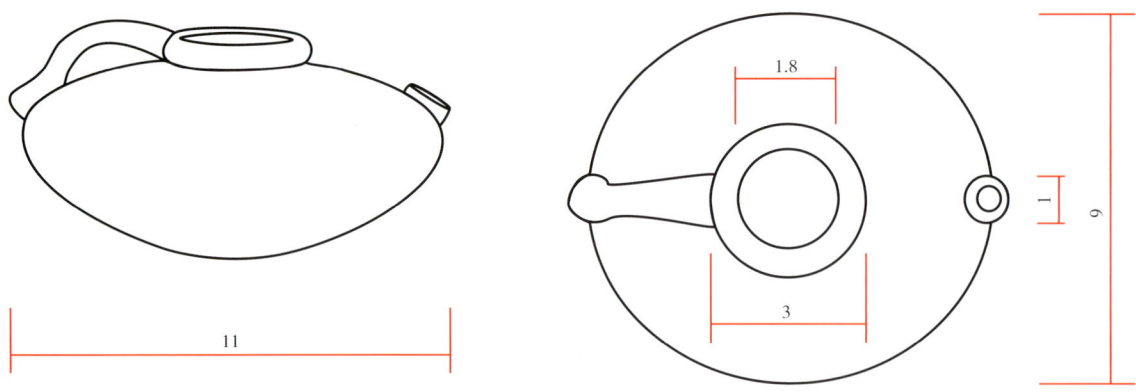

图二　东乡族粘土烛蜡尺寸图（单位：cm）

图三　东乡族粘土烛蜡组合图

图四　东乡族粘土烛蜡上色图

图五　东乡族粘土烛蜡使用图

图六　东乡族粘土烛蜡对比图

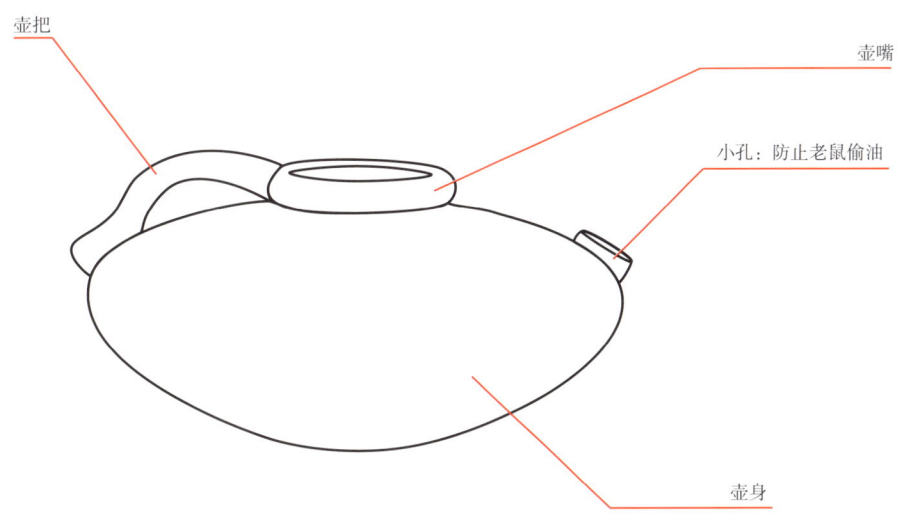

图七　东乡族粘土烛蜡名词解析

东乡族撒木撒钵

图一　东乡族撒木撒钵主图

撒木撒钵既是蒜钵，东乡族用于捣蒜泥的用具。本案例的撒木撒钵现收藏于东乡民俗博物馆，高12.5厘米，钵身最窄处款5厘米，底座宽8厘米。

撒木撒钵（蒜钵）为一个整体，由一整块石头打磨凿制而成。案例中的撒木撒钵（蒜钵）表面光滑，捣蒜槽较浅，光滑细腻。撒木撒钵（蒜钵）主要有捣蒜槽，钵体和底座组成。钵体较高时为了捣蒜时不需要弯腰，整体造型优美，简洁。东乡族一日三餐，其饮食的显著特色为饭菜合一、多原料合烹。蒜泥是其中必不可少的一张调味品。他们在制作多种食物都会使用到蒜泥，如青稞炒面，拌胡麻煮的稠汤；嫩麦穗煮熟磨成长"麦索"，拌炒菜、油辣子、蒜泥合食；稠面浆加韭菜、胡萝卜、咸菜、葱花、辣椒、蒜泥、酸浆水做的"搅团"等。制作蒜泥而产生的撒木撒钵（蒜钵）都是每家必备的。

蒜钵的使用，体现了东乡族人民对于生活的热爱。

图片来源
图一至图八　虞洁琼　制图

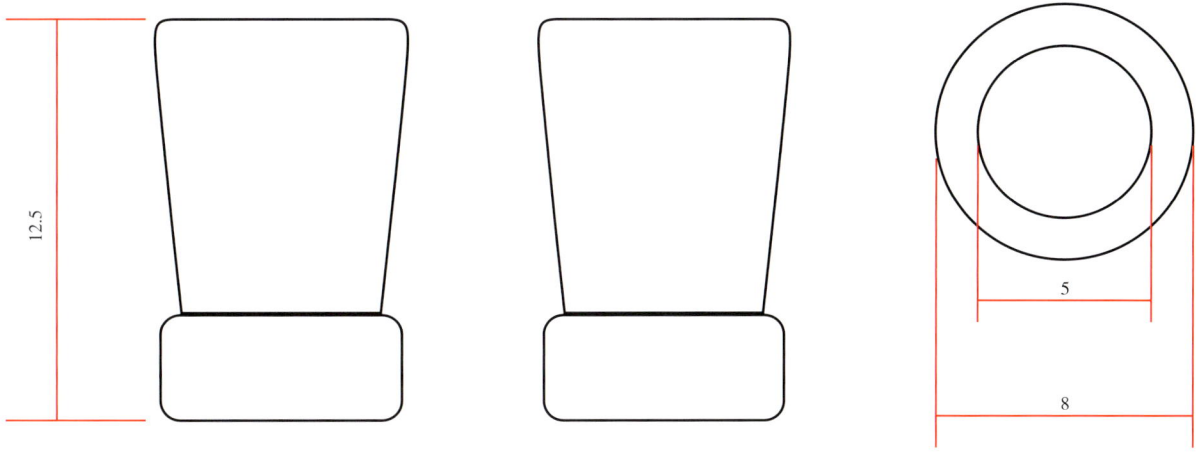

图二　东乡族撒木撒钵三视尺寸图（单位：cm）

图三　东乡族撒木撒钵线稿

图四　东乡族撒木撒钵使用图

第四章　东乡族传统生活用品

图五　东乡族撒木撒钵对比图

图六　东乡族撒木撒钵剖视图

图七　东乡族撒木撒钵制作工艺图

图八 东乡族撒木撒钵名词解析图

东乡族铜汤甘

图一 东乡族铜汤甘主图

铜汤甘，也称铜汤罐，是民国时期东乡族用来盛装煨好的汤和盛放一些液体食物。

东乡族和各族人之间的相互学习，东乡族了解了制做铜器的工艺，制做出了铜汤甘。制成铜汤甘，铜的铸炼是非常重要的。铸铜需要以下几道工序：采矿—铸炼—提铜—铸模—炼铜—注焦—通风冷却—铸成铜汤甘。铸成铜汤甘后，还要进行打磨，把粗糙的地方磨光滑（耐用好看，使用起来不伤手，光泽好，看起来更舒适，具有好的手感。颜色从赤褐色慢慢变为橙黄铜色（由于年代久和使用时间太长，我们现在看到的铜汤甘是赤褐铜绿色）。中国的传统手工制作比现代的机械制作更耐用，精炼，再加上东乡族豪迈奔放的性格，铸造出来的铜器更加厚实、粗壮。相对其他制作精密、细小的手工艺来说，铸造成铜汤甘的工序相对简单，铸成整个铜汤甘只用到铜一种原材料。

铜汤甘是由铜铸造而成，因此能直接用于加热，也可以用来短时间盛装热的和烫的液体食物，还可以长时间储存干燥的粮食等等。铜汤甘忌长时间装液体，液体中的氧气会和铜发生氧化反应，生成氧化铜；也不宜长时间置于潮湿阴暗的角落，潮湿的空气中含有大量的氧气，空气中的氧气也可以和铜发生氧化反应生成氧化铜。上述二者都易发生霉变，会使铜汤甘的使用时间大大缩短。铜汤甘保养方法是用完后及时清洗干净，并用干毛巾擦干，长时间置于干燥通风的地方；不要长时间和易与其发生化学反应的物品放一起。铜汤甘的使用，展现了东乡族崇尚美，追求美的精神。东乡族对铜和铜器的使用，说明了中国有史以来都是一个民族团结，文化交融的泱泱大国。铜汤甘也为东乡族人民的生活起居起着关键性的作用。

图片来源

图一至图七　李雪松　制图

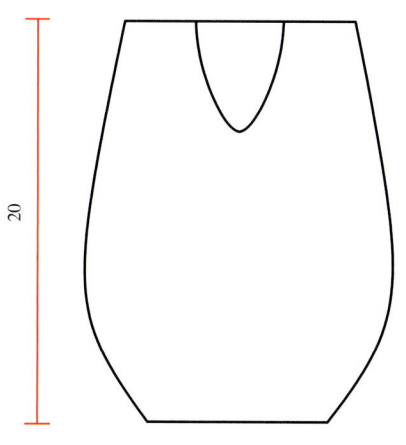
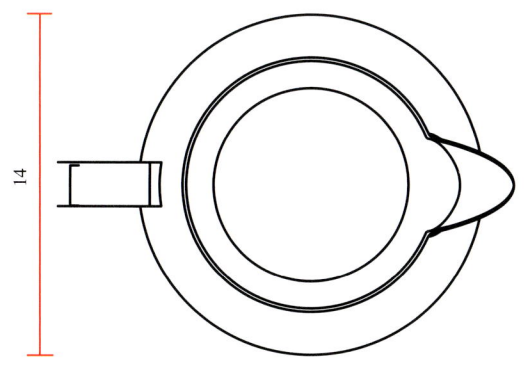

图二　东乡族铜汤甘三视尺寸图（单位：cm）

图三　东乡族铜汤甘线框图

图四　东乡族铜汤甘使用图

图五　东乡族铜汤甘氛围图

铸铜

图六 东乡族铜汤甘制造工艺图

民国铜壶

东乡族铜汤甘

图七 东乡族铜汤甘对比图

第四章 东乡族传统生活用品

东乡族牙签套件

图一　东乡族牙签套件主图

　　本案例的牙签三件套，包括牙签、耳勺、镊子三件。现藏于东乡民俗博物馆。牙签和耳勺是东乡族男子佩戴的银制用来剔牙换人掏耳垢的带装饰性的工具。案例中的套件是在镂刻雕花银片上的一端，挂上牙签、耳勺、镊子和两个装饰的铃铛；另一端的小链子上有一个圆环，用于挂在胸前衣服的扣子上，具有实用和审美的双重功能。

　　案例中的牙签套件就是东乡族男子时常佩戴的一种。牙签套装包括挂环、链条、雕花银片、牙签、耳勺、镊子和铃铛。做工精细，银片上的镂空雕花典雅美观，象征着吉祥。挂环固定在胸前衣服的扣子上。链条环环相扣，连接着各个部件，把整个牙签套件拉的修长流畅。每个环大小相同，可见制造工匠的手艺高超，心细。雕花银片以花为主题，正中雕刻有盛开的花朵，上部为含苞待放的花朵，两侧是生机盎然的枝叶。尾部雕刻为蝙蝠纹。图案左右对称，完整。整体造型统一，有张力，圆润自然。迎面而来的是枝繁叶茂，生生不息的自然气息。虽然是花朵，但佩戴在男子身上丝毫不显脂粉气，反而为东乡族男子的魅力再加一分。铃铛在左右两边，相互应和。佩戴在身上，发出叮吟当啷的清脆声响，更添一分生机。牙签在我国以前叫做剔齿、剔齿签、剔牙杖、挑牙、剔牙、牙杖、柳杖、柳木牙签等等。镊子挂在中间，可使用在生活中的各个细节。

　　耳勺、牙签都是东乡族人民清洁身体的

重要用具。随身携带可见东乡族对个人卫生的重视。

图片来源
图一至图八　虞洁琼　制图

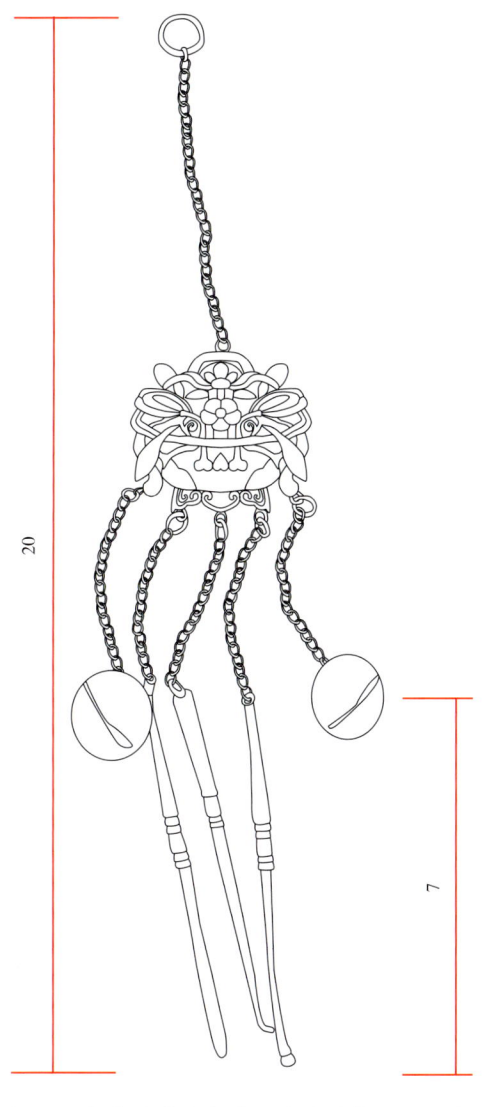

图二　东乡族牙签套件尺寸图（单位：cm）

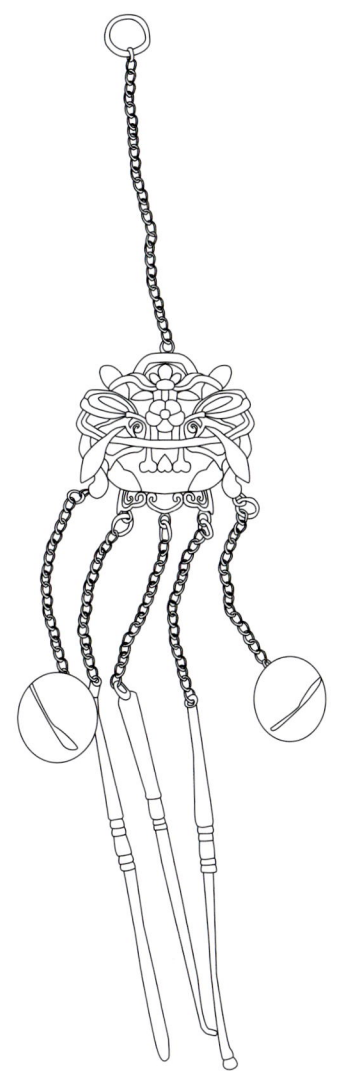

图三　东乡族牙签套件线稿

古玉牙签

牙签套装

图四　东乡族牙签套件对比图

图五　东乡族牙签套件细节图

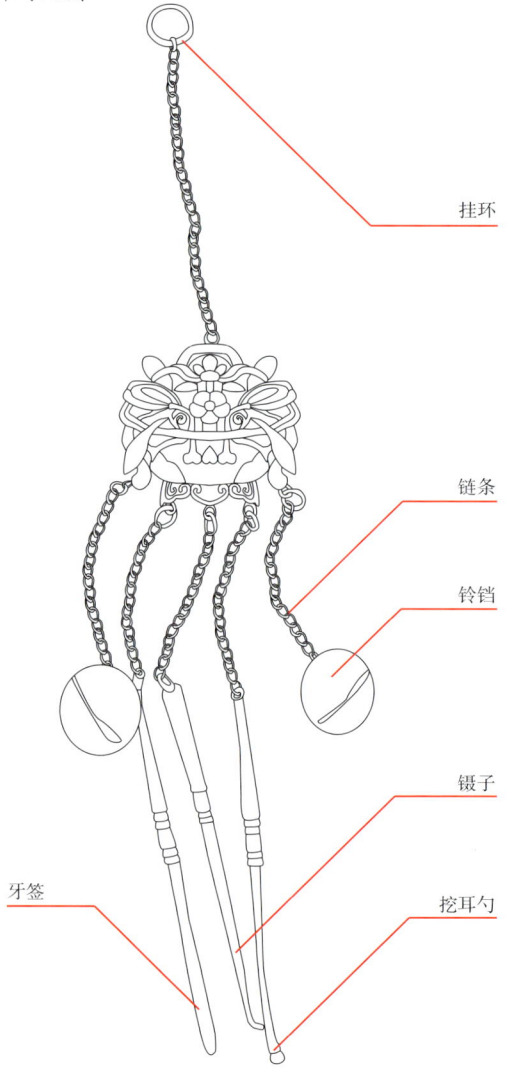

挂环

链条

铃铛

镊子

牙签　　挖耳勺

图六　东乡族牙签套件名词解析

图六 东乡族什雅制作工艺图

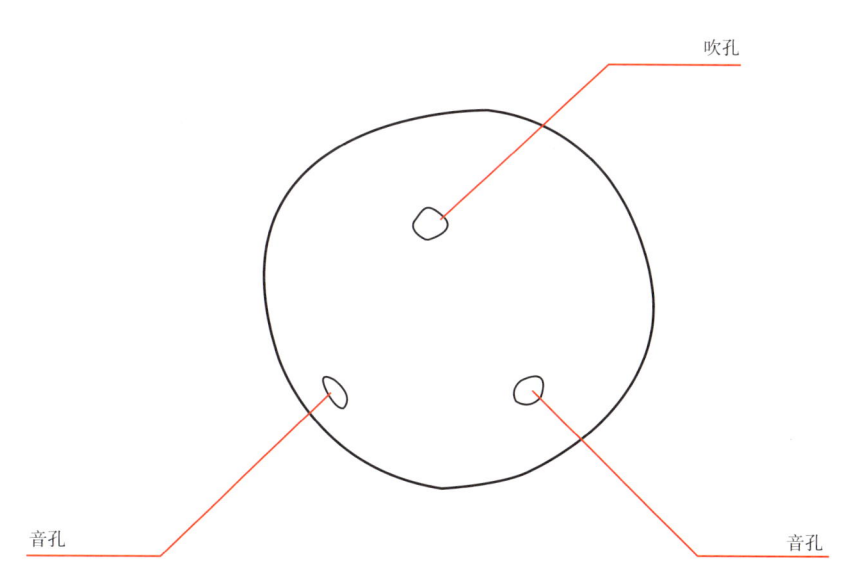

三孔任意一孔皆可做吹孔，在下的两孔即为音孔

图七 东乡族什雅名词解析图

八孔埙全按作"2"指法

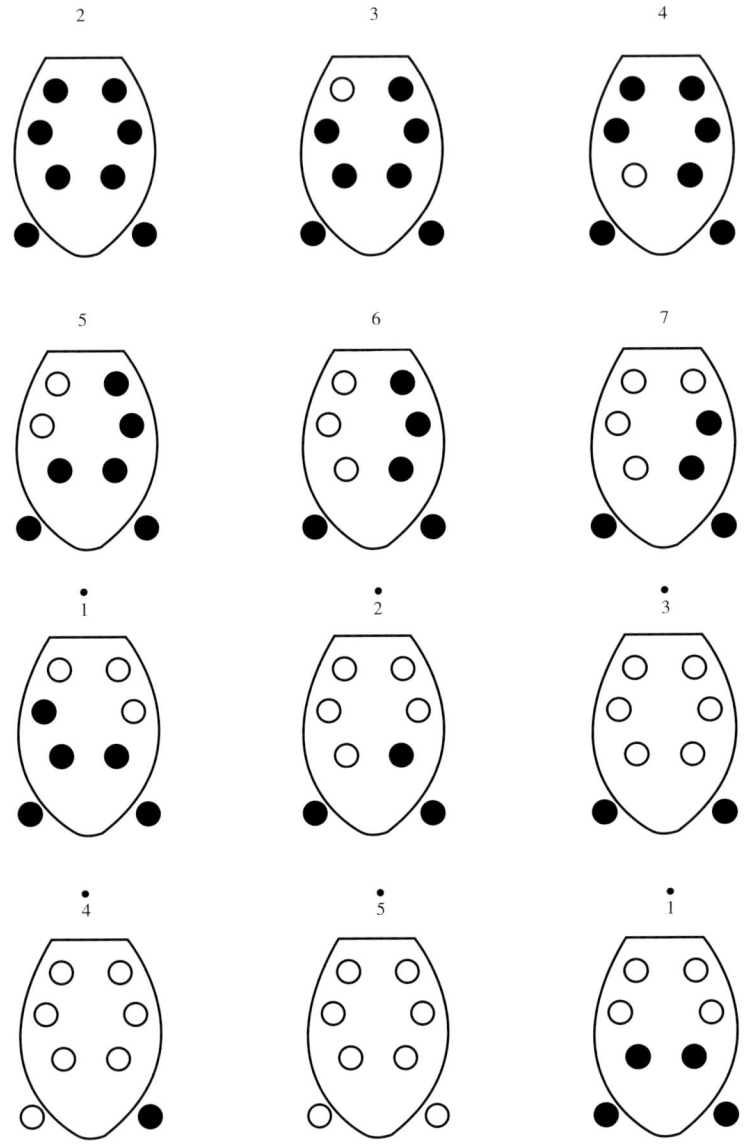

图八 东乡族什雅指法图

东乡族佛勒

图一　东乡族佛勒主图

本案例中的佛勒是东乡族人民喜爱的游戏打抛嘎用到的体育用品,现藏于东乡民俗博物馆。东乡族人民创造出这种娱乐用品为他们的生活提供了更多的乐趣。

打抛嘎是东乡族民众中经常开展的体育活动之一。佛勒有绳子和装石子的窝子,绳长约1.5米左右,中间是盛石子的窝子。使用时,将绳子的一头圆孔套在中指上,另一端折叠上来夹于拇指、食指之间,中间窝儿处可盛约30克左右的石子,运动开始时预摆环绕,瞄准目标,松开食指夹住的一端绳头,石子即可飞去,这项比赛分比远、比高、比准三种。

由于抛嘎的制作非常简易,只需一根绳子中间黏贴一个窝子便可,再加之它与现代体育的链球有些相似,玩法有比链球丰富,是城市生活中大众体育、学校体育甚至竞技体育很好的娱乐项目和竞技素材,抛嘎的广泛性为其城市生活中开展提供很大的可能。

佛勒不仅使东乡族人民的娱乐生活丰富多彩,而且体现出了东乡族人民对体育的喜爱,对力量的崇拜,也体现了东乡族人民对生活和社会的热爱。

图片来源
图一至图八　虞洁琼　制图

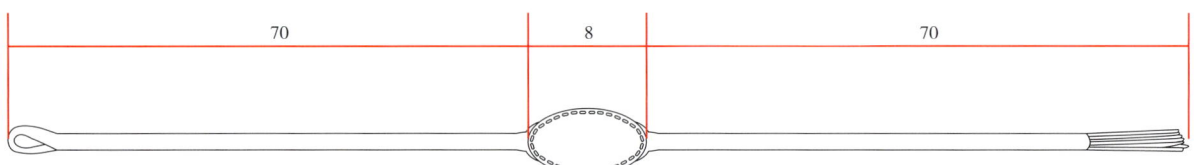

图二 东乡族佛勒尺寸图(单位:cm)

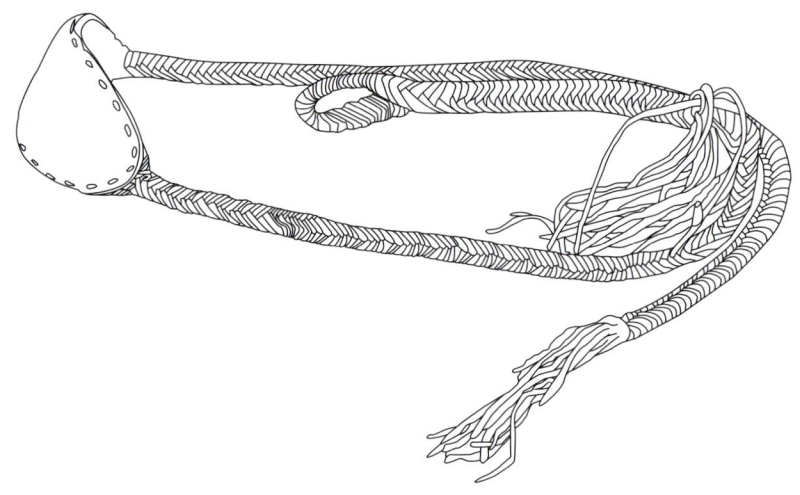

图三 东乡族佛勒线稿

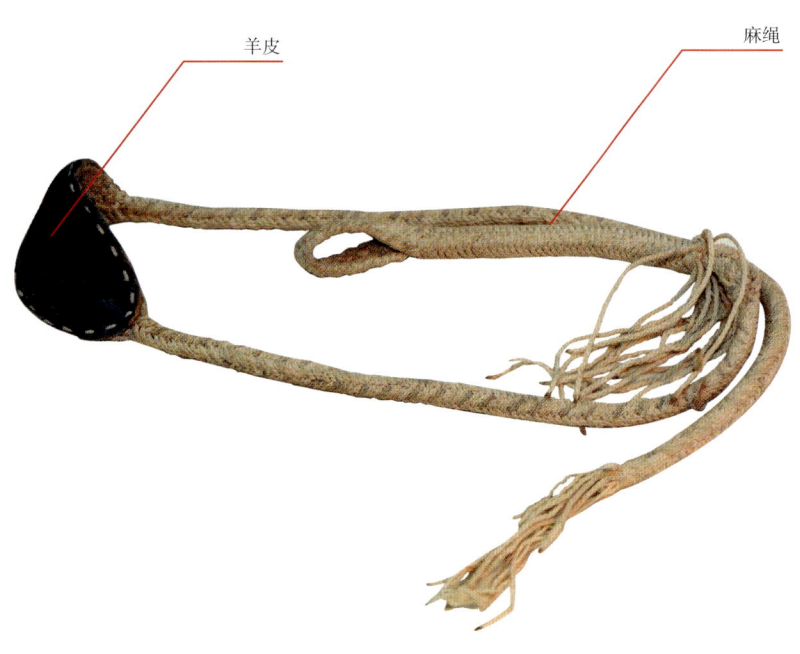

图四 东乡族佛勒材质分析图

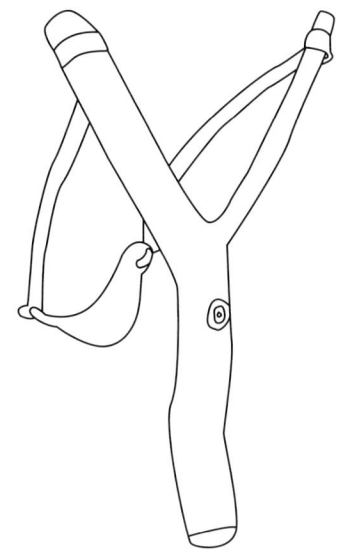
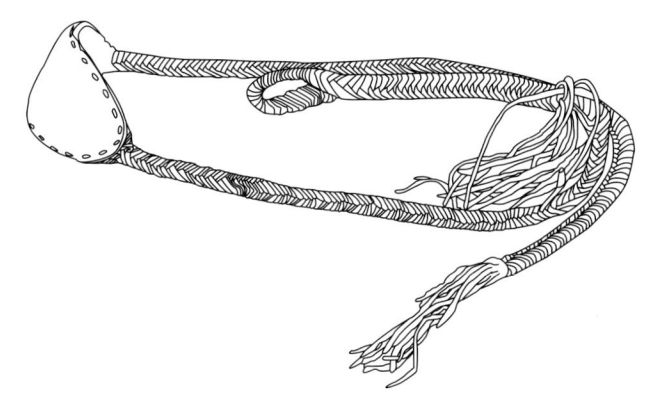

图五　东乡族佛勒对比图

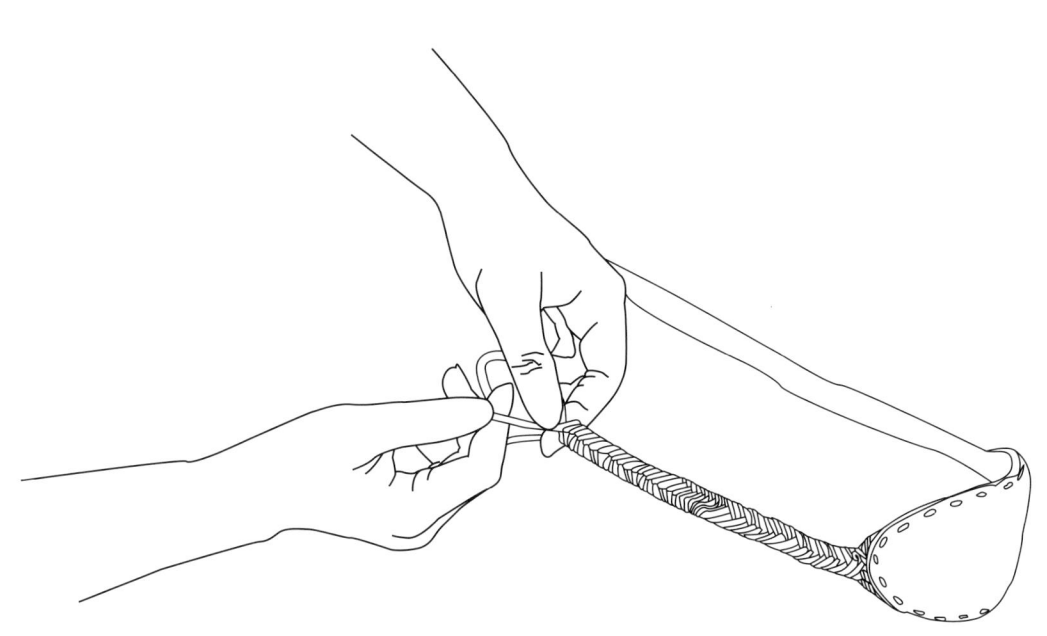

图六　东乡族佛勒制作工艺图

图七 东乡族佛勒展开图

图八 东乡族佛勒使用图

东乡族毛巾架

图一 东乡族毛巾架主图

毛巾架,出自东乡民俗博物馆。毛巾架采用木质结构,长49厘米,宽29厘米。毛巾架下端有可以旋转的小挂钩,可以悬挂毛巾。毛巾架分为:1.单层、多层;2.一杆、多杆;3.一端封闭式,两端封闭式;4.间距固定式、活动式;5.螺丝固定式、吸盘式、螺丝固定吸盘都能装式;6.挂钩式。相比而言一端封闭式要比两端封闭式,在取挂方便性方面要好些,特别是多杆结构时,优势更明显。虽然多杆的两端封闭式,特别是里面一根使用存在取挂极不方便性这一缺陷,但对那些允许安装离墙空间少的只能是一种没办法的选择,安装空间条件实在太差的有些只能采用挂钩形式解决。多杆活动式的那种,如果全部使用,由于展开角度大,所占用空间就没有想像中有那么少了,否则靠固定端毛巾会贴在一起,取挂时也会挂了这根动了另一根。该毛巾架设计简单合理,可悬挂多条毛巾。给人们的使用提供了便捷。

毛巾架的设计,为东乡族人民提供了便捷,方便了生活,节省了使用空间,体现了东乡族人民对生活的热爱。

图片来源
图一至图九 赵祎祎 制图

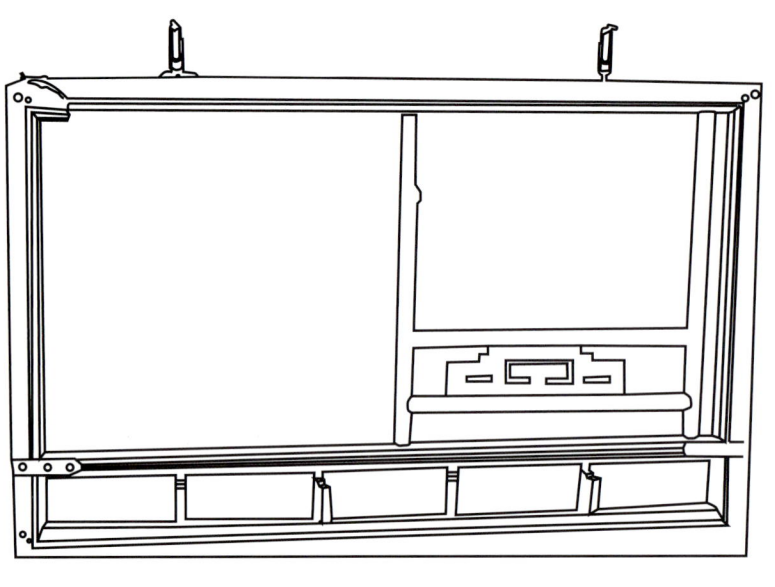
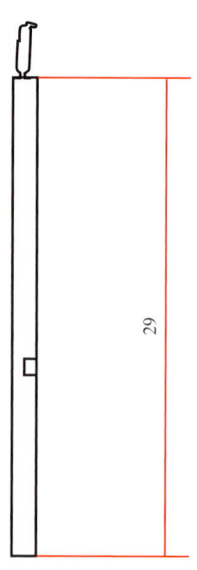

主视图　　　　　　　　　　　　　　　　　　左视图

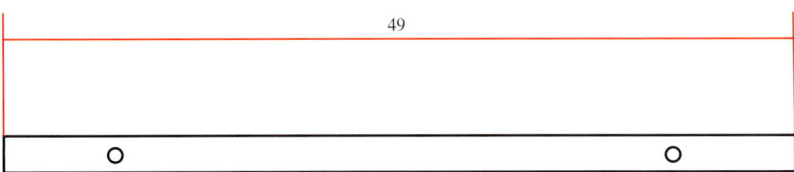

俯视图

图二　东乡族毛巾架三视尺寸图（单位：cm）

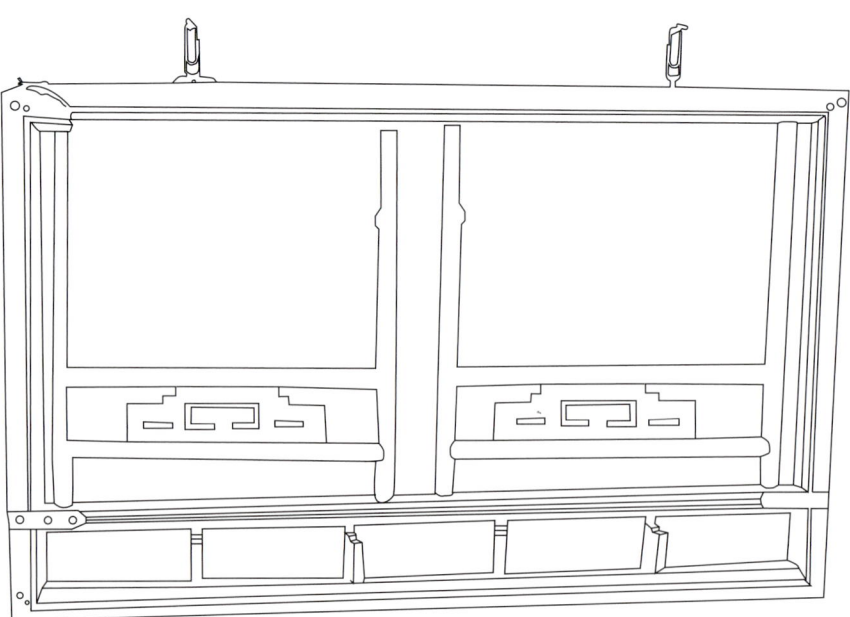

图三　东乡族毛巾架线框图

图四　东乡族毛巾架对比图

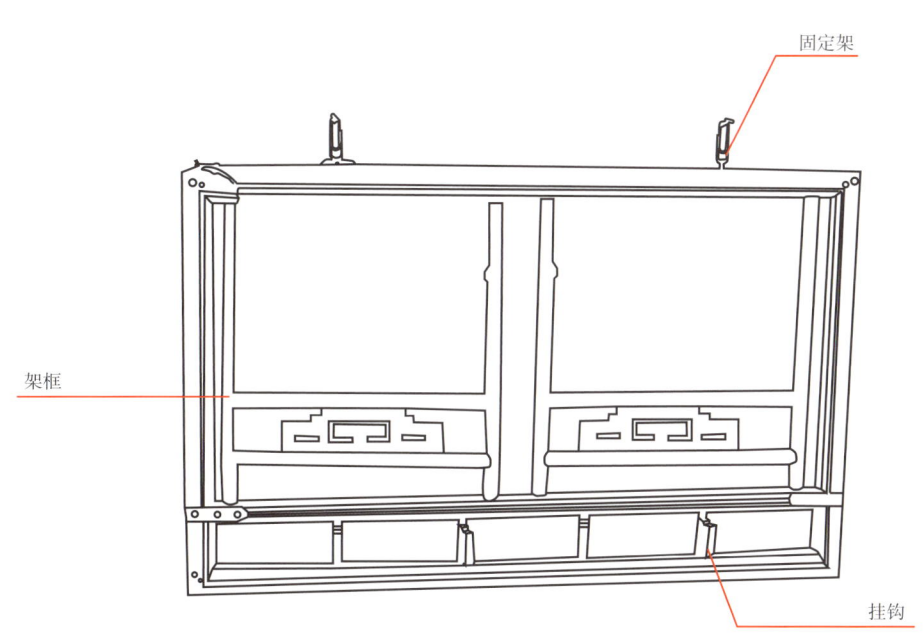

图五　东乡族毛巾架名词解析图

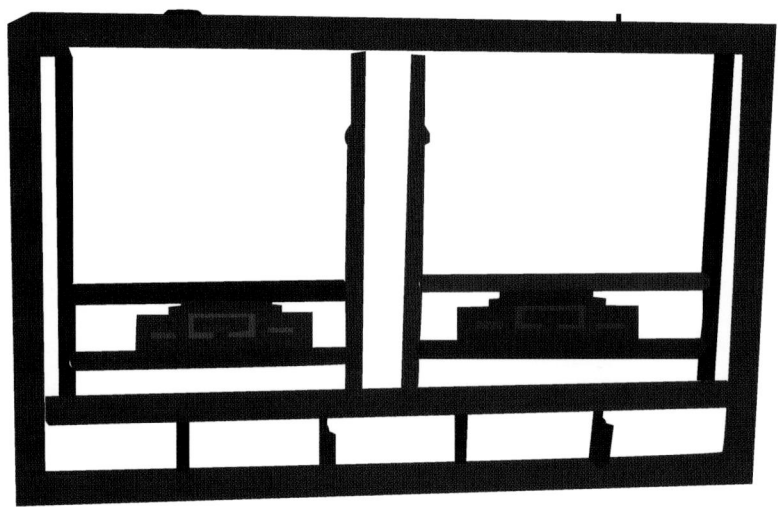

图六　东乡族毛巾架上色图

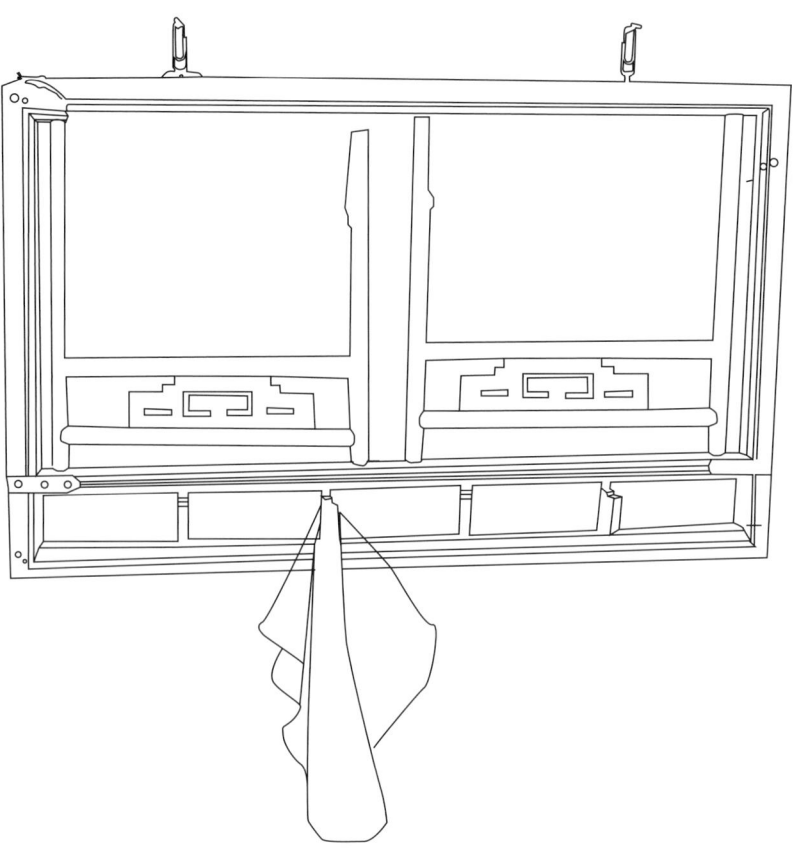

图七　东乡族毛巾架使用图

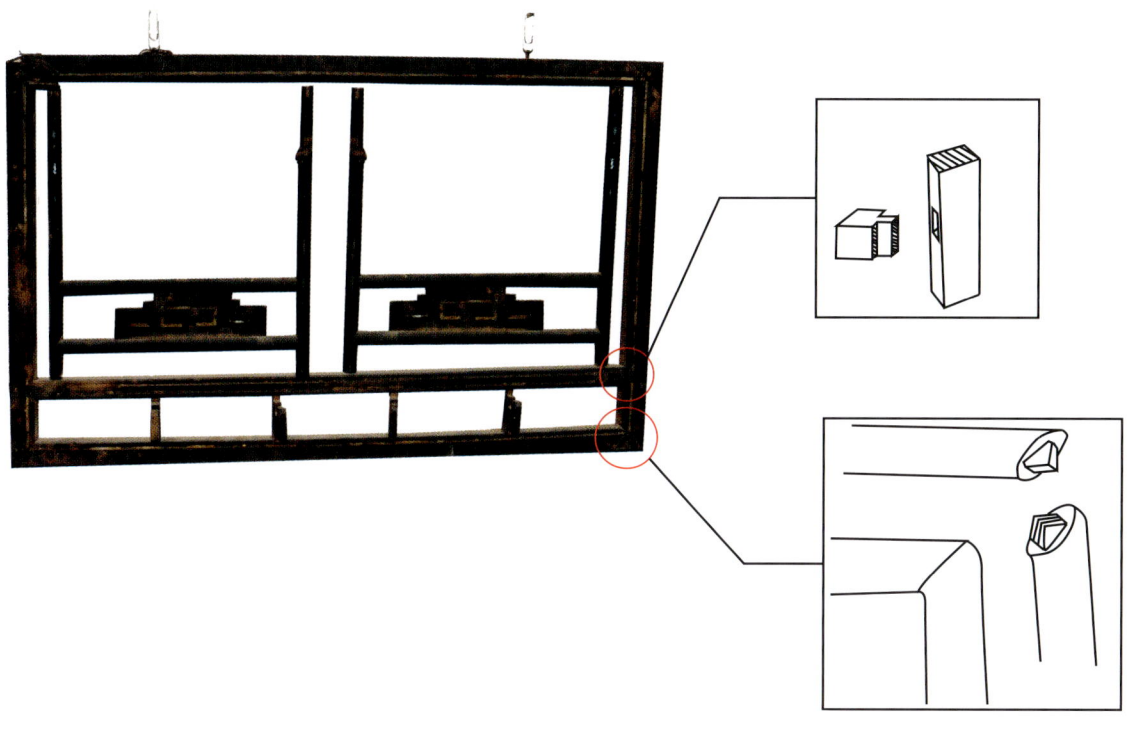

图八　东乡族毛巾架隼牟结构图

图九　东乡族毛巾架使用打开图

第四章　东乡族传统生活用品

325

东乡族梳妆盒

图一　东乡族梳妆盒主图

梳妆盒是古代深锁闺阁的女子用于涂抹脂粉及照镜梳妆的小型家具，盒内往往安有数量不等的抽屉，内可存放脂粉、头饰、珠宝等物。

梳妆盒是由由木头制成其表面并没有雕刻纹饰，器型规整，材质坚致，包浆自然，原汁原味，岁月和使用痕迹明显，呈一个矩形盒装，盒盖从侧面插入。

我国早期的梳妆盒，所用材质多为木胎髹漆，也有藤编或竹苇制者。"便携"是这类梳妆盒的基本特性，由此又构成了其形体小巧的特征。本案例中的梳妆盒形体较为简单，但现存于世的梳妆盒造型各异。有的多屉多镜，上盖打开，支起一镜，面板抽出，板背又是一镜，可双镜前后对照；有的屉形各异，多者有四五具之多；有的前脸不是面板，而是两扇10厘米左右的厚门，打开，每扇门体上各置小屉二只；有的匣体开窗，镶理石、玉石；有的所用铜活饰件造型生动，铜合页或蝶状、或蝠状，錾出花纹；铜包角镂空；屉钮多缀铜花篮、果什等。

梳妆盒的发明体现了东乡族女子对美的追求，对生活的热爱；也体现了东乡族人民的创造思维，对生活用具的审美和设计。

图片来源

图一至图八　王欣欣　制图

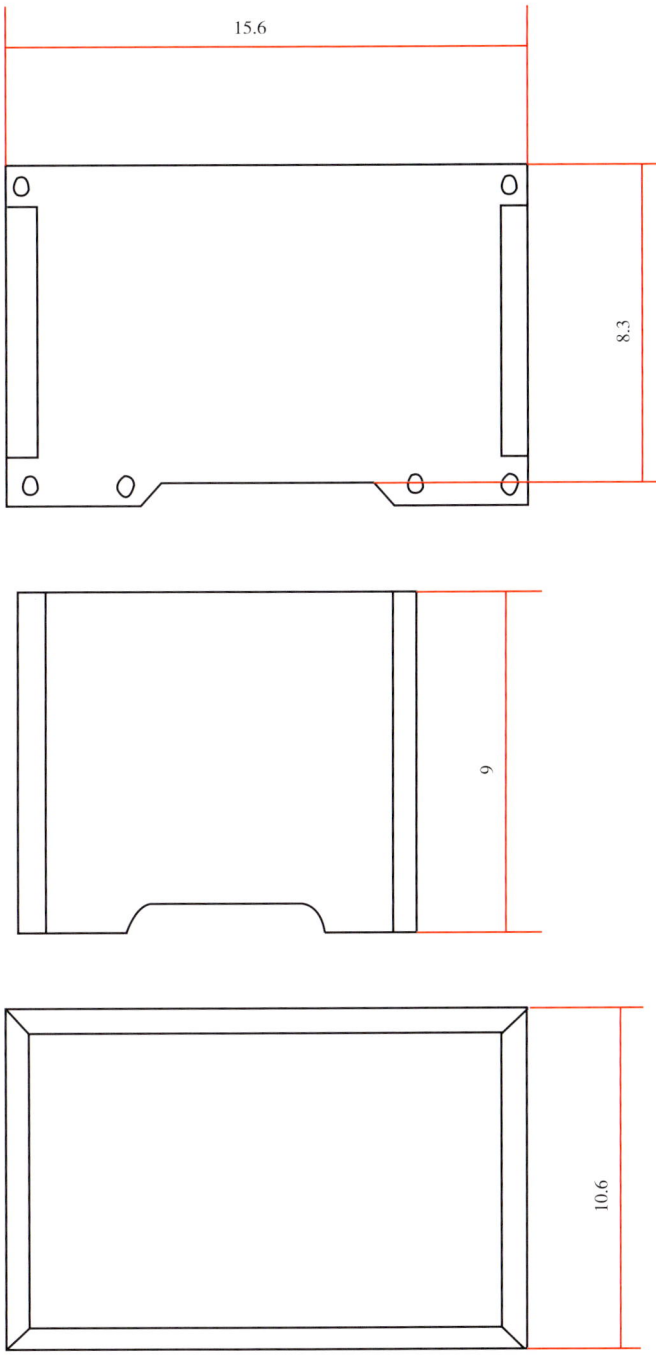

图二 东乡族梳妆盒三视尺寸图（单位：cm）

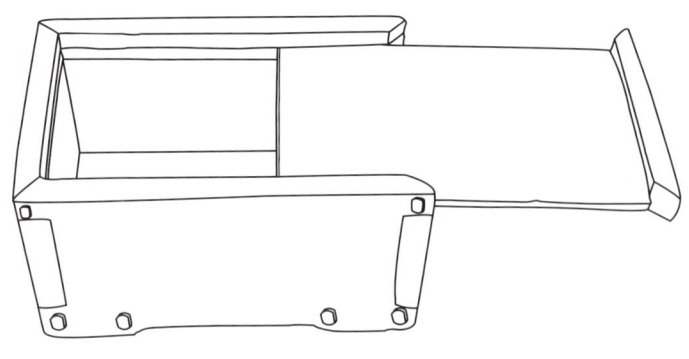

图三　东乡族梳妆盒框图

精巧花梨木嵌骨梳妆盒　　　　东乡族梳妆盒　　　　变形梳妆盒

民国老梳妆盒　　　　银浮雕神仙祝寿图小梳妆盒　　　　清代梳妆盒

图四　东乡族梳妆盒对比图

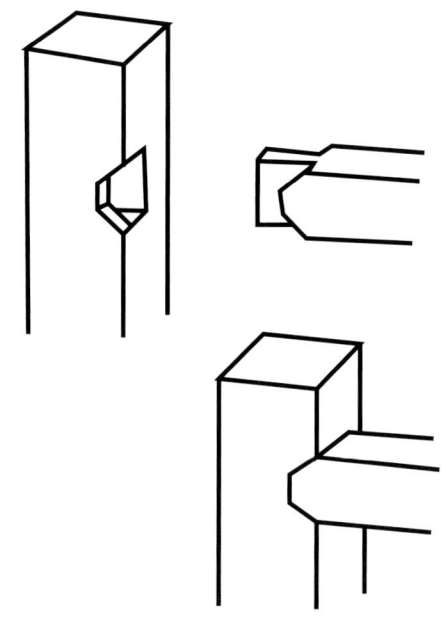

梳妆盒榫接细节

图五　东乡族梳妆盒榫接细节图

图六　东乡族梳妆盒加工工艺图

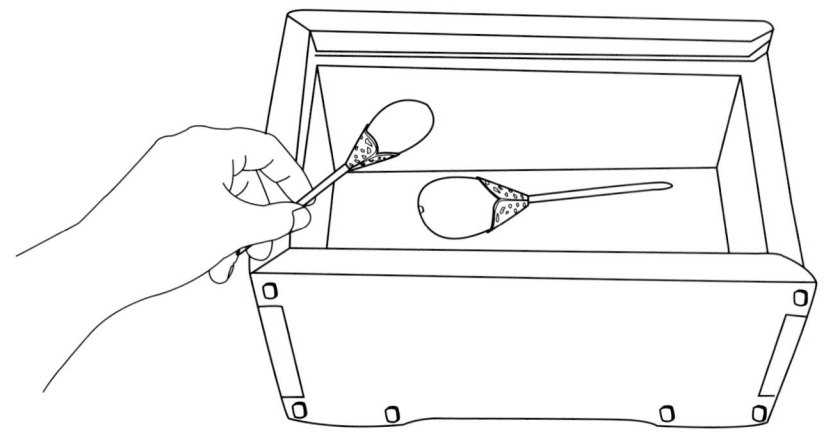

图七　东乡族梳妆盒使用图

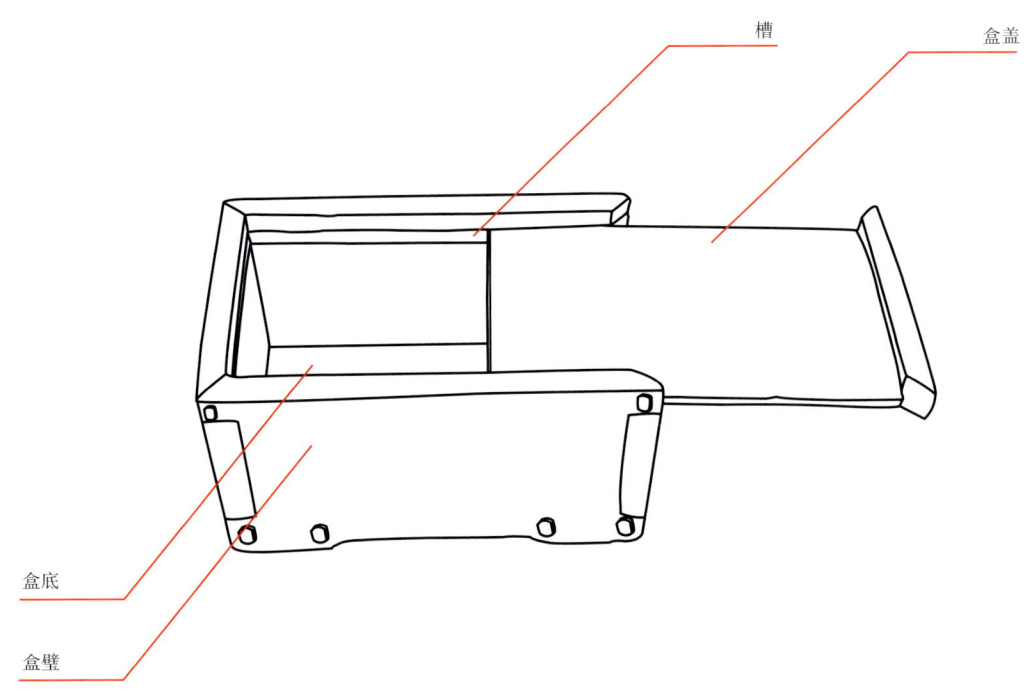

图八　东乡族梳妆盒名词解析图

东乡族灯罩

图一　东乡族灯罩主图

灯罩，又称蜡烛罩子，是指罩在蜡烛上的一个透光的罩子。

东乡族人生活在西北干旱地区，地形宽平，夜晚有轻微的风。灯罩左右两旁用木板制成，前后用玻璃镶在一起，成四周封闭状，因此有较好的挡风功能。灯罩的使用很好的适应了东乡族生活的环境。

灯罩的制造工艺比较简单，它不像马灯那样需要精致制造工艺和复杂的制造程序，与精湛的制造技术。灯罩只需要几块简单的木板和一些工具，将木板精巧的设计和锯割后通过榫卯结构和铆钉结合固定在一起；再通过玻璃槽把玻璃固定在灯罩上；灯罩的提梁是用铁丝和两个小铁环固定在灯罩上。

灯罩的使用体现了东乡族人民的智慧结晶，他的制造精美，结构简洁；灯罩给东乡族人民的生活带来了便利，使东乡族人们更加丰富；体现了东乡族人民审美的思想和热爱生活的崇高精神。东乡族灯罩的使用是现代照明的一个典范，无论是外形构造，结构设计还是功能运用都体现了对生活器具的充分运用，也体现了东乡族人民对美好，和谐社会的一种追求和向往。

图片来源
图一至图八　李雪松　制图

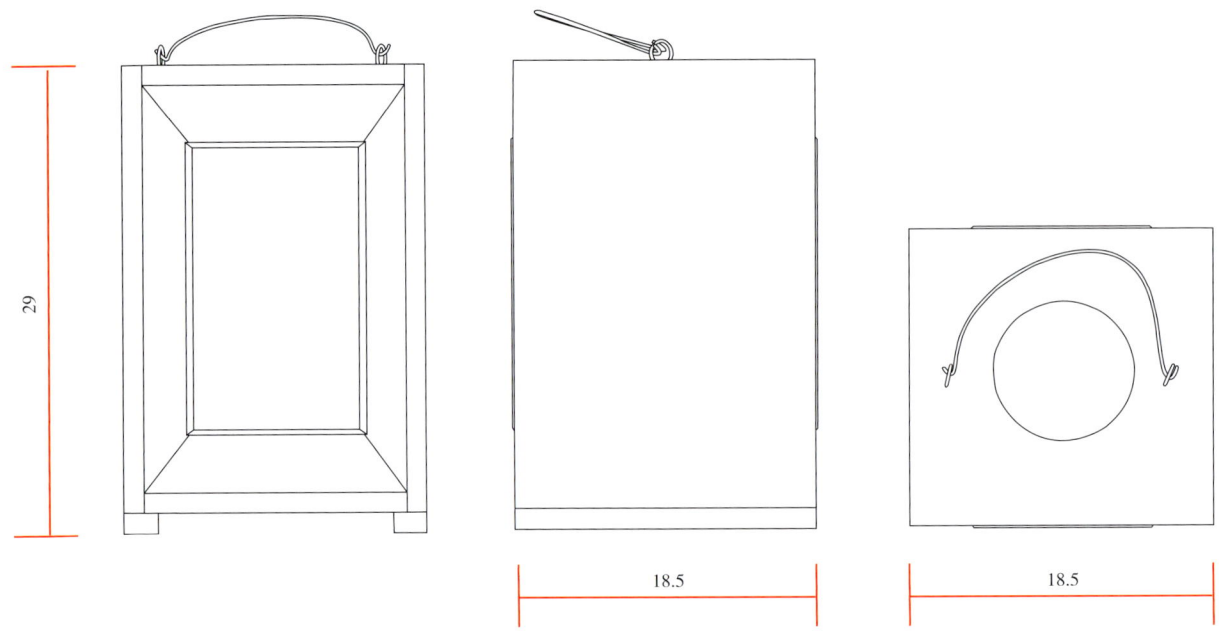

图二　东乡族灯罩三视尺寸图（单位：cm）

图三　东乡族灯罩线框图

图四　东乡族灯罩组合图

榫卯结构

玻璃槽

图五　东乡族灯罩细节图

图六　东乡族灯罩使用图

图七　东乡族灯罩使用氛围图

马灯（民国）

灯罩（东乡族）

图八　东乡族灯罩对比图

东乡族木柜

图一 东乡族木柜主图

木柜，家具中一种，一般置放于厅堂或书房，通常有券口牙子和栏杆花板作装饰，是家具中比较常见的式样。本案例木柜现收藏于东乡民俗博物馆。

该木柜由两层隔层，一层门柜组成，材料以木制为主材。架格在上，柜子在下，中置器物，观赏便于，柜内贮存物品，重心在下，有利稳定。隔层中设隔板，中间空间屹立四根栏杆木，起到装饰及支撑作用。下层门柜由两扇推拉抽屉和两扇柜门组成，门板上分别雕刻花朵，工艺精湛、婀娜多姿、栩栩如生。木柜底部由两个矮直足支撑，方便移动及清洗地板防水之功效。东乡木柜以榫卯结构为主，以立木作联结材，吸取了大木构架的手法，加强结点的强度，均匀而又合理的把重量传递到腿足上去，构件之间，鳔胶粘合也只是一种辅佐手段，凭借榫卯就可以造到上下左右，粗细斜直，联结合理，面面俱到，工艺精确，扣合严密，间不容发。

东乡木柜不仅仅是一件家具，它凝结着东乡人民的智慧，柜面图案精美绝伦，体现了东乡人民热爱生活、奋发图强的坚毅品质。木柜的出现，对现代家具的发展起到很好的借鉴作用，它在历史的长河中留下了浓重的一笔。

图片来源
图一至图五 李雪松 制图

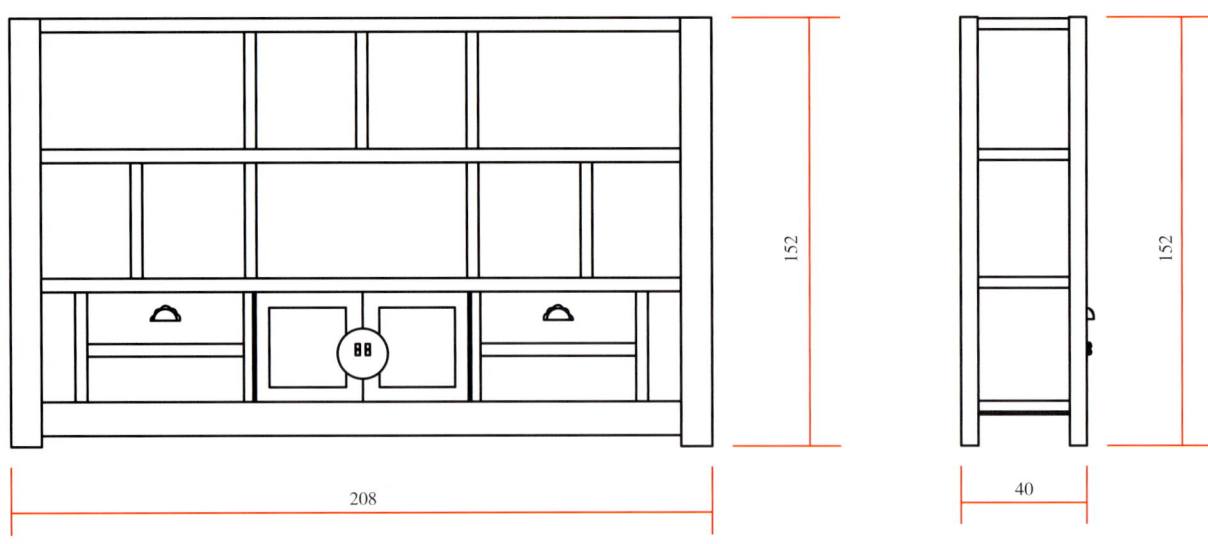

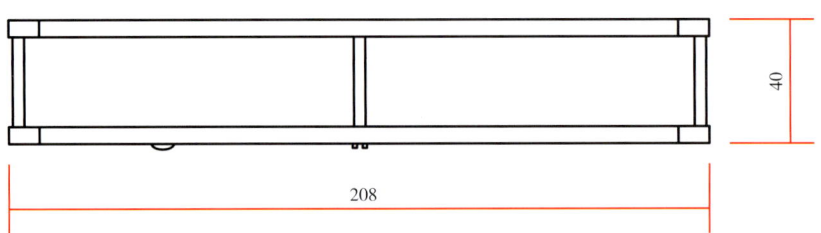

图二　东乡族木柜三视尺寸图（单位：cm）

图三　东乡族木柜线描图

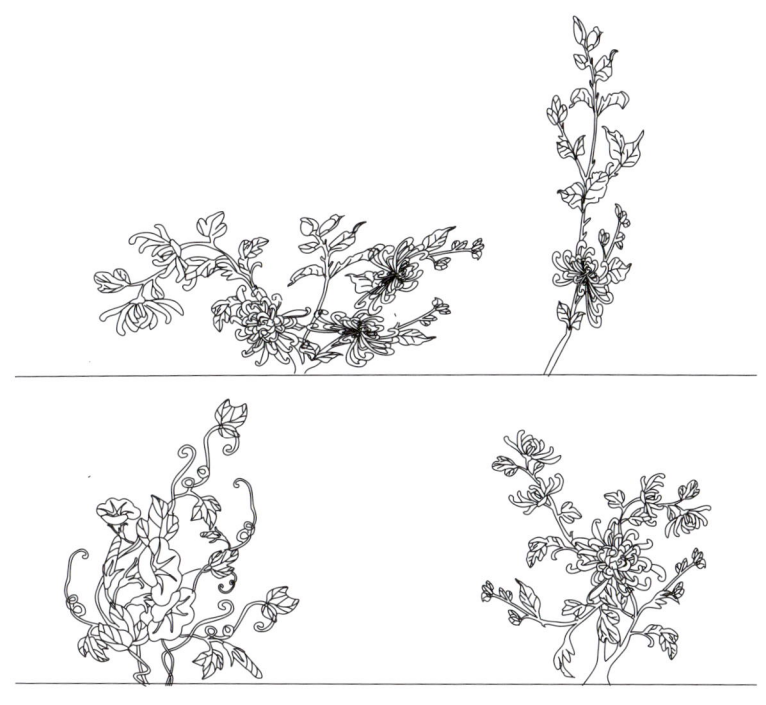

图四 东乡族木柜细节图

图五 东乡族木柜名称图

第四章 东乡族传统生活用品

341

第五章 东乡族传统生产工具

东乡族独轮车

图一 东乡族独轮车主图

独轮车以只有一个车轮为标志，俗称"手推车""鸡公车""二把手""土车子"。本案例独轮车收藏于东乡民俗博物馆。在近现代交通运输工具普及之前，独轮车是一种轻便的运物、载人工具，特别在北方，几乎与毛驴起同样的作用。又由于是单轮，车子走过，地面上留下的痕迹，是一条直线或曲线，所以又名"线车"。

独轮车的车辕，其长短、平斜，支杆高低、直斜及轮罩之方椭、几乎随地而异、随人而异。过去的独轮车，车轮为木制，有大有小。小者车盘平，大者高于车盘，将车盘分成左右两边，可载物，也可坐人，但两边须保持平衡。本案例中的独轮车是采用榫卯结构与少部分铁钉结合起来的，结构合理，所以骨架是比较牢固的，因为轮子与两边挡板是比较厚实的，所以它的承重能力是比较优秀的。但是由于重心法则，极易倾覆，奇怪的是，中国古代人用它载重、载人，长途跋涉而平稳轻巧，因此，它的创制者和第一个驾驶者必定是有胆有识的机械工程师。在两车把之间，挂"车绊"，驾车时搭在肩上，两手持把，以助其力，独轮车一般为一人往前推，但也有大型的独轮车用以载物，前后各有双把，前拉后推，所以也称作"二把手"。

独轮车的制作体现了东乡族人民的造物智慧，因为车子只是凭一只单轮着地，所以行走时不需要选择路面的宽度，因此无论窄路、巷道、田埂、木桥等等都能通过。这样的设计，不仅十分适用于东乡族自己的地理特征，同时非常适用于茶区等生产运输，在农耕时代属于非常先进的设计。

图片来源

图一至图五　汤繁稀　制图
图六、图七、图九　庄泓　制图
图八　胡浩然　制图

图二　东乡族独轮车效果图

图三　东乡族独轮车效果图

图四　东乡族独轮车效果图

图五　东乡族独轮车组合图

图六　东乡族独轮车对比图

第五章　东乡族传统生产工具

347

图七 东乡族独轮车名字解析图

图八 东乡族独轮车制作工艺图

图九　东乡族独轮车使用氛围图

东乡族单铧犁

图一　东乡族单铧犁主图

铧犁，是铧和犁的并称，铧是安装在犁上用来破土的铁片，而犁是一种耕地的农具，本案例的铧犁现收藏于东乡民俗博物馆。铧犁由犁演变而来，由犁与在一根横梁端部的厚重的刃构成，通常系在一组牵引它的牲畜或机动车上，也有用人力来驱动的，用来破碎土块并耕出槽沟从而为播种做好准备。

早期的犁是用Y形的木段制作的，下面的枝段雕刻成一个尖头，上面的两个分枝则做成两个把手。将犁系上绳子由一头牛拉动，尖头就在泥土里扒出一道狭小的浅沟，农民可以用把手来驾驶犁。到公元前3000年，犁进行了改进，把尖头制成一个能更有力地辟开泥土的"犁铧"，增加了一个能把泥土推向旁边的倾斜的底板。本案例为单铧犁，是一种农业工具，具体的说是一种手拉单铧犁。该单铧犁包括犁体，设置在犁体前端的犁槃与后端的扶手和辅助扶手，设置在犁体下面犁床，安装在犁床上的呈U形设置的犁铲和犁，所述的犁体和手拉杆的连接部位设置有一个手拉杆角度调节机构，在犁体和犁床机构之间设置有一个调节机构，这样在使用的时候能够便于调节。

从历史的角度看，犁到单铧犁的不断演变使其渐渐成为一种结构简单合理，同时操作和使用又十分方便的工具，另外犁地的深度和分土的角度能够自由的调节，特别适合于不方便的小块地和丘陵地带使用。

图片来源

图一至图八　李雪松　制图

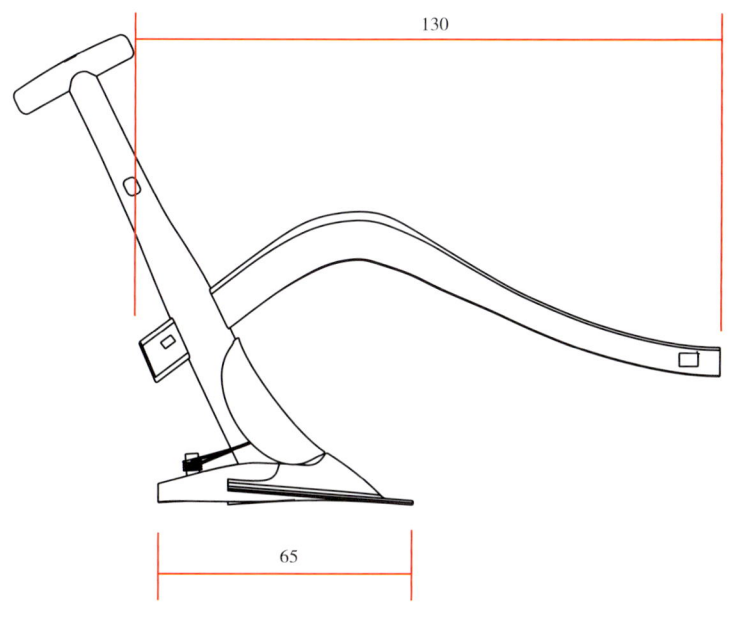
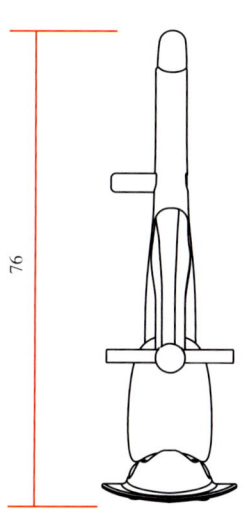
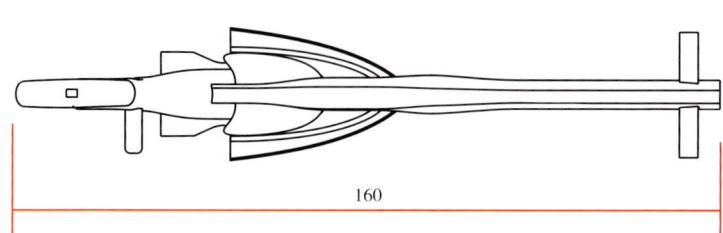

图二　东乡族单铧犁三视尺寸图（单位：cm）

图三　东乡族单铧犁线描图

图四　东乡族单铧犁组合图

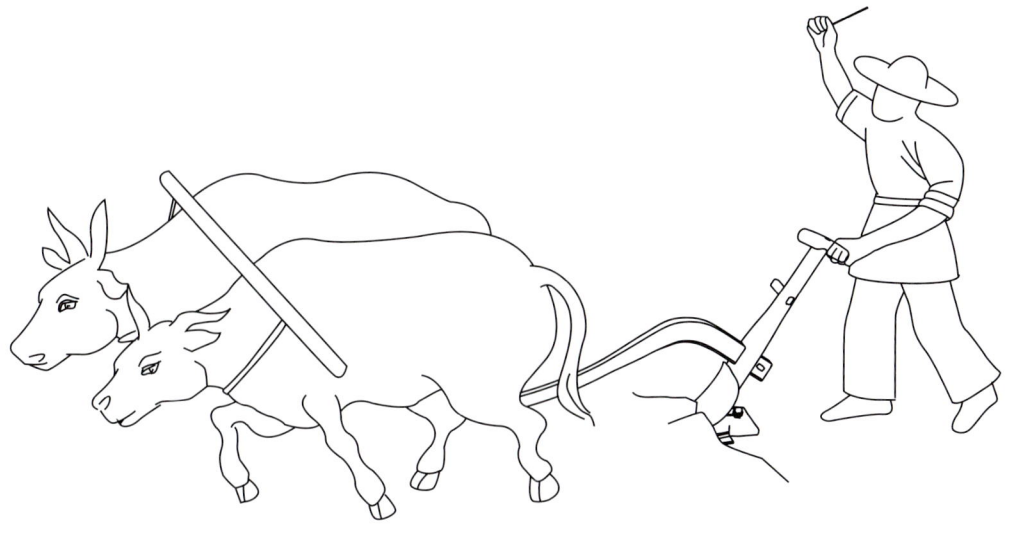

图五 东乡族单铧犁使用图

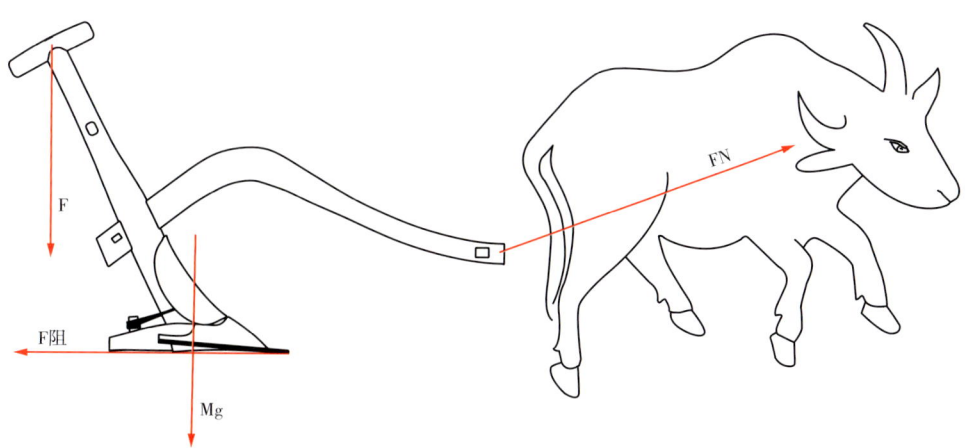

图六 东乡族单铧犁受力分析图

图七　东乡族单铧犁渲染图

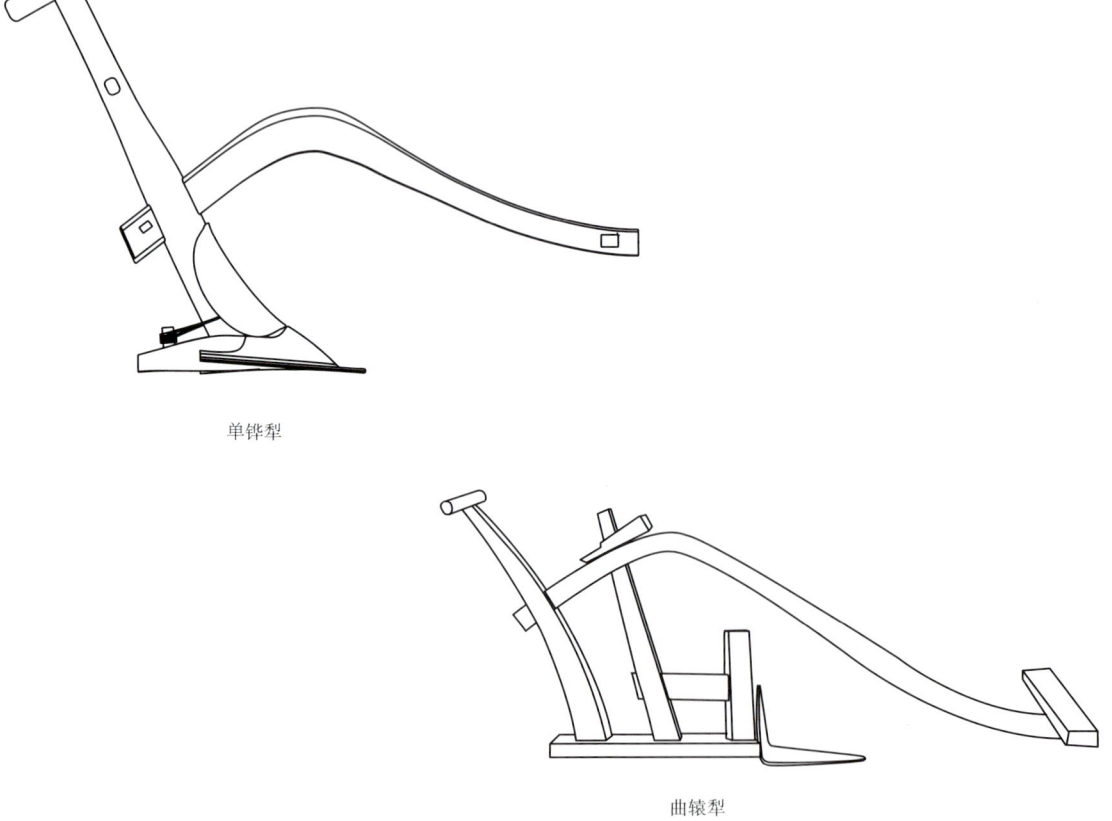

单铧犁

曲辕犁

图八　东乡族单铧犁对比图

东乡族井车

图一 东乡族井车主图

"分畦十字水，接树两般花。栉比载篱槿，咿哑转井车。"这是唐代大诗人刘禹锡对井车的描述。井车是古代从深井中提水进行灌溉的工具，约产生于隋唐时代，是由辘轳发展而来，多见于我国干旱少雨的北方地区。

井车是我国历史上出现比较早的传动工具之一。它是将许多木制链斗都以小横轴连接成串，形成一条"水链"（形似现代自行车的链条），"水链"的长短依井里水位的高低灵活添减链斗的个数来控制。使用时将"水链"套在井上面一个大的木制轮轴上，在大轮轴的一头装上一个大纵向齿轮盘，再和上部一个大横向齿轮盘相衔接。通过两个简单的齿轮盘一横一纵的组合方式，将水平方向的运动转变成了垂直方向的运动，以达到从井底向上运水的目的。横向齿轮中部向外延伸出一支长套干（拨柁），借助杠杆原理来节省人力和畜力，同时也用于索套牲口或便于人们把握。拉动横向齿轮盘回转，纵向齿轮盘及其连接着的轮轴上的"水链"随之而动，盛水链斗连续上升、绕过轮轴将水倾倒于地面上的容器中，再流入田地中，空链斗由另一边下降，如此周而复始，水就可以源源不断地从井下取出。从齿轮、链斗到轮盘的辐条等部件，都是木制然后用卯榫连接的，其工艺巧夺天工，尺寸精确，运转通畅。

井车的发明创造，不仅是人类为适应自然环境、改变生存状态所进行的一项造物活动，更是我国工业技术史上的壮举之一，也是现代设计教育的优良典范。尤其是像自行车和摩托车等靠链条传动的交通器具，都是效仿了它的动力原理来设计的。它启迪设计者们，设计不是无端的造物活动，也不是漫无目地创新，而是要因地制宜地解决现实生活和工业生产的实际问题，以达到提高生产效率，服务于人的目的。总之设计要以人为本，以客观现实为依据，这样才能更好的为人类社会的长久发展提供动力。

图片来源
图一至图九　李雪松　制图

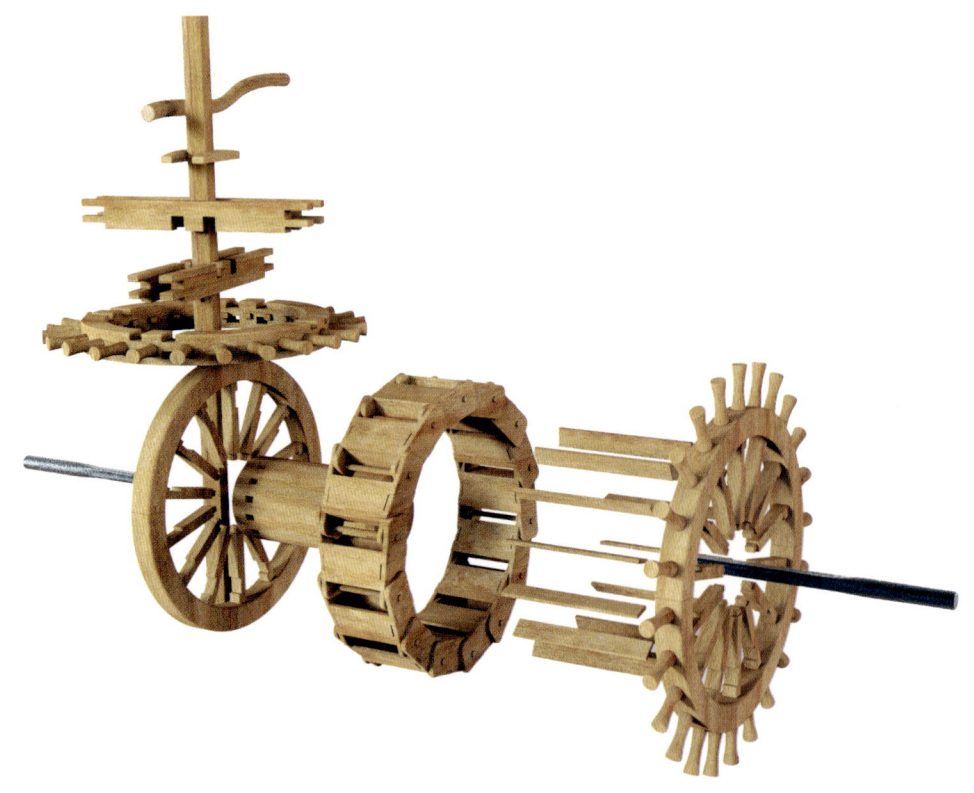

图二　东乡族井车组合图

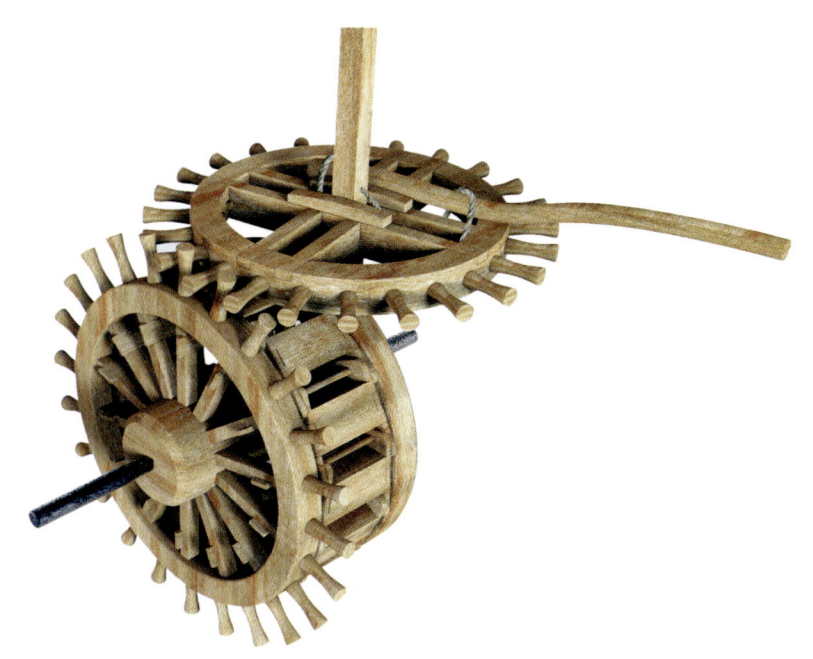

图三　东乡族井车渲染图

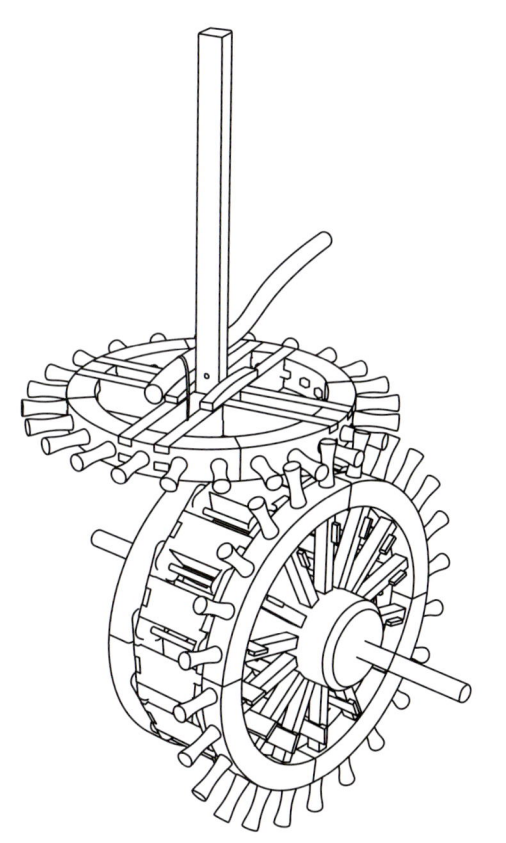

图四　东乡族井车线描图

第五章　东乡族传统生产工具

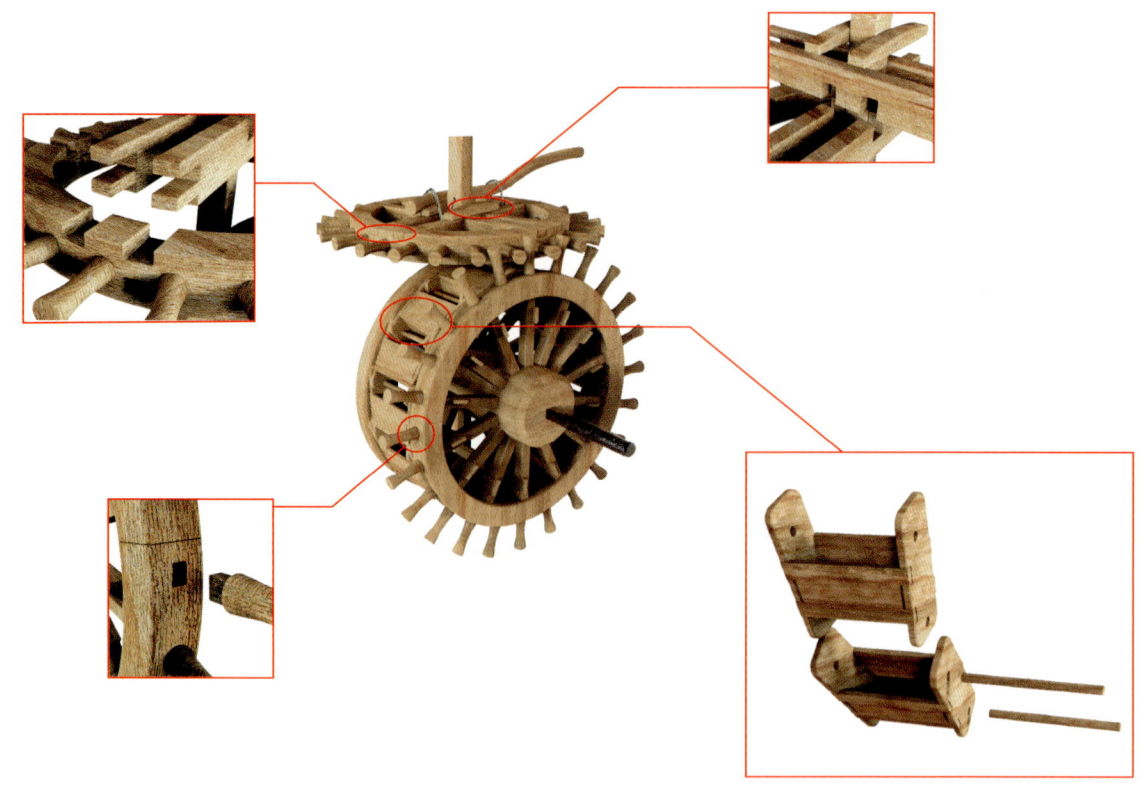

图五 东乡族井车细节

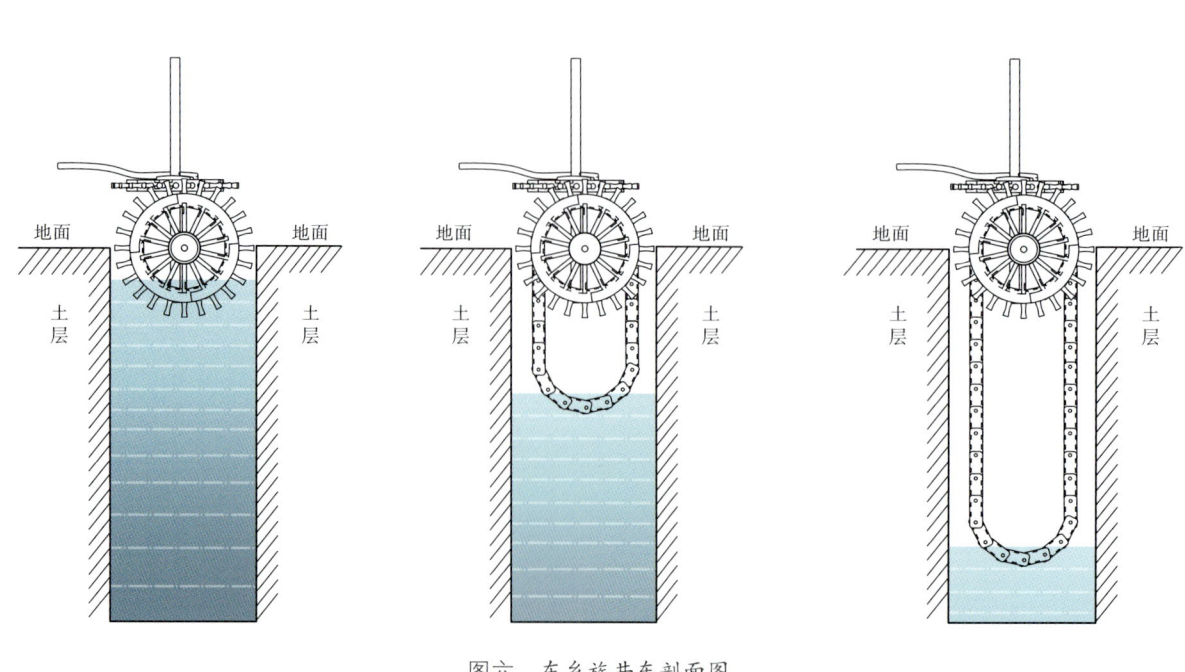

图六 东乡族井车剖面图

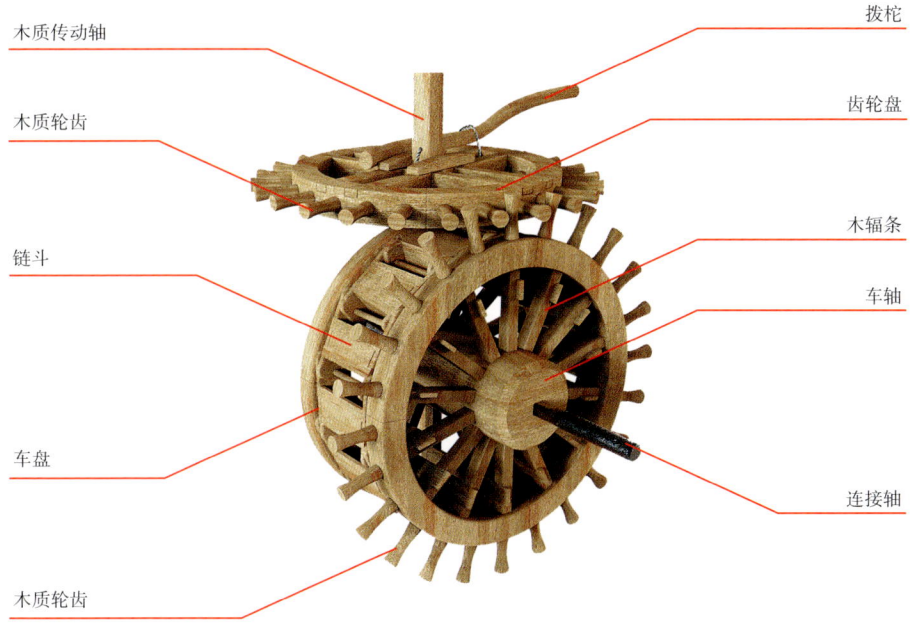

图七　东乡族井车名词解析

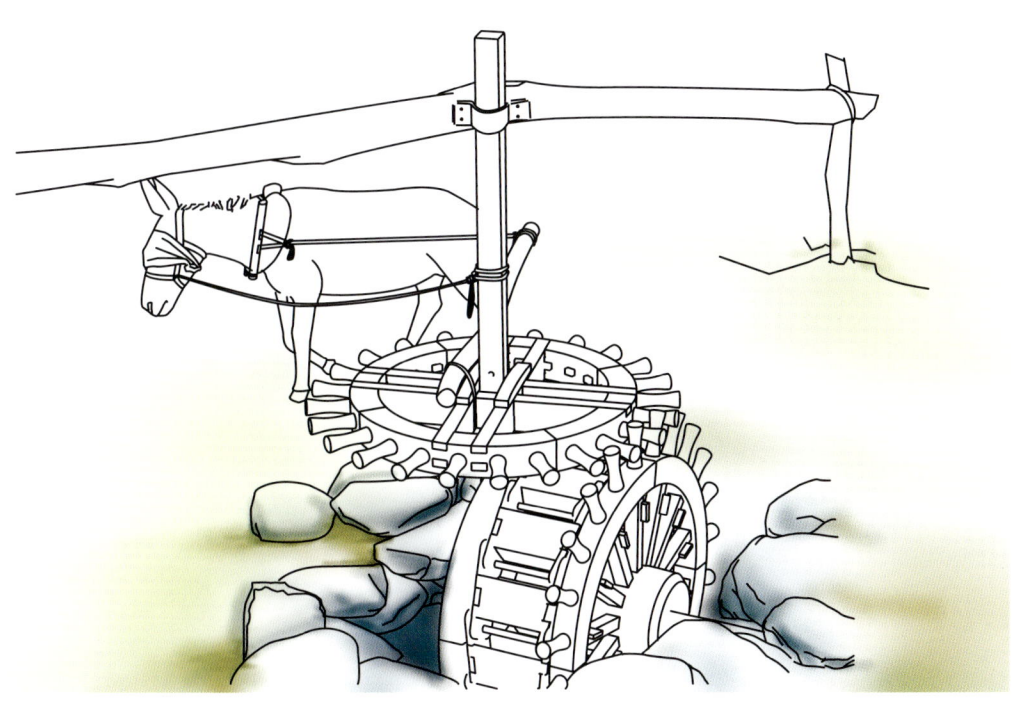

图八　东乡族井车使用图

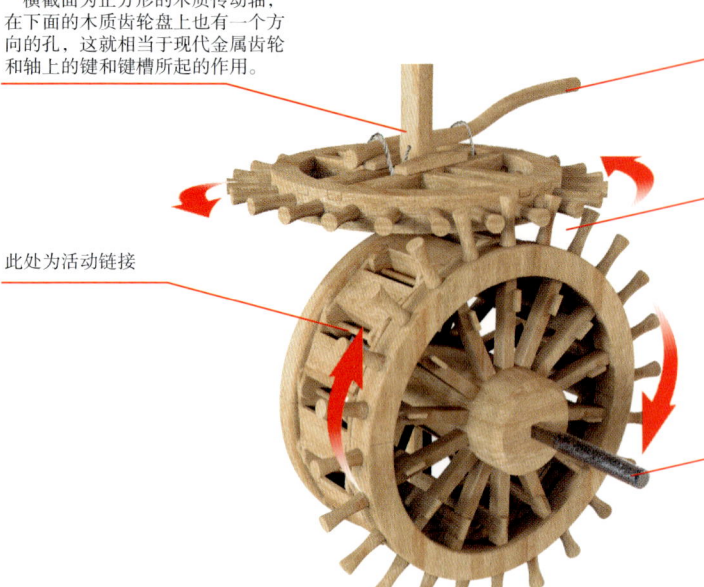

横截面为正方形的木质传动轴，在下面的木质齿轮盘上也有一个方向的孔，这就相当于现代金属齿轮和轴上的键和键槽所起的作用。

推动或拉动提供动力

改变传动方向

此处为活动链接

此轴作为整个水车的旋转中心轴，一半与水车相连，此处横截面为方向，可曾大摩擦力。另一半则插入井壁做旋转运动，此处横截面为原形，从而减小摩擦力。

图九　东乡族井车原理分析图

东乡族短柄米榔头

图一　东乡族短柄米榔头主图

短柄米榔头是传统石臼舂米的工具，全长约50厘米，锤头长20厘米，直径8厘米，出自东乡民俗博物馆。舂米就是把打下的谷子去壳的过程，舂出来的壳就是米糠，剩下的米粒就是我们吃的白米，舂米的工具有点像捣药罐，有一个棒槌、一个盛器。用棒槌砸谷子，把米糠砸掉。米榔头是加工大米的传统器具，曾与人们生活息息相关，如今难觅踪影。舂米的事儿，父辈们如数家珍，可对于许多中青年朋友，却十分陌生。

挨砻磨谷子，臼头舂米是繁重的劳务。从前，一个四五口人的普通农家，每次挨砻要磨几箩谷，每月要舂米三四臼。每次舂米要背着用生铁做的碓头，加上碓身百斤重。舂米时，用脚踏碓，碓头起落够吃力。要舂白一臼米，最少舂了三百下，要花近一个钟头。不少人舂得大汗淋漓，喘气不已。

历来女人嫁人，做了人家媳妇，就要干着这种挨砻舂米挑水的家务活，这些粗活很苦，无怪乎《歌谣》唱出妇女的心声："臼头舂米目圈红""叫我细细怎呢会理家"。

短柄米榔头由于较普通榔头显得短小，比较适用于舂少量米，适合作为家用器具，供给一个家庭的生活口粮，此榔头优点是灵巧方便，比较称手省力，适合绝大多数人使用；缺点是舂米效果比较弱，效率低，不适合大规模作坊生产。

图片来源
图一　资料来源：fotoe
图二至图七　汤繁稀　制图

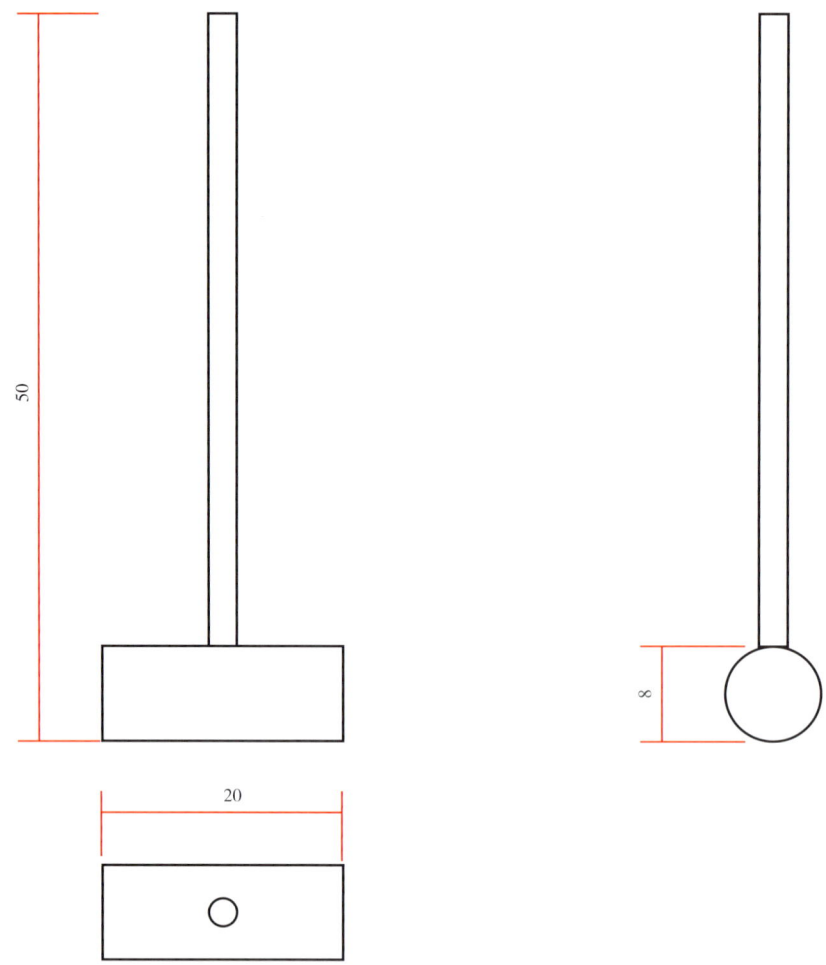

图二　东乡族短柄米榔头三视尺寸图（单位：cm）

图三　东乡族短柄米榔头效果图

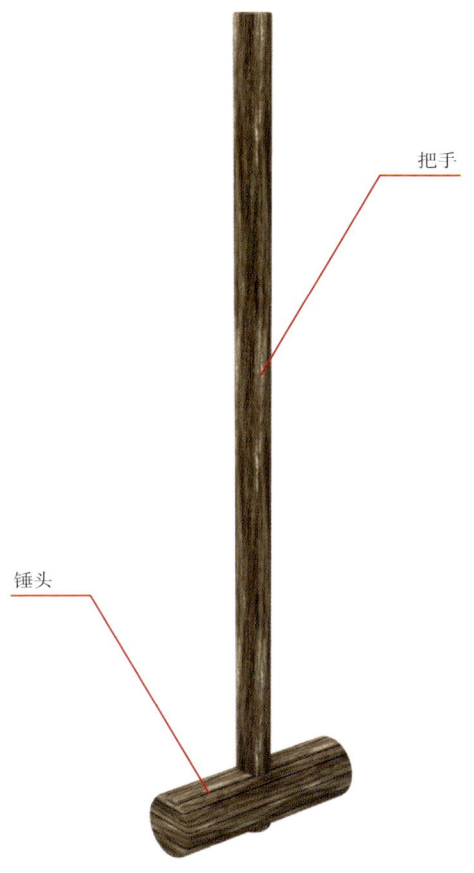

图四　东乡族短柄米榔头解析图

图五　东乡族短柄米榔头组合图

第五章　东乡族传统生产工具

363

图六　东乡族短柄米榔头使用图

图七　东乡族短柄米榔头使用氛围图

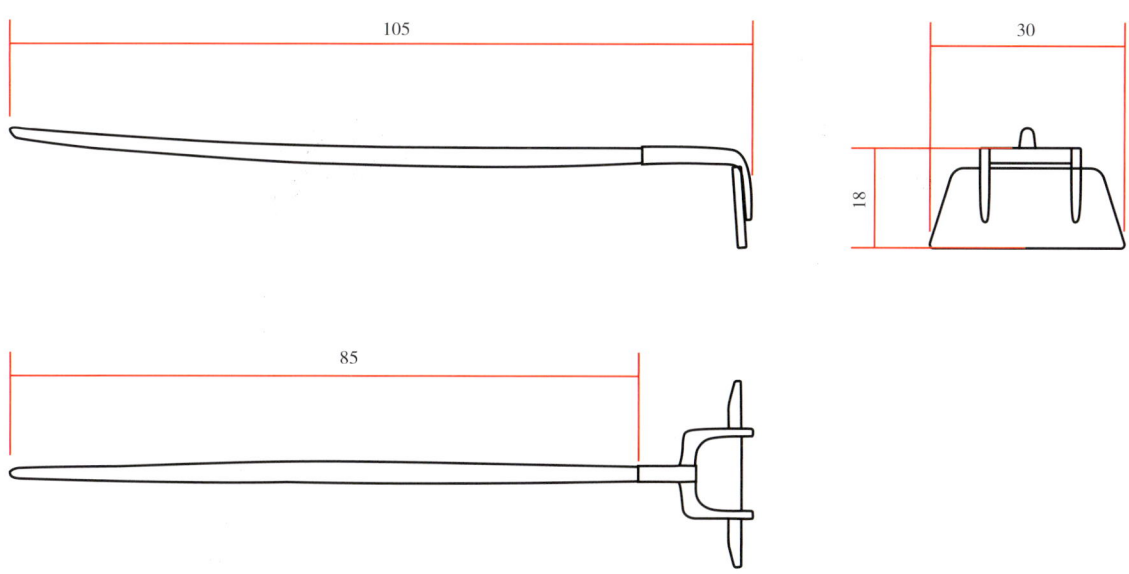

图二 东乡族宽锄三视尺寸图（单位：cm）

图三 东乡族宽锄前视图

图四 东乡族宽锄顶视图　　　　　图五 东乡族宽锄组合图

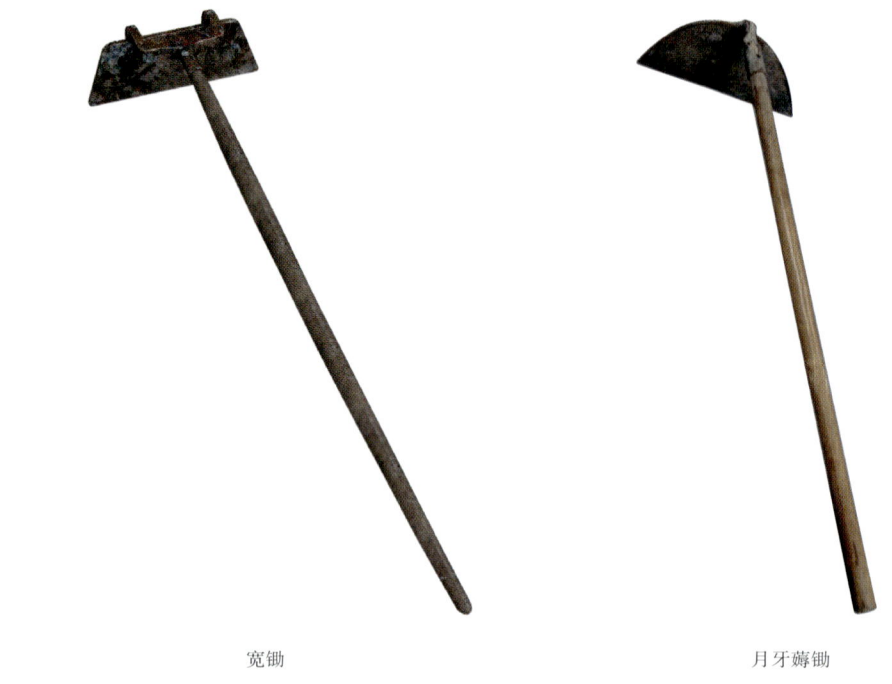

宽锄　　　　　　　　　月牙薅锄

图六　东乡族宽锄对比图

锄柄　　　　　　　　　锄刃

图七　东乡族宽锄解析图

图八 东乡族宽锄使用图

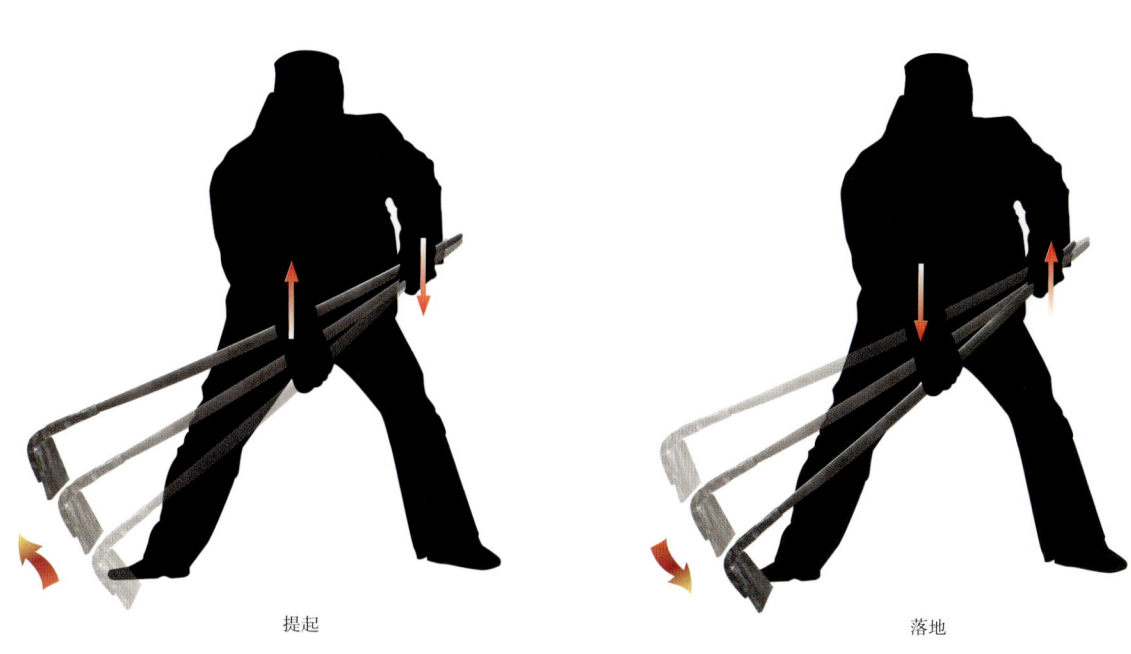

提起　　　　　　　　　　　落地

图九 东乡族宽锄受力分析图

东乡族耧

图一　东乡族耧主图

耧，又称耧车，耧犁，耩子。出自东乡民俗博物馆。耧的尺寸为长198厘米，宽102厘米，高102厘米。耧是一种畜力条播机，是北方旱地的一种种植工具。西汉赵过作耧，已有两千多年历史。有一腿耧至七腿耧多种，以两腿耧播种较均匀。可播大麦、小麦、大豆、高粱等。东乡族人生活在西北干旱地区，耧的使用正好适应当地的环境。

耧由耧架、耧斗、耧腿、耧铧等多部结构组成，耧架是主要的受力部分，耧斗是用来装种子的，种子可由耧管通向耧腿，由耧腿流到耧铧，播种在地里。使用时人的手扶着扶手边走边摇，让种子更快地往下流；耧腿撑着耧铧在地面上划出沟壑；牲畜在两根耧架的中间，播种时，用一头牛拉着耧车，同时进行覆盖和镇压，一举数得，省时省力，故其效率可以达到"日种一顷"。耧架是带动整个耧的重要部分。耧铧是铁质的，其他部位都由木组成。耧的制作工艺相对简单，对材料的要求也不是非常高，因此耧是家家户户都能使用的播种工具。

随着耧等农具的完善，我国在农业生产率方面比之前要先进很多，减少了劳动力的投入，促进发展了农业的发展，使得东乡族人民可以大面积的开拓荒地，增加土地利用率，并且提高了人民的生活质量。中国是世界上机械发展最早的国家之一，我国古代的耧车，就是现代播种机的始祖。即便是在机械时代的今天，耧在偏远的山区依然在使用，这也给现代农业的发展带来了深远的影响。耧车的原理启发了后续诸多同类的发明，为农业机械化开辟了一条道路。

图片来源

图一至图七　李雪松　制图

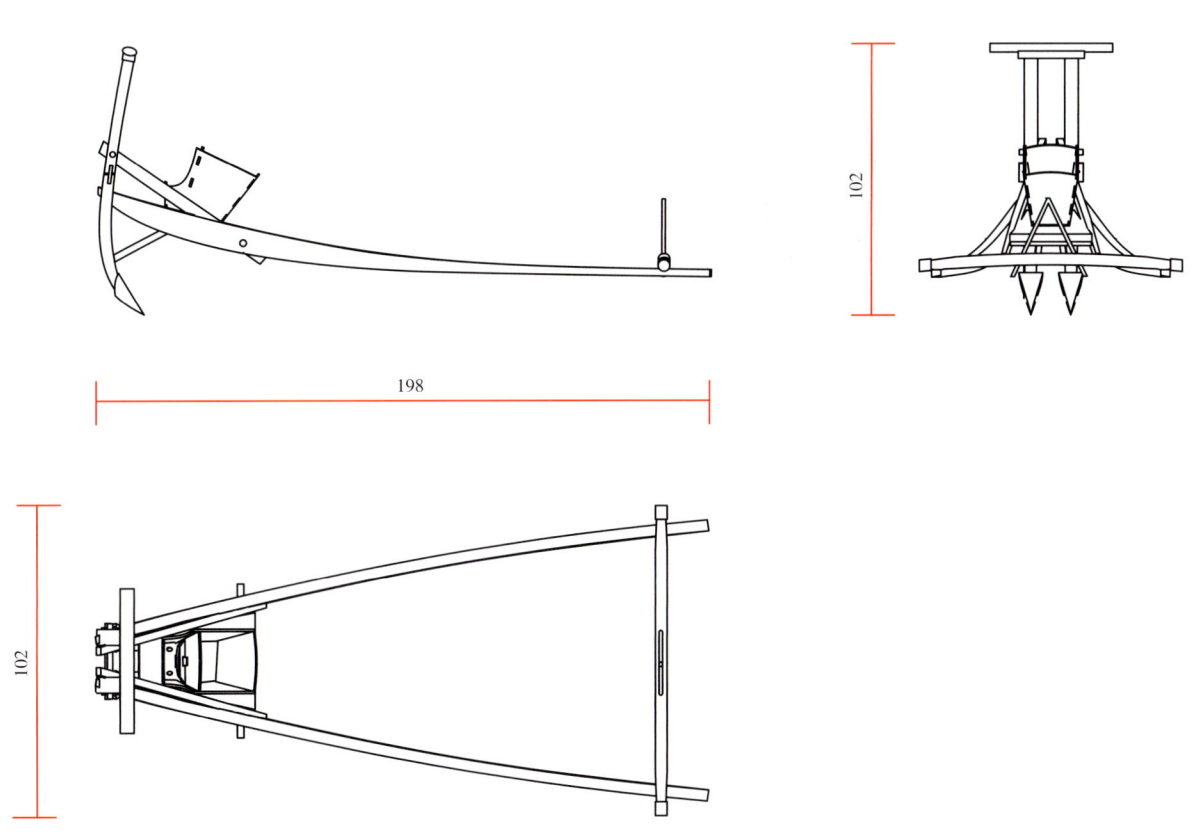

图二　东乡族耧三视尺寸图（单位：cm）

图三 东乡族耧组合图

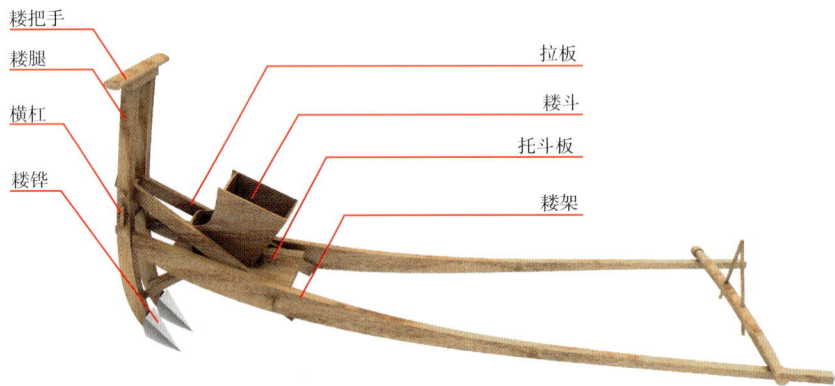

图四 东乡族耧解析图

图五 东乡族耧使用图

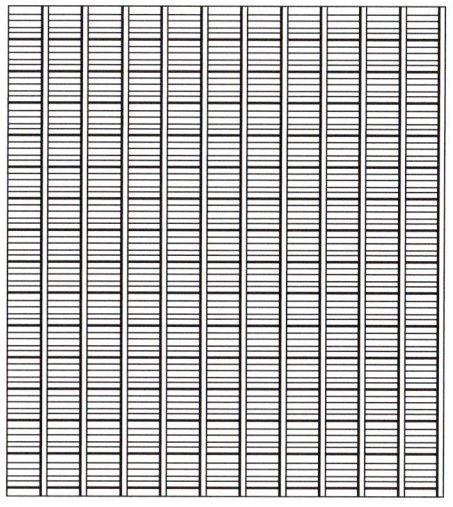

图六　东乡族草墩细节图

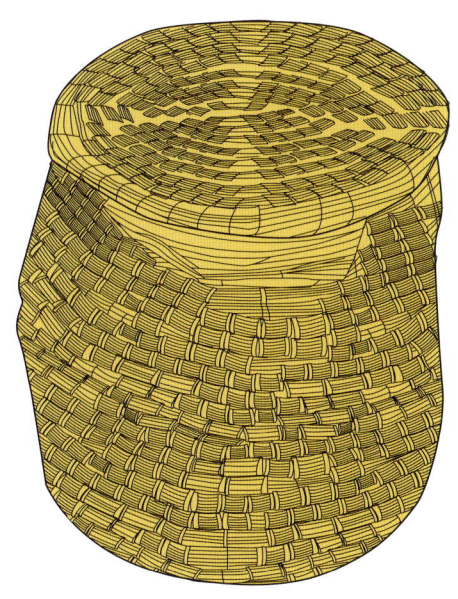

图七　东乡族草墩上色图

第五章　东乡族传统生产工具

东乡族船磨

图一　东乡族船磨主图

船磨是我国西北少数民族东乡族近代使用的一种生产工具。本案例出自东乡民俗博物馆。船磨主要由船体、立式水轮、木质传动齿轮、轴和石磨组成。它是利用湍急河水冲动置于河中的立式水轮，水轮长轴伸入船中，以轴上木制传动齿轮带动磨齿而进行作业。由于河流中央河水深且流速快，水流湍急，固以大木棍和木板加以缆绳固定船与河心。若是不使用它的时候怎么让它停下来呢？其实这个也很简单，只要把木制传动齿轮上的插销拔出，将齿轮轻轻往旁边一推使传动齿轮的轮齿与石磨上的轮齿分离即可实现。

在当时的环境中，生产力是及其落后的，船磨的出现无疑是为当时的生产工具机械化带来了一线曙光。在当时是最大限度的解放了劳动人民的双手。从它的演变和发展脉络来看船磨主要是水磨、水碓发展演变而来。从机械角度来看。它是由水轮、轴和齿轮联合传动的机械。从车轮到水轮是技术史、也是人类文明史进步的标志。仅从水磨到船磨的发展可见东乡人民在机械方面取得的成就。它不仅是少数民族机械生产工具当中的典范，更是整个中国机械发展史上的一朵奇葩。

图片来源
图一至图九　李雪松　制图

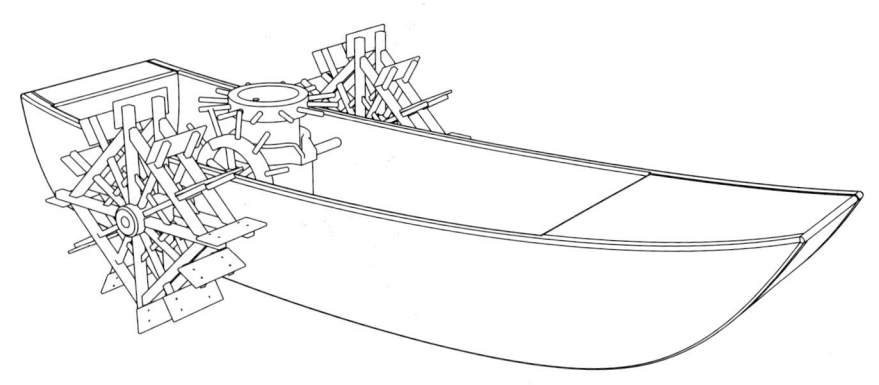

图二　东乡族船磨线框图 1

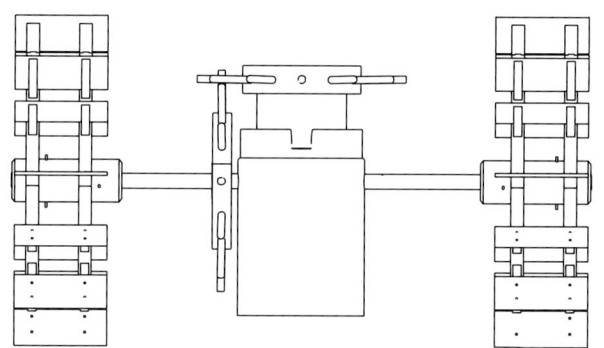 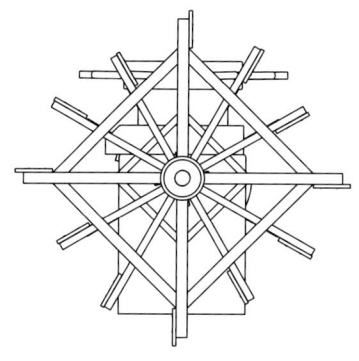

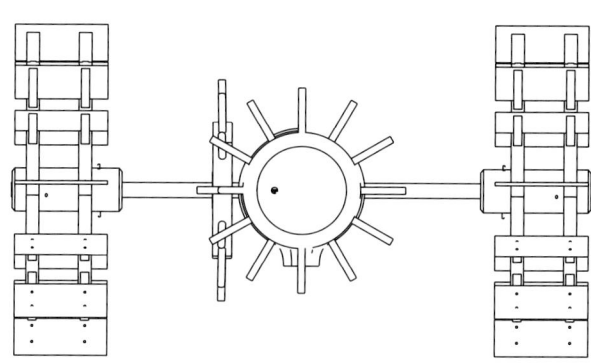

图三　东乡族船磨线框图 2

图四 东乡族船磨组合图

图五 东乡族船磨使用图

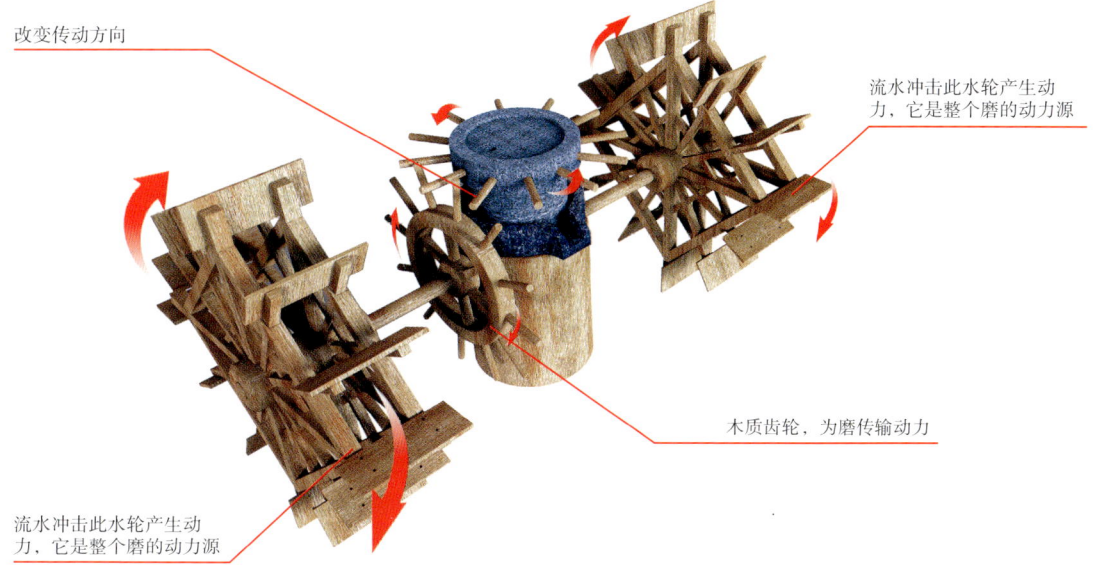

图六　东乡族船磨原理分析

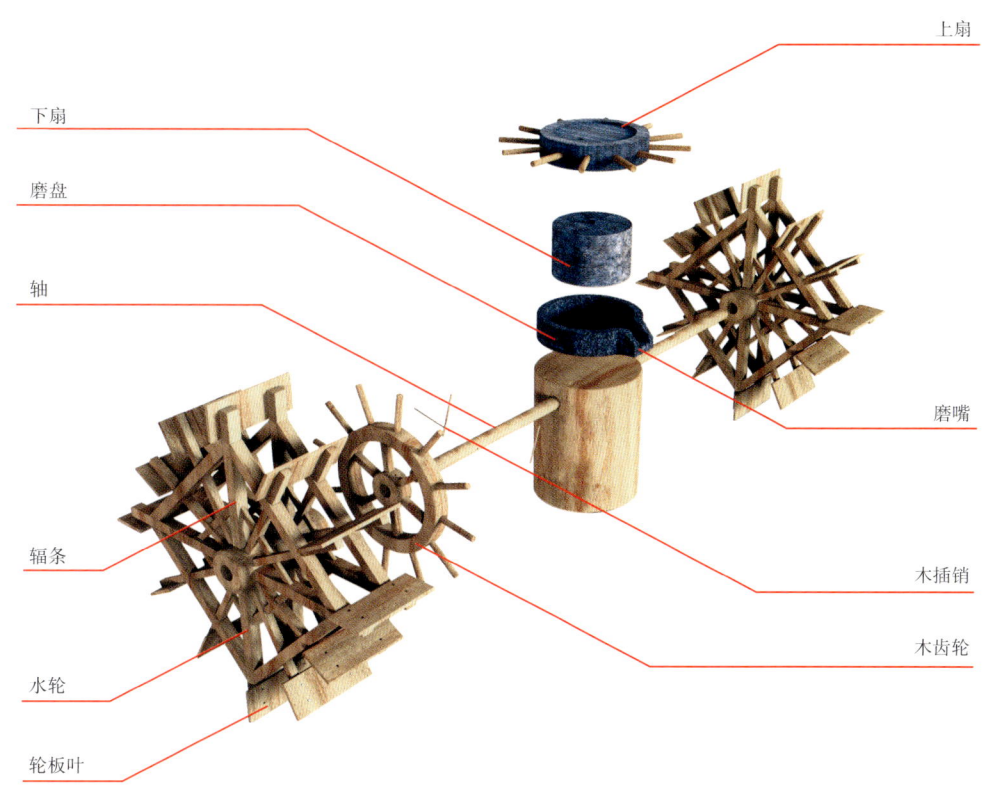

图七　东乡族船磨名词解析

第五章　东乡族传统生产工具

383

图八 东乡族船磨渲染图1

图九 东乡族船磨渲染图2

东乡族土坯拓子

图一　东乡族土坯拓子主图

土坯拓子是比较古老的制作泥砖的木制模具。土坯即是泥砖，拓子是制模工具的意思。现藏于东乡民俗博物馆。最初是用粘土做原料制砖，由粘土凉晒后而成的泥砖，称为土坯砖；当住户发现泥砖有松腐现象时，将它拆下，成了十分珍贵的土杂肥，所以农家喜用泥砖砌屋。

土坯拓子由几块矩形木料通过榫卯拼接的方式制成，一次只能做一块泥砖。砖屋泥砖的制作方法：田泥掺沙约三分之一，加稻草碎，加水拌成糊泥，然后用规格的木模压印成块，晾干之后甚为坚固，便可垒砌成屋墙。使用它一百几十年是没有问题的。在制作过程中，土坯拓子起着至关重要的作用，它的使用方法尤其简单易操作，首先将土坯拓子所有部分拼好，形成一个封闭的矩形空间，倒入泥糊，待晾干后，移开模具一端，并把中间固定的插片取下，慢慢打开模具，一块矩形泥砖就成型了。

土坯拓子是制作泥砖的土法中采用的模具，制作简单，容易操作，体现了东乡族人民的传统文化与卓越的智慧，不过虽然制作出来的砖块形状规整，但耗时长，制作效率低，所以正在逐步被土砖等所取代。发展到近些年来，为了保护耕地，保护环境，人们开始用一些新型的原料来做一种可以不用烧结的砖，所以现在泥砖房越来越少见，也属于中国非物质文化遗产了。

图片来源

图一至图九　汤繁稀　制图

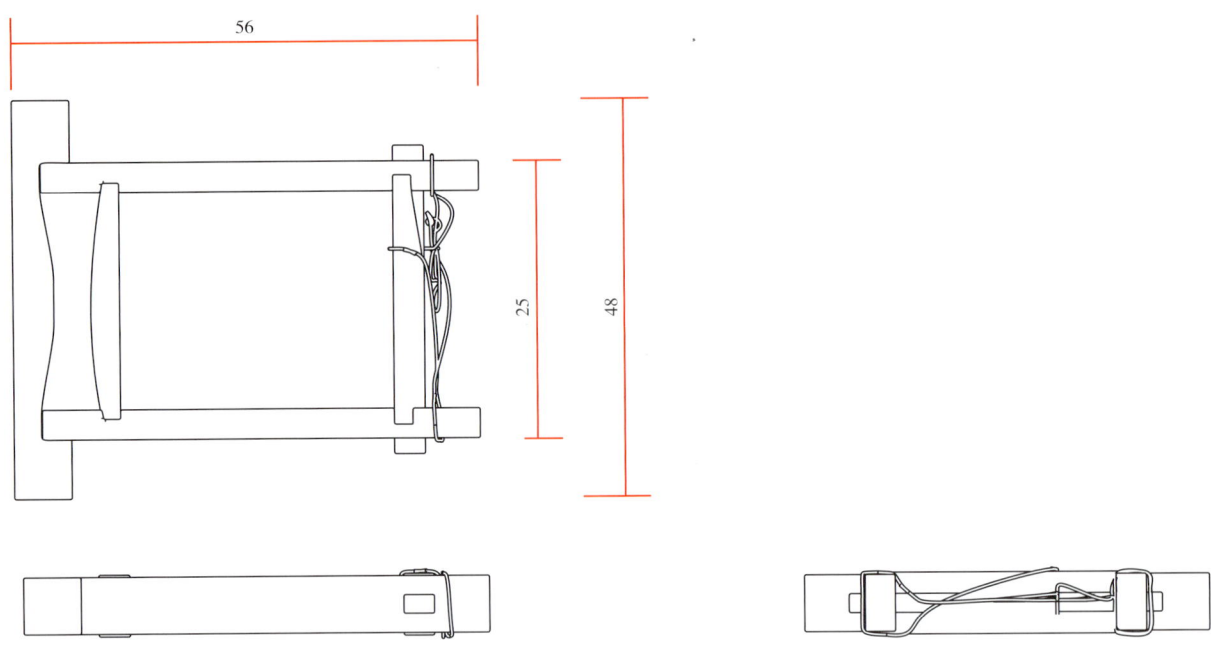

图二　东乡族土坯拓子三视尺寸图（单位：cm）

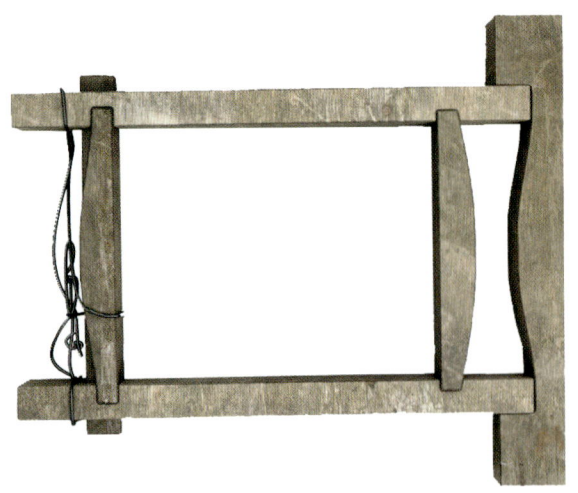

图三　东乡族土坯拓子效果图1

图四　东乡族土坯拓子效果图 2

图五　东乡族土坯拓子组合图

图六　东乡族土坯拓子使用图

图七　东乡族土坯拓子使用图

图八　东乡族土坯拓子使用氛围图

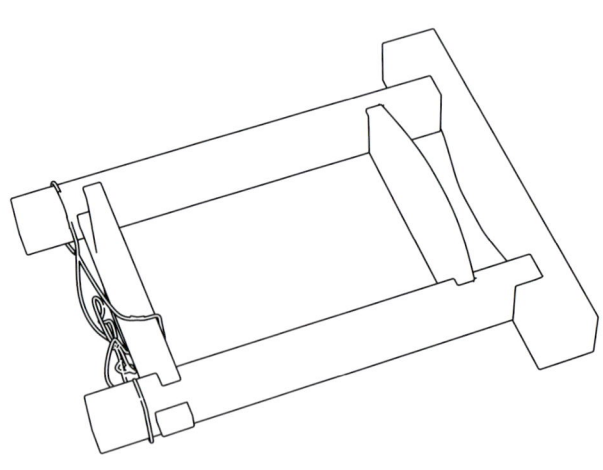

图九　东乡族土坯拓子线稿

东乡族小牵钻

小牵钻是金刚钻的一种，用于修补破碎的瓷器。出自东乡民俗博物馆。小牵钻总高约为42厘米，宽20厘米。

钉匠技艺是从中亚传入并发扬广大的，现已濒临失传。钉匠的主要修理工具是一个小火炉，用它锻铁打铜子、化铁；另外就是小牵钻，用它钻眼。正所谓"没有金刚钻，别揽瓷器活"，说的就是这个工艺。钻具的钻头部分一般用铜焊的方法，镶上一颗极小的钻石。之所以要镶钻石，是因为瓷器的硬度非常高，除了钻石，各种金属钻头都无法在其上打孔钻眼，虽然镶上去的钻石是工业级钻石，但即使是这样一根钻具，也足以使铜匠的身价倍增。被修补的器皿一般只是裂道纹、掉个碴等不太大的毛病，如果碎成八瓣还找他们锔就不合算了，除非是值钱的古董，否则工钱要比买新的还贵。锔活当中，尤以锔碗、锔瓷壶、胆瓶算是细活，手艺最精、最难。锔出的活不仅要严丝合缝，还要美观、中看。不管是锔大锔小、用铜用铁，最后都是按锔子大小多少来算钱。锔子也有很多种类。最普通的是铁的，昂贵的有铜的、银的、金的。从前瓷器的玩赏家们，甚至专门收集锔过的瓷器，锔的钉越多也就越珍贵。

小牵钻是钉匠技艺中必不可少的工具，它保存修补珍贵古董瓷器，为后世研究东乡族文化保存了珍贵的资料。

图片来源

图一至图六　汤繁惜　制图

图一　东乡族小牵钻主图

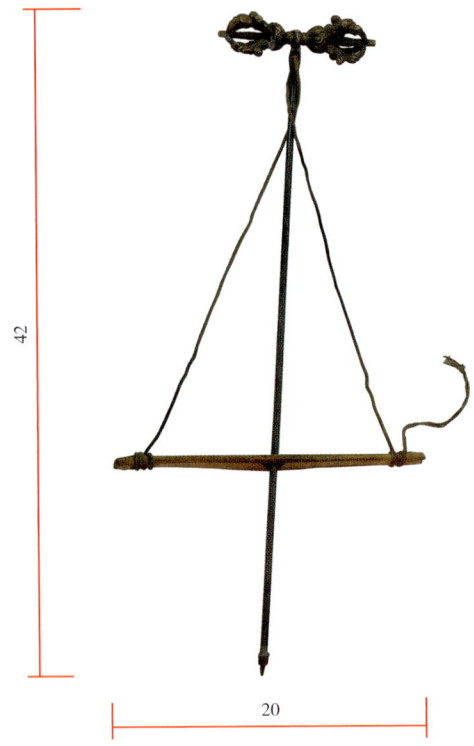

图二　东乡族小牵钻尺寸图（单位：cm）

图三　东乡族小牵钻对比图

图四　东乡族小牵钻细节图

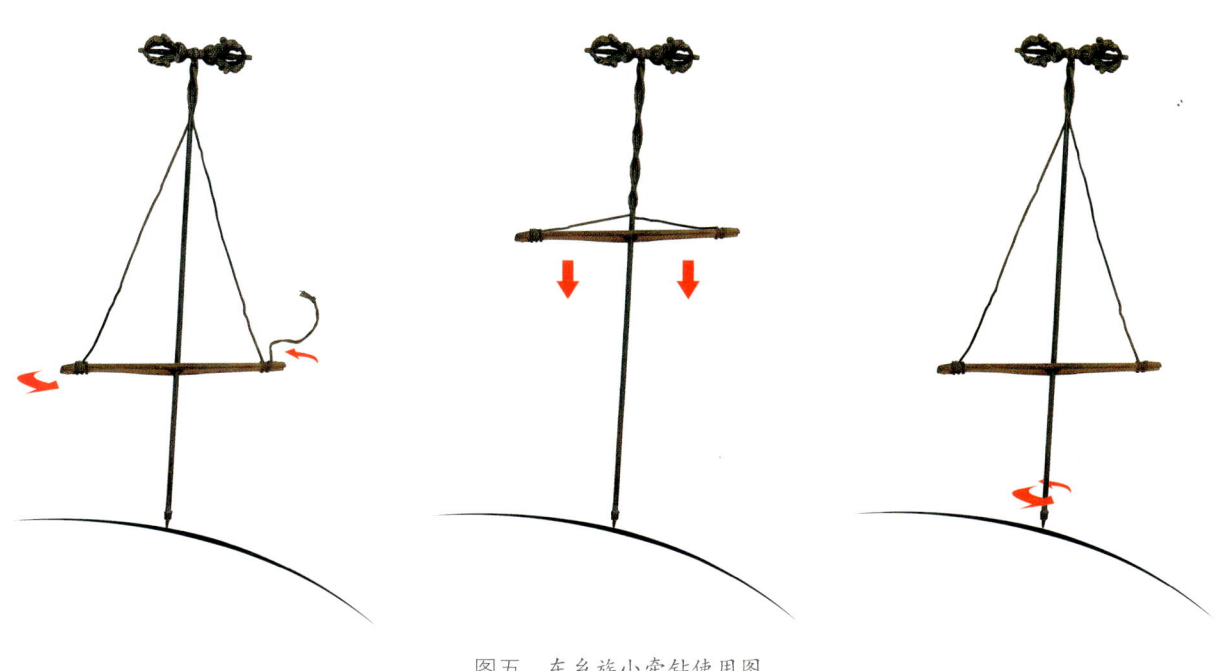

图五　东乡族小牵钻使用图

第五章　东乡族传统生产工具

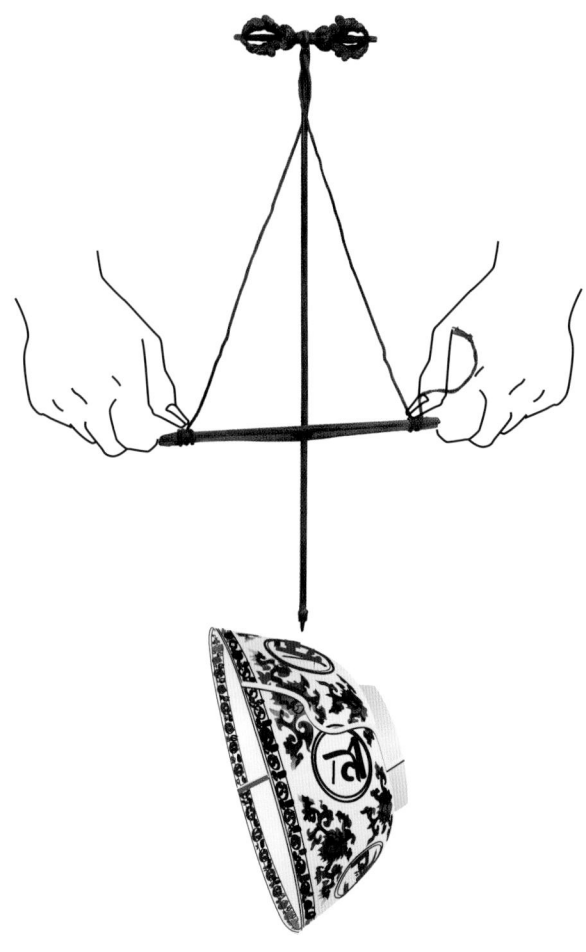

图六　东乡族小牵钻使用图

东乡族皮匠工具

图一 东乡族皮匠工具主图

皮匠工具是指剔羊皮所使用的工具。现收藏于东乡民俗博物馆。弧形剔油脂刀,铁质。剔除薄一点的油脂层,尺寸总高14厘米,宽12厘米,厚2厘米。钝刀,上部分手柄为木质,放置在腋下,夹紧,手握住铁片上方的U型铁柄,来回在皮上刮动,尺寸为高40厘米,总长14厘米,刀片上端为10厘米,下端为14厘米。树杈棍,L型,自然木材。在皮张弄好后,树杈勾住皮张,用细绳系住顶部,将其晒干。尺寸为高40厘米,长6厘米,宽为直径2厘米。

剔皮操作时,可以先将羊挂在树枝上,以便操作。左手紧握皮张,右手提钝刀从上而下,一下一下地在皮板上来回刮,刮至皮板软而松弛为止。刮皮后的皮张要钉在木板上,使其伸展开来,并放在通风处晾干。在剥皮时,必须注意:

1.剥皮时,应带全头,全腿皮。板皮上尽量不要污染粪尿及血液,否则会降低板皮的价值。

2.要注意不要伤损皮形及皮质,不能用锐刀,以免划破皮肤,造成描刀或刀洞,降低皮板价值。

3.从山羊体剥下鲜皮以后,应及时割去嘴唇、耳根、尾骨、角蹄,除净肉屑、脂肪、粪污及杂质。

4.剥下的山羊板皮要趁湿加以正形处理,防止腐败或褶皱,产区群众采取土干法和晾干法。干皮板要分级、分品种、分色泽进行包装、分贮。打捆时,要毛面对毛面,底下铺上木板,平放在清洁、干燥、通风、凉爽的库内,适宜温度为10摄氏度(最高不得超过30摄氏度)。

皮匠工具的出现,是代表东乡族在制作

皮革上智慧的结晶。用皮匠工具在剔羊皮或者其他牲畜的皮时，能减少很多不必要的麻烦。从剔羊皮工具分类的精细程度可以看出东乡族对羊的生物结构了如指掌。完善的对动物皮毛的处理方法值得后世人借鉴。

图片来源

图一至图七　肖巧妮　制图

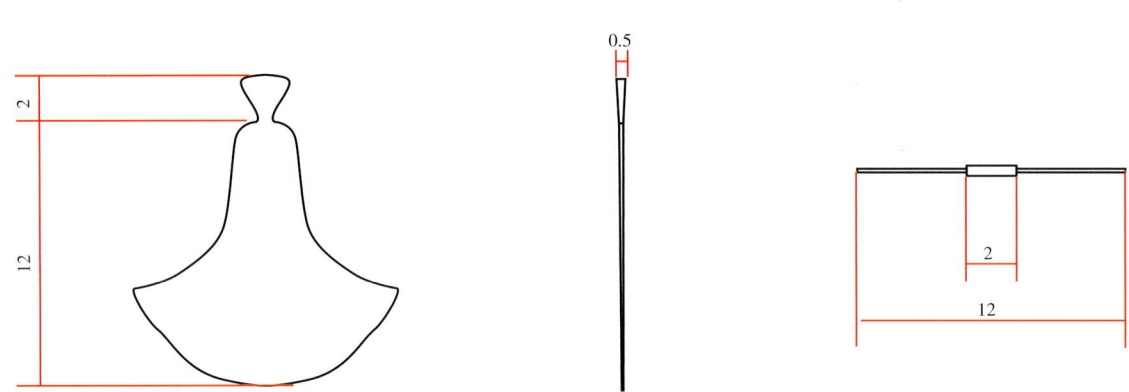

图二　东乡族皮匠工具一三视尺寸图（单位：cm）

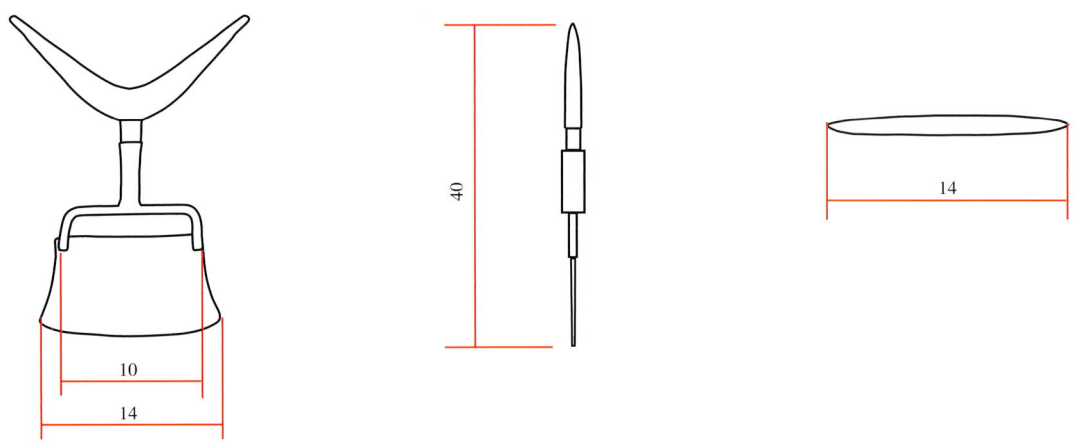

图三　东乡族皮匠工具二三视尺寸图（单位：cm）

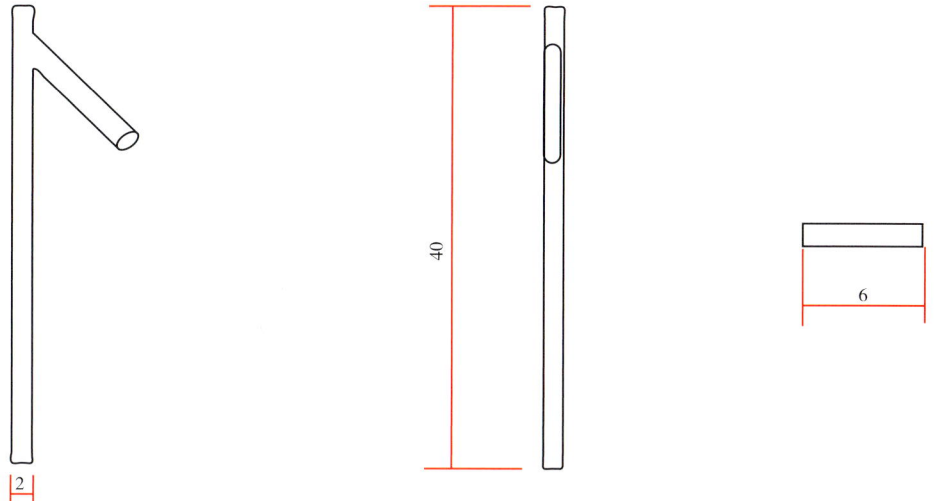

图四　东乡族皮匠工具三三视尺寸图（单位：cm）

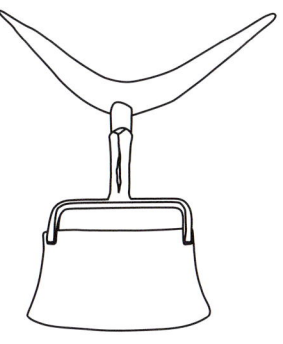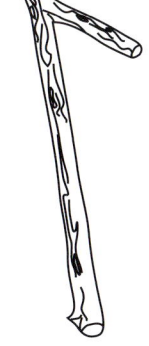

图五　东乡族皮匠工具线框图

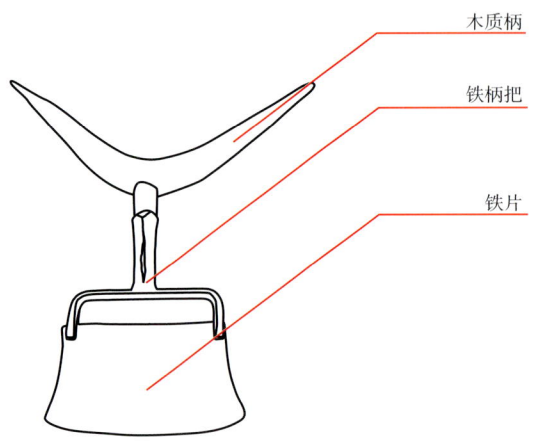

图六　东乡族皮匠工具二解析图

去除油脂、把皮削薄

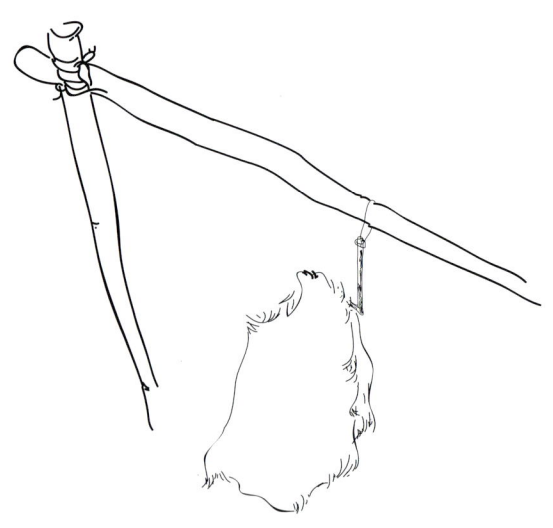

拉直风干

图七　东乡族皮匠工具使用图

东乡族火药工具

图一 东乡族火药工具灌格和火药罐罐主图

火药工具是古代战争中储存火药的盛物工具。现收藏于东乡民俗博物馆。案例中的火药工具分为灌格和火药罐罐。火药罐罐用于储存火药，它形如葫芦，一般长约14厘米，宽6厘米左右，上瓶颈口下宽鼓口，为牛革缝制，边沿由麻线缝制，两端有双耳，可以用绳子连接，方便携带。灌格用于往火药罐罐里倾倒火药。它上大下小，总长约为18厘米，中间连接处为约3厘米。它由铁片制成，将火药由大口进入，通过小口将火药装进火药罐罐中。当然，鸟铳中导入火药的方法与之也一样，但更需谨慎，需要将灌格的小口对准鸟铳的嘴口，将火药轻轻抖入鸟铳里。

皮革内还有一层铁皮，使得摩擦力减小。那为什么还要在铁皮外包裹皮革呢？因为铁皮导热，在外界热量高时容易爆炸，而皮革的隔热特性则很好的降低了这种危险。

火药是中国汉族发明于隋唐时期，距今已有一千多年了。火药工具的发明，是东乡族对于中国传统四大发明——火药的理解，他们采用当地牲畜的皮革和铁皮来制作火药罐罐，不仅仅是他们对生活细节的注重，而且将他们的智慧运用到生活中，举一反三。

图片来源
图一至图九　肖巧妮　制图

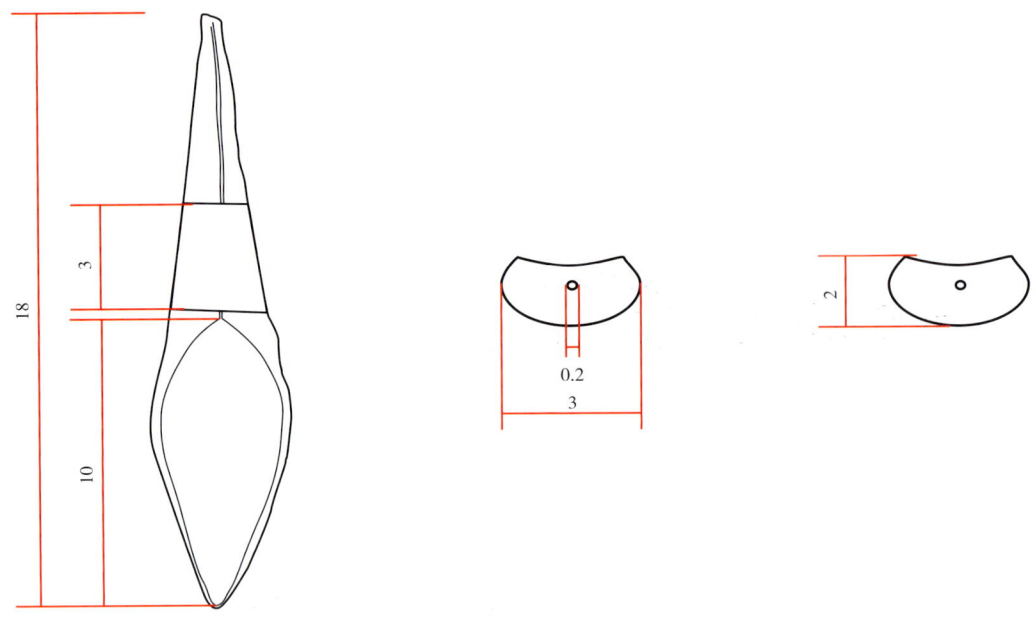

图二　东乡族火药工具——灌格三视尺寸图（单位：cm）

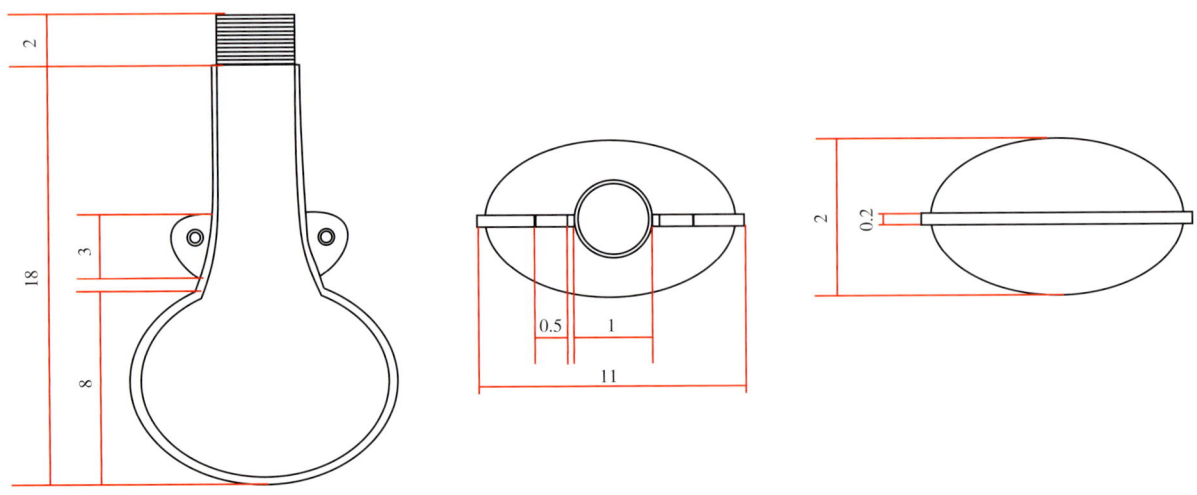

图三　东乡族火药工具——火药罐罐三视尺寸图（单位：cm）

火药工具一灌格线框图

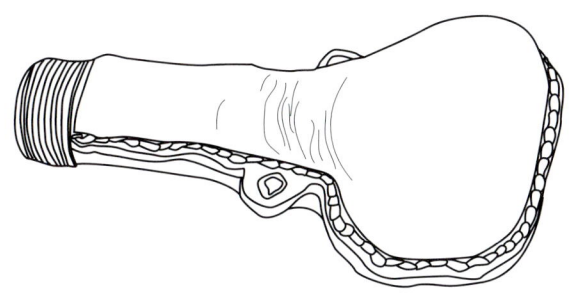

火药工具二火药罐罐线框图

图四 东乡族火药工具灌格和火药罐罐线框图

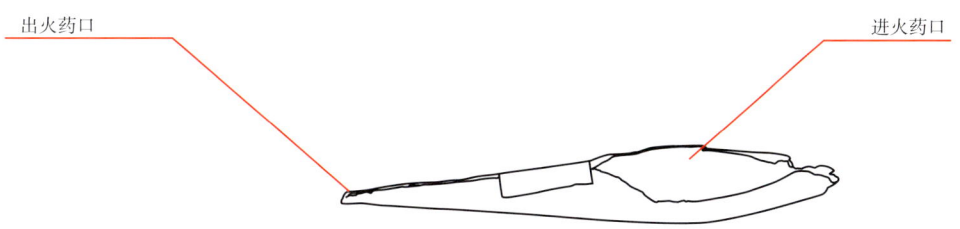

图五 东乡族火药工具——灌格解析图

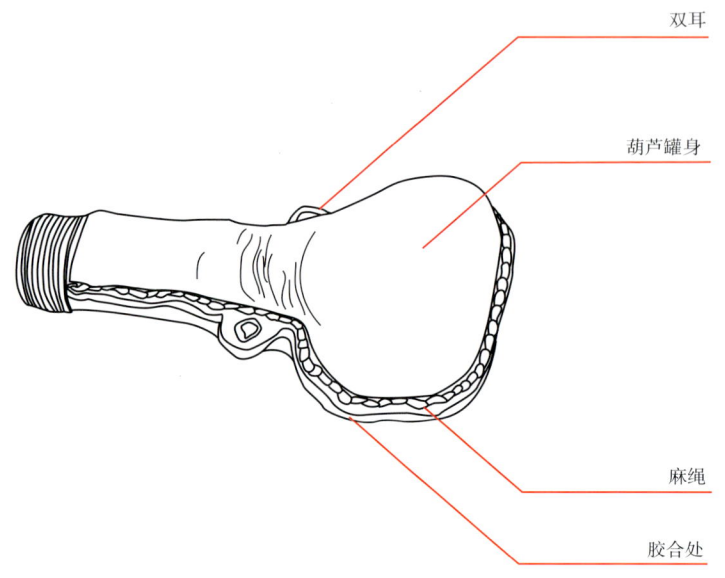

图六　东乡族火药工具——火药罐罐解析图

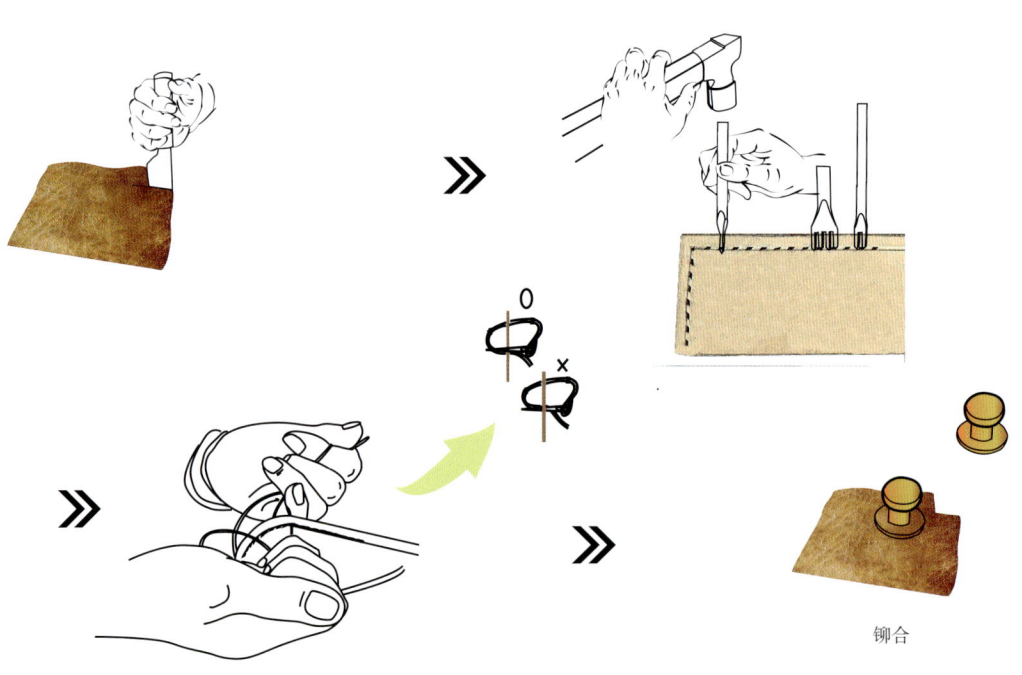

图七　东乡族火药罐罐皮革制作工艺图

图八 东乡族火药工具使用图1

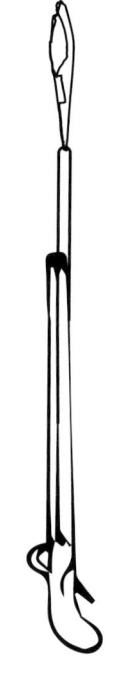

图九 东乡族火药工具使用图2

东乡族堪池扎——铡刀

图一　东乡族铡刀主图

　　铡刀，其在东乡族中的名称为"堪池扎"。铡刀属于传统农具，其作用为切草或切其他东西，该器具由两部分组成，一块中间挖槽的长方形木料（一般是用榆木），一把带有短柄的生铁刀，此刀的刀尖部位插入木槽里固定。铡刀是专门给牲畜铡草料的，一人把草料平铺到木铡板上，另一人握住刀柄向下用力，草就齐刷刷的切断了。铡刀长约80厘米，前端宽约15厘米，后端宽约11厘米。

　　本案例中的铡刀其铡身是选取了榆木的树杈起始部及其下端，总体成"Y"形，并在其"1"形部凿槽。在其他的铡刀中有些铡刀在槽的两侧还按有等距的矩形方块，起作用在于防止被切割物向后滑动，利于切割物体，其材质一般为生铁。本案例中的刀背与刀把是一体的，由一块完整的榆木制成，还完整存在，但本该按于其下的生铁刀已经不存在，无法在图片中看到。

　　除切草之外，铡刀还应用于专切中药材领域，该种铡刀的外形又有所不同，较其他铡刀要小，其刀较宽，并在当今社会仍在使用。

　　铡刀工作原理十分简单，却凝聚了古人的智慧，展现了东乡族人民丰富的想象力和创造力。为东乡族人民喂养牲畜节省了许多劳动力，促进东乡族畜牧业的发展。

图片来源
图一至图七　王欣欣　制图

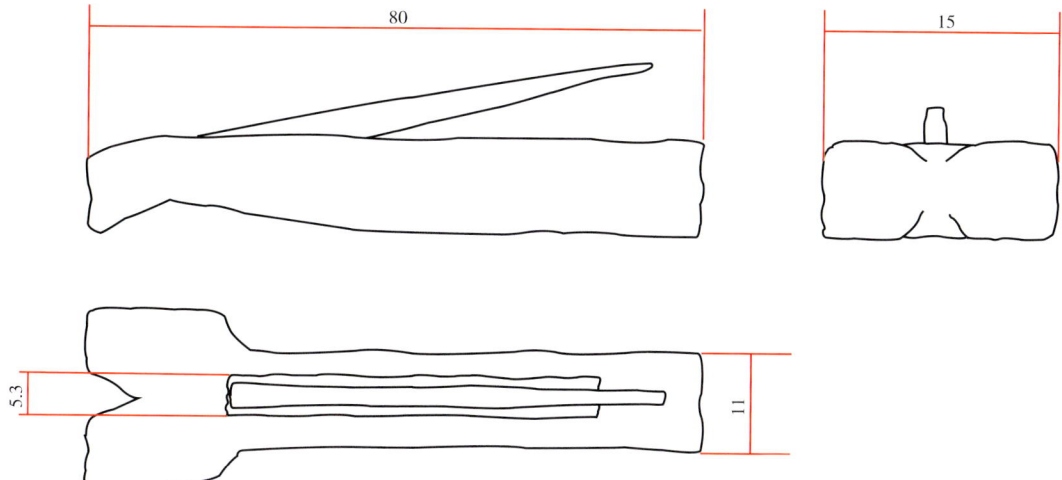

图二 东乡族铡刀三视尺寸图（单位：cm）

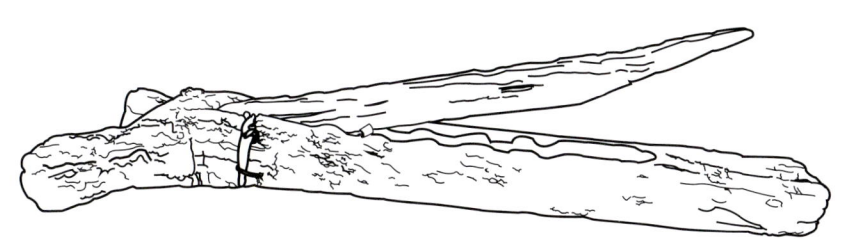

图三 东乡族铡刀线稿图

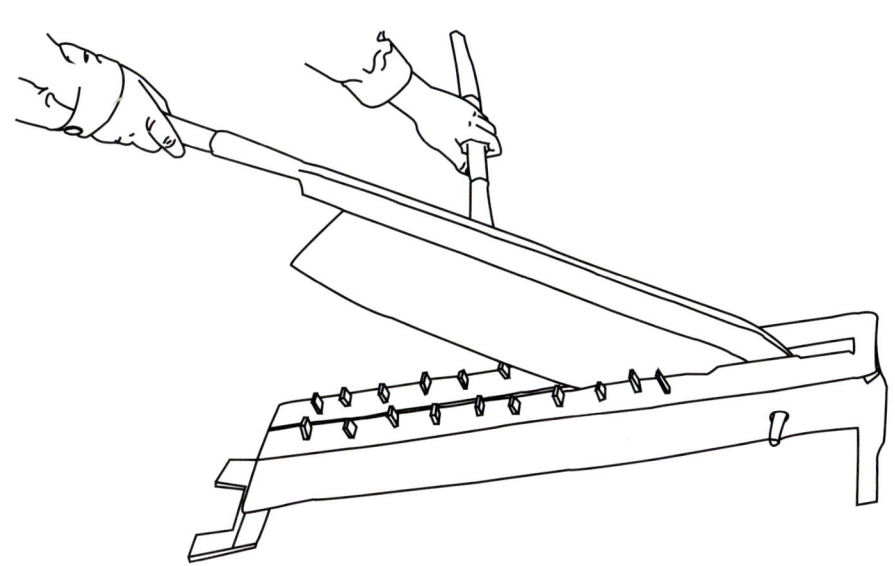

图四 东乡族铡刀使用图

图五　东乡族铡刀名词解析图

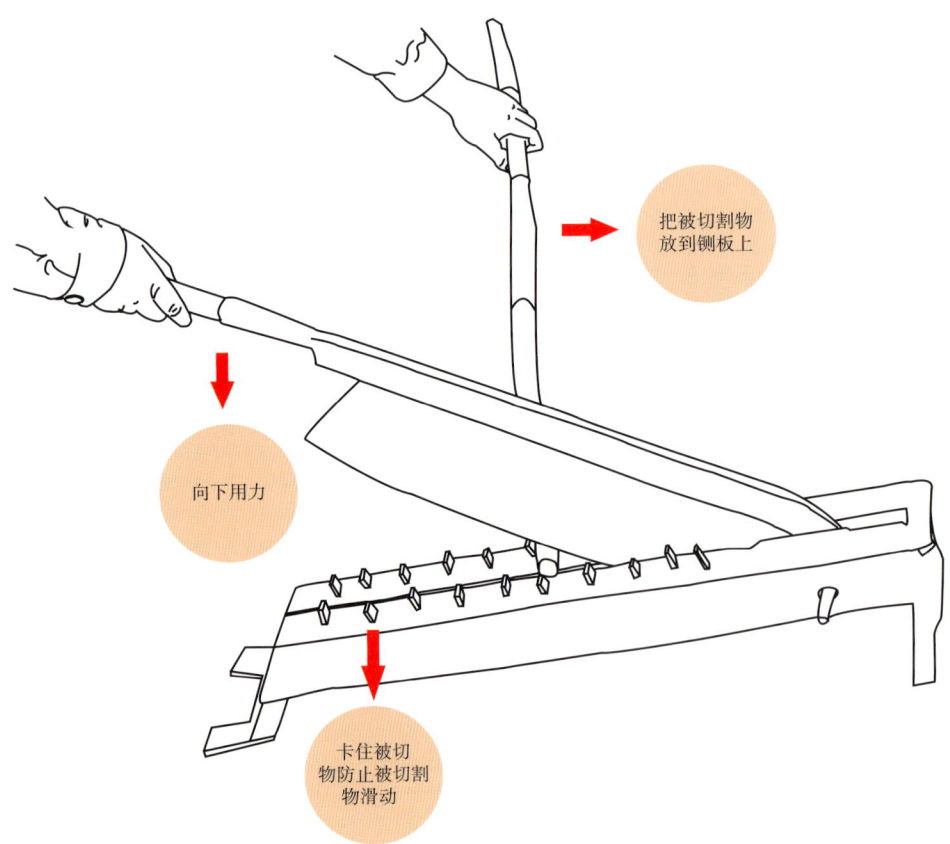

图六　东乡族铡刀工作原理图

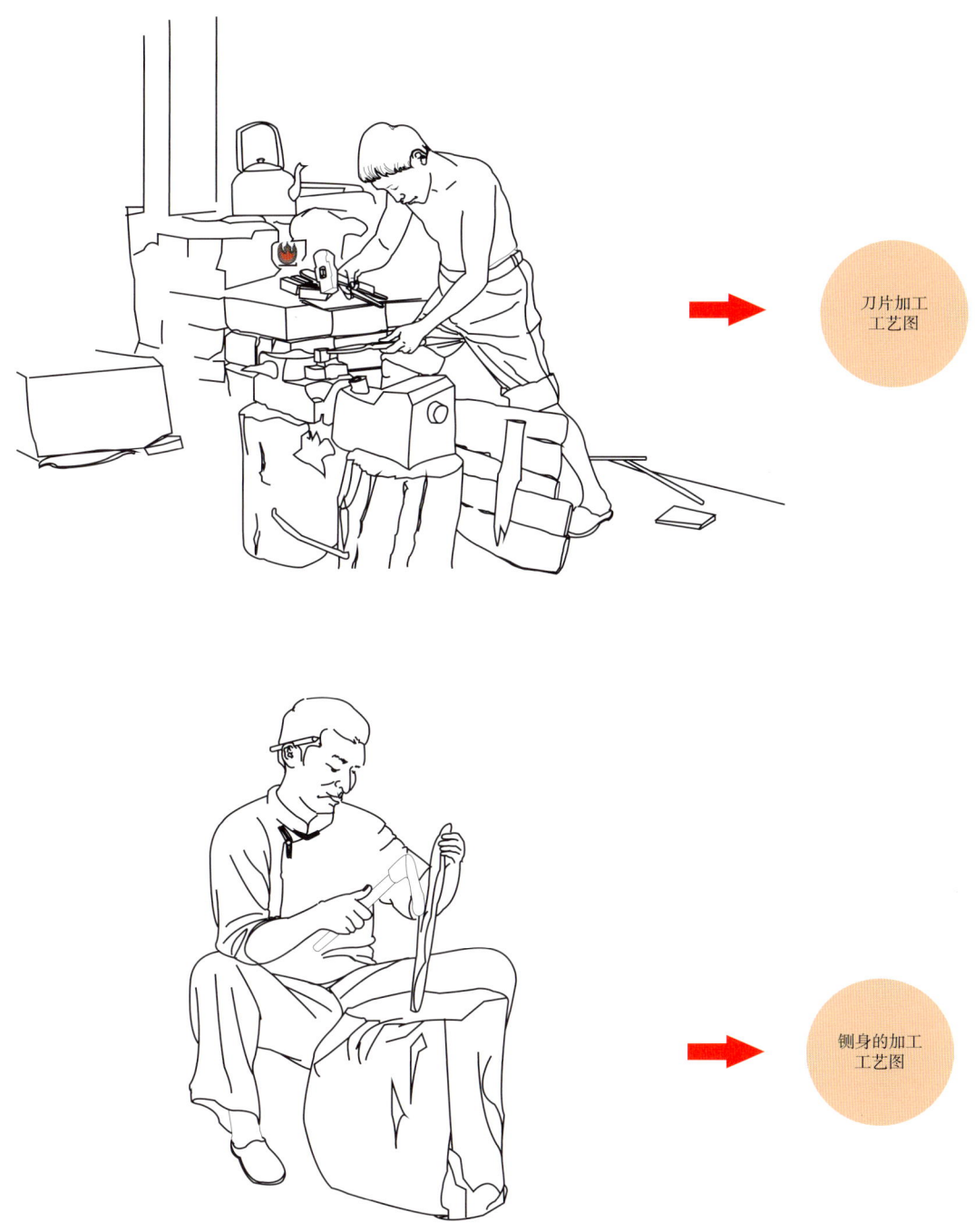

图七　东乡族铡刀加工工艺图

405

东乡族筛子

图一　东乡族筛子主图

筛子是一种用芦席或竹片编制的生活用具，形状圆形像脸盆，有很多漏孔，是用来过滤的。使用的时候，大块的物体就留在里面，小块的就通过孔掉出来。没有孔的那种不叫"筛子"，叫"簸箕"。

本案例中筛子材质是芦席或是竹片。这两种材质都比较耐磨结实，编出来的筛子经久耐用。它的编制方法比较特殊，是交织式的编织法，分横向和纵向两个方向。横向的第一根先从下面穿过第一根纵向的，依次再从上面穿过三根，接着再从下面穿过一根，而第二根横向的先穿过第二根纵向的，以此类推。最初开始的时候，古代人民使用藤按这种方法编一种用来辟邪的结。后来随着手工艺术品的发展，就用绳类来编织，引申为祈福和祝愿，今天我们称它"中国结"，中国结就是用了类似这种的编织法，这种方法极具中华民族传统风格。筛子的作用主要是使小颗粒通过孔掉出去，所以筛孔的大小也有不同，这需要根据个人自己的需求来编制。本案列中，筛孔的大小约米粒般大小，即小于米粒的就会漏下，而大于米粒的将留在筛子内。于是这个孔的大小就将是分离物体的分界线，一个零界点，这也是发明筛子人的创意精髓所在。

从这一个小小筛子的发明，就可以体现出东乡族人民的日常手工艺制品无论在其想法创意还是编制工艺都十分成熟。从这款极具生活特色的工具中，我们可以从古人的设计的创意中寻找到今后设计更多的灵感和创新思路，不难看出中华五千年文化的博大精深。

图片来源

图一至图六　张灿斌　制图

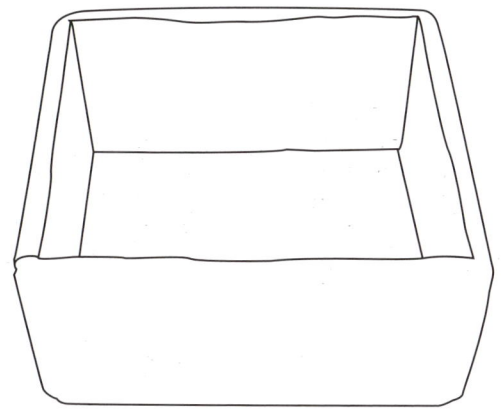

图二　东乡族升子线稿图

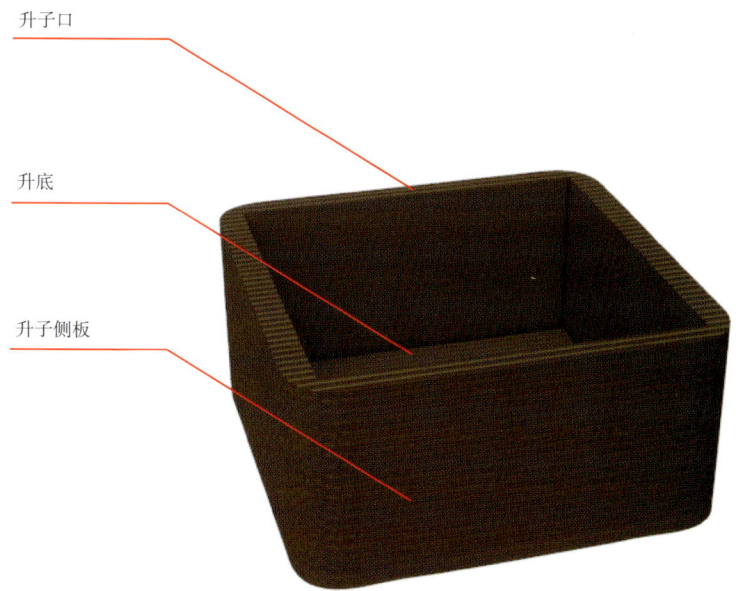

图三　东乡族升子名字解析图

升子口

升底

升子侧板

第五章　东乡族传统生产工具

411

图四　东乡族升子使用图

图五　东乡族升子使用图

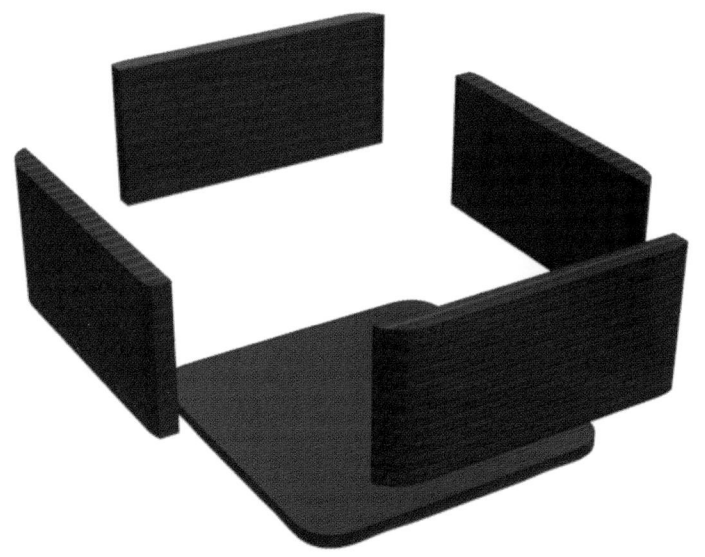

图六　东乡族升子组合图

图七　东乡族升子渲染图

第六章 东乡族传统手工艺

东乡族擀毡

图一 东乡族擀毡主图

擀毡是一种古老的工艺，已有几千年的历史。边疆的少数民族因为生活需要，毛毡成了他们必不可少的一件生活用品，制毡因而也就成为这些少数民族一项充满民族特色的传统工艺。

东乡毛毡以柔软、舒适、匀称、洁净，美观大方、经久耐用而驰名。擀毡是东乡族的传统手工艺，也是其生产习俗。擀毡要经过弹毛、铺毛、喷水、卷毡、捆毡连、擀连子、解连子压边、洗毡、整形、擀毡、晒毡，工序缺一不可，每个工序只用简单的工具，用手工操作完成。先要选择羊毛，择出黑羊毛及不干净的杂羊毛，然后用绳子绕过屋椽把弓悬起，弓下放上备好的生羊毛，擀毡人胳膊上套上拨子拉动牛皮弓弦，把羊毛用柳条弹打直到柔软。等到满屋子的尘土和毛絮落定，羊毛里的脏东西也就差不多干净了，弹干净晒干之后，放在木制的案子上过秤计划做毡的尺寸。然后擀毡进入铺毛的工序，此时竹帘和打毛用的工具就派上了用场。先将弹好的羊毛均匀地铺在竹帘上，铺毛时要不停的洒水，并要掌握好干湿度，用工具把羊毛打理平整，然后卷起竹帘，用绳子捆紧浇上热水，踩于脚下两头来回滚动。

大概来回滚动40分钟，直到羊毛充分粘合后拉展四角，再压边子，由于边子比较薄，薄厚不均的地方要精心再加工，然后将初成的毡第二次放入竹帘中，在来回滚动40分钟左右，同时要洒开水，再拉开放在木板上用脚反复清洗，大概需要洗3个小时，每一小时放一次水，要清洗很多次，目的是彻底将羊毛里的杂质洗干净。毛毡也就结实了。再铺开用尺子将边子弄齐，这道工序揉弄毡边最为讲究，因为薄厚不一的毡边不能用剪刀剪，只能用手揉齐，最后用钩子按尺寸拉平死角，再用水冲一下，挂在椽子上晒干，一条毛毡就做成了。擀毡时要一个环节接一个环节进行，必须环环相接，不能中途停止，停了质量就不好了。

东乡人民使用的擀毡工艺是比较古老的，但所擀出来的毛毡却是十分结实耐用的，人们运用擀毡工具时须准确而有耐心，所以运用到的工具就要"称手"即符合人机工程学。所以，从人机工程学的角度来看，工具中的弹弓体积大质量重，所以要在它的弓内安上系绳的扣，以便将它悬挂在房梁上。拨子有个套带是套在手臂上的，便于相对固定一个点以便拨动的时候不会上下滑动。擀毡工艺工序多而利薄，对人员技术含量要求高，所以擀毡这种民间工艺需要保存下来还需要独辟蹊径。

图片来源
图一、图三至图六　汤繁稀　制图
图二、图七　庄泓　制图
图八、图九　胡浩然　制图

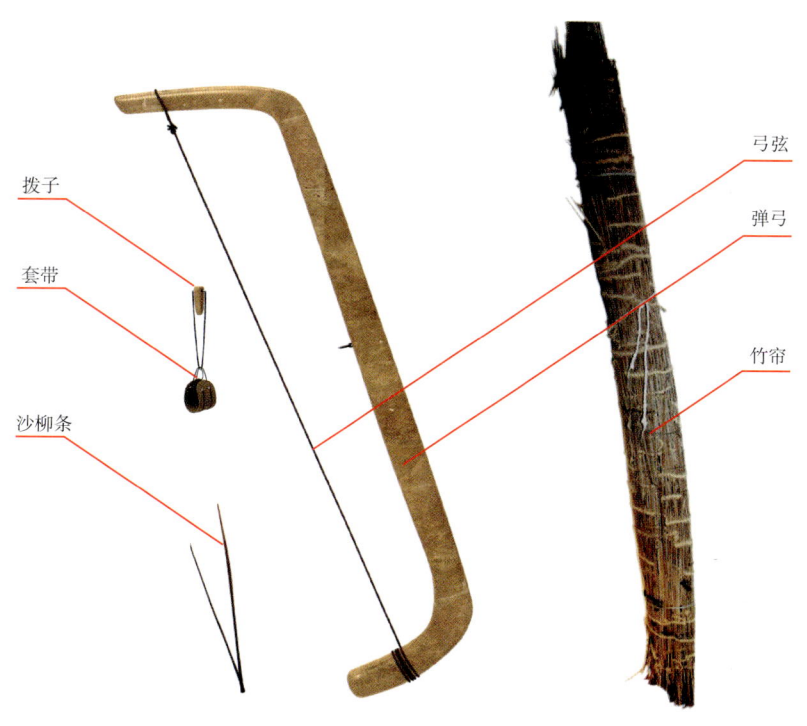

图二　东乡族擀毡工具解析图

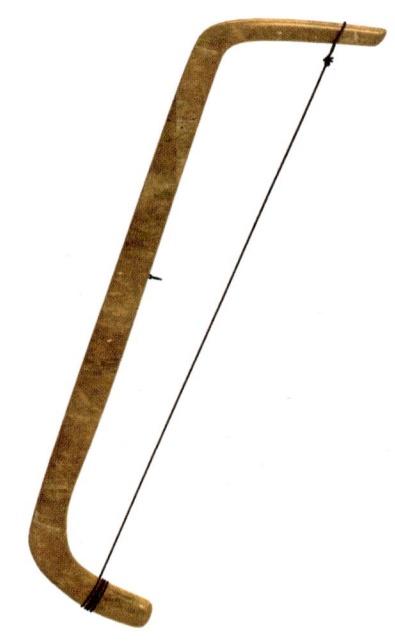

图三 东乡族擀毡弹弓效果图

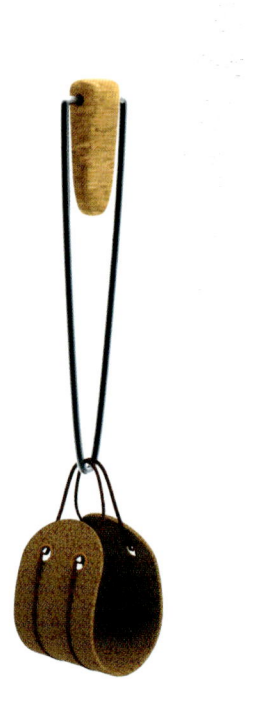

图四 东乡族擀毡拨子效果图

图五 东乡族擀毡竹帘效果图

图六　东乡族擀毡沙柳条效果图

图七　东乡族擀毡对比图

第六章　东乡族传统手工艺

图八 东乡族擀毡使用图1

图九 东乡族擀毡使用图2

东乡族石雕

图一　东乡族石雕主图

石雕，指以天然石材（如青石、花岗岩、白石）等为原料，用可塑材料（如石膏、树脂、粘土等）创造出具有一定空间的可视的、可触的艺术形象。在东乡建筑中，常用石雕艺术来表现建筑的自然之美。案例中的石雕为位于甘肃临夏回族自治州临夏市的石雕照壁。

东乡石雕技法与砖雕技法基本相同，但雕刻题材因受到雕刻材料的限制，不及砖雕与木雕雕刻题材复杂，雕刻内容多为家用陈设物品及博古纹样，人物故事很少见。案例中的雕刻内容为日常家居常见摆设，案几正中心陈列有佩剑，两侧稍低处摆有水瓶及笔墨，四周刻有花卉纹样作为装饰。雕刻技艺为浮雕，在浮雕的基础上，以浅层透雕及平面雕为主，手法古朴大方。

雕刻在东乡族建筑中起着十分重要的作用，清真寺、拱北、道堂、大殿等处的墙壁、梁柱等处都可见其身影，其善于处理原材料本色，使得雕刻艺术品能完美融合于整体建筑之中。东乡石雕结合砖雕、木雕的工艺做法，并结合当地的技艺特色，使东乡建筑呈现出多姿多彩的风貌。

图片来源
图一至图七　张雪　制图

图二　东乡族石雕线稿图

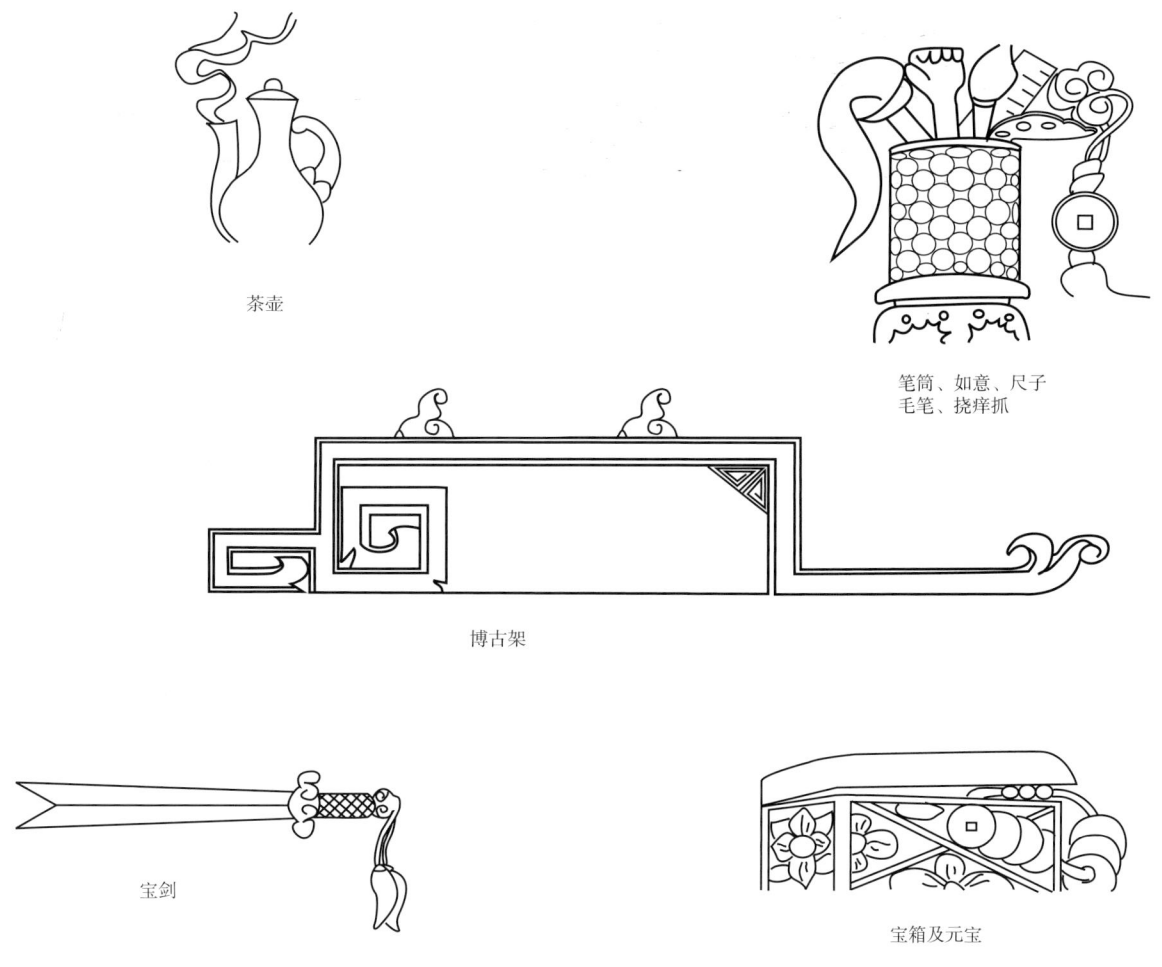

茶壶

笔筒、如意、尺子
毛笔、挠痒抓

博古架

宝剑

宝箱及元宝

图三　东乡族石雕名称图

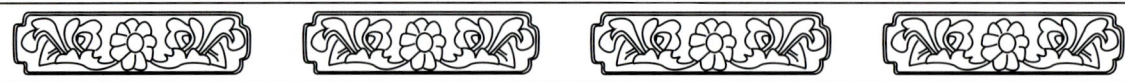

图四 东乡族石雕纹样分析

青石　　　　　　　花岗石　　　　　　　白石

图五 东乡族石雕常用材料对比

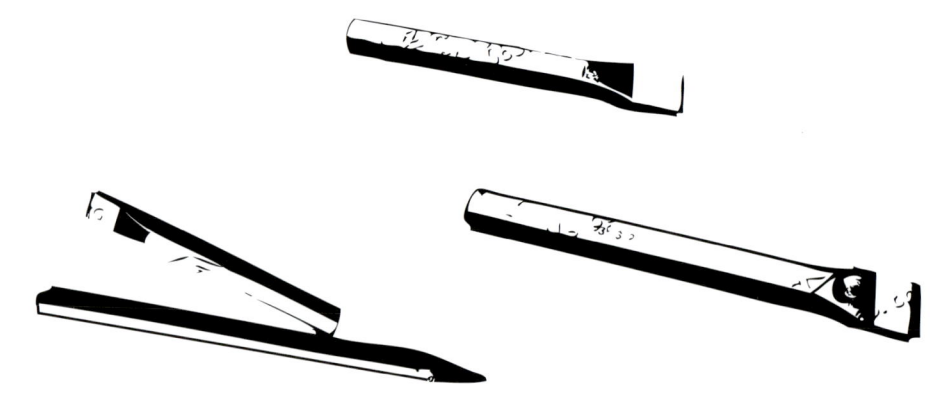

雕刻常用工具扁凿、尖凿

图六 东乡族雕刻常用工具

图七　东乡族石雕制作工艺图

东乡族砖雕

图一 东乡族砖雕主图

砖雕，俗称"硬花活"，是用凿子与刨子在青砖上雕刻出各种形态图案的技艺。东乡砖雕起源于南宋时期的古河州（今甘肃临夏回族自治州），故也称为河州砖雕，成熟于明清时期，历史悠久。东乡砖雕常见于清真寺、道堂、拱北等建筑中的墙面、照壁、门窗等部位。本案例中的东乡砖雕在甘肃临夏回族自治州临夏市。

东乡族的雕刻艺术和东乡族建筑一样恪守伊斯兰教严禁偶像崇拜、认主独一的教律，其受汉族文化的影响颇深，到了明清之后，擅长雕刻的东乡族人民将汉族传统雕刻艺术与伊斯兰教文化结合在一起，雕刻装饰图案见不到飞禽走兽、动物纹样，均以奇花异草、文房四宝等图案和一些几何图案为主，并且融合阿拉伯文字图案，极具民族特色。本案例的砖雕作品以若干块砖组合雕成，中心的砖雕纹样以盆栽花卉为主，烛台笔墨为辅，全部物体置于案几之上，四周雕以对称的花卉纹样作为框。其雕刻工艺以"刻活"为主，"提活"为辅，即是在特别的青砖上用平刀、斜刀等工具，刻画出图纹，整个工艺过程一般要经过烧制、打磨、格方、落样、雕刻等工序，最终雕刻出来的砖雕艺术品形象生动，立体感强。

东乡族砖雕艺术，现已广泛流传至全国各地，在东乡族砖雕与汉族传统雕刻艺术融合的同时，汉族及其他兄弟民族在建筑工程中，也模仿东乡族砖雕的雕刻技艺与风格。如今随着临夏旅游业的发展，砖雕艺术也正走在商业化与产业化的道路上，在风景区及旅游区，砖雕工艺品也日益受到人们的亲睐。

图片来源
图一　图片来源：fotoe
图二至图七　张雪　制图

图二　东乡族砖雕线描图

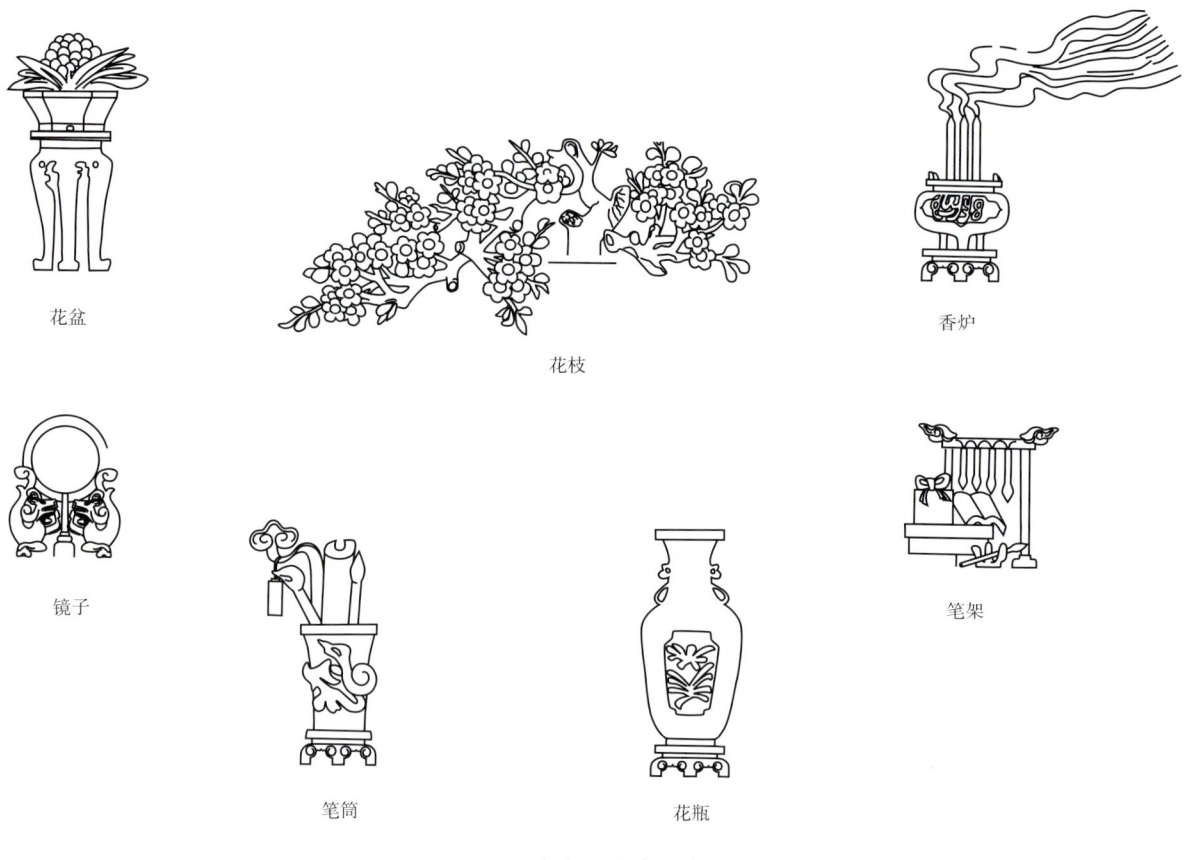

图三　东乡族砖雕名称图

图四　东乡族砖雕画面构成分析

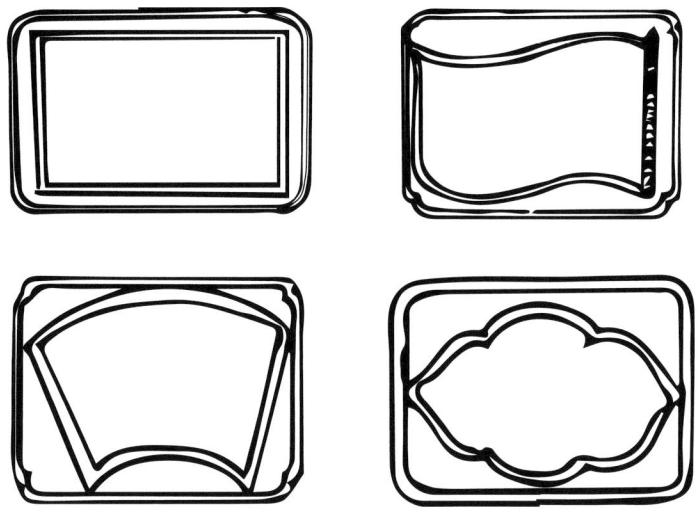

图五　东乡族砖雕环纹变化

图六　东乡族砖雕纹样分析

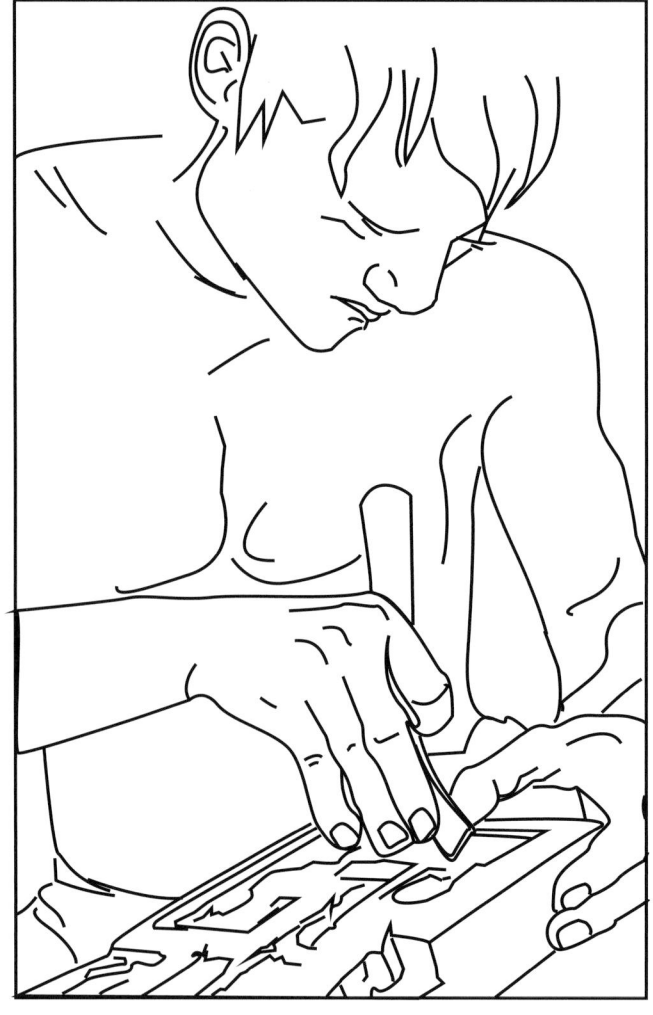

图七　东乡族砖雕雕刻工艺

东乡族木雕

图一　东乡族木雕主图 1

东乡族人民在建筑中广泛应用木雕工艺，大多表现在建筑的梁架构件、外檐及室内等部分的装潢，结合实用功能在建筑构件上进行装饰，增加了建筑的实用性与美感。案例中介绍的木雕雕饰位于甘肃临夏东乡族自治县，锁南清真大寺屋檐下方。

建筑装饰木雕因装饰部位的不同而采用不同的装饰工艺、技法与雕刻内容，案例中的木雕雕饰位于建筑的梁架处，相对于建筑的其他部位——门窗、栏杆及屏罩等适于近观的部位，更加高远，则采用透雕与浮雕相结合的雕刻方式，外观呈现简朴粗犷的风格，适于远观。雕刻以浮雕为主，加强深度空间感，构成丰富的多层次艺术画面。木质在雕刻前做防腐处理，并在雕饰过程中施以彩绘，以保护木料，而呈现出庄严华贵之感。雕饰内容多为各种花卉拼合而成的纹样，绿叶簇拥中心的花朵，部分呈牡丹形，部分呈折枝花叶形，且均左右对称，花开富贵，体现出东乡族人民对美好生活的向往与追求。

我国木雕艺术，以建筑木雕为主体构成部分，从古至今，木雕装饰在我国宫殿、庙宇、园林及居民建筑内外环境中得到广泛的应用，从而推动了木雕构件与建筑装饰的紧密结合，并在雕饰风格与技艺上，达到高度和谐统一。现今，虽然现代建筑已经取代了传统的建筑样式，但是传统建筑木雕实用性与审美性的结合却有着永恒的意义与价值，现代建筑雕饰都可以从传统建筑雕饰中汲取营养。

图片来源
图一至图八　张雪　制图

图二　东乡族木雕主图2

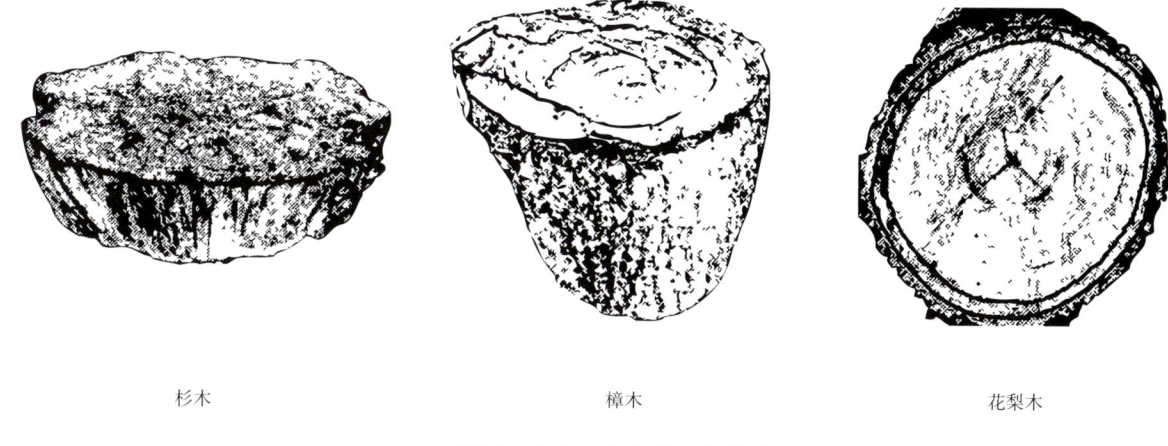

杉木　　　　　　　　樟木　　　　　　　　花梨木

图三　东乡族木雕常用木材图

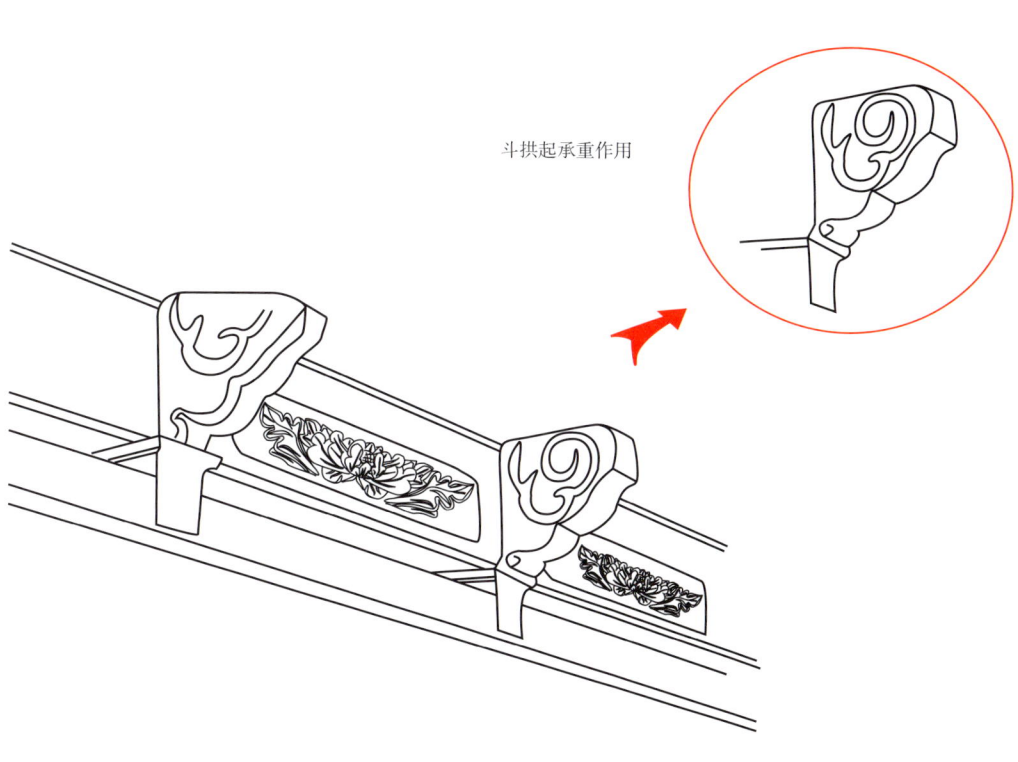

图四　东乡族木雕使用结构分析图

第六章　东乡族传统手工艺

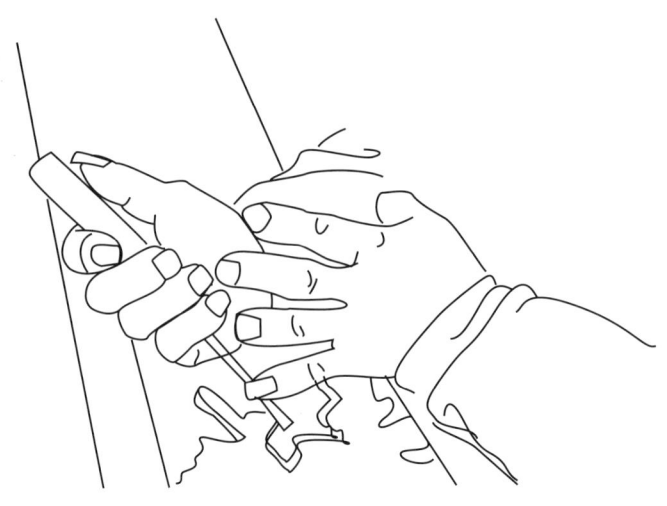

图五　东乡族木雕雕刻工艺图

图六　东乡族木雕素描图

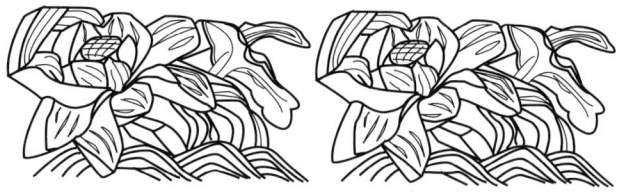

图七　东乡族木雕纹样分析图

图八　东乡族木雕使用状态图

东乡族剪纸

图一　东乡族剪纸主图

　　本案例为东乡族剪纸。东乡族有自己丰富多彩的民间文学和艺术传统，不仅有古老的史诗、传说、故事、民歌，还有多彩的刺绣，精巧的雕刻、剪纸等民俗文化。剪纸，这朵瑰丽的东乡族民间艺术之花，以旺盛的生命力深深扎根于东乡族民间艺术土壤之中。在东乡族聚居区，东乡族妇女的剪纸内容丰富，生活气息浓厚，无论在窗户上、墙壁上、顶棚上，还是箱柜上，随处可见她们的作品。案例中的东乡族剪纸便是其优秀的代表之作。

　　本案例中的剪纸题材取自东乡族日常生活中的一个场景，一对勤劳的东乡族青年夫妻在喂养他们的羊崽，男女主人均穿着东乡族特色民族服饰，男主人在用簸箕挑选饲料，女主人在用挎篓里选好的饲料喂养嗷嗷待哺的小羊羔。朴实的剪裁技艺与温情生动的生活片段相得益彰，充分表现了东乡族的生活情趣和朴素、大方、自然的审美观念。其代表性的感情表达也使观赏者产生了共鸣，成为独特的民俗传递媒介。在1999年，中国邮政曾推出一套民族大团结邮票，这套邮票从创意到生产完成历时10年,在中国邮票发行史上绝无仅有。邮票印刷局曾为此套邮票专门成立了"9956工程"领导小组。东乡族邮票便是采用此剪纸进行的票面图形绘制,其重要性及代表性程度可见一斑。

东乡族妇女有剪纸的传统习俗。一般女孩子到了七八岁,就拿起剪刀开始剪,一直剪到六七十岁。农闲之时,茶余饭后,心灵手巧的东乡族妇女用一把剪刀,几张彩纸,可随心所欲地表现自己的想象力和创造力,剪出各种各样的作品,以美化和点缀生活。有时邻里乡亲们还坐在一起相互观摩学习,互相馈赠作品。特别是每逢东乡族传统节日、乔迁新居、举行婚礼、给孩子贺满月、抓周等喜庆活动时,便剪出寄托她们理想的作品,以增加生活的新鲜气息和欢快的气氛。东乡族妇女的剪纸反映出东乡族独特的审美意识。随着社会的发展,东乡族妇女的剪纸艺术在不断翻新,如山花朵朵,争奇斗妍。

图片来源
图一至图六　张雪　制图

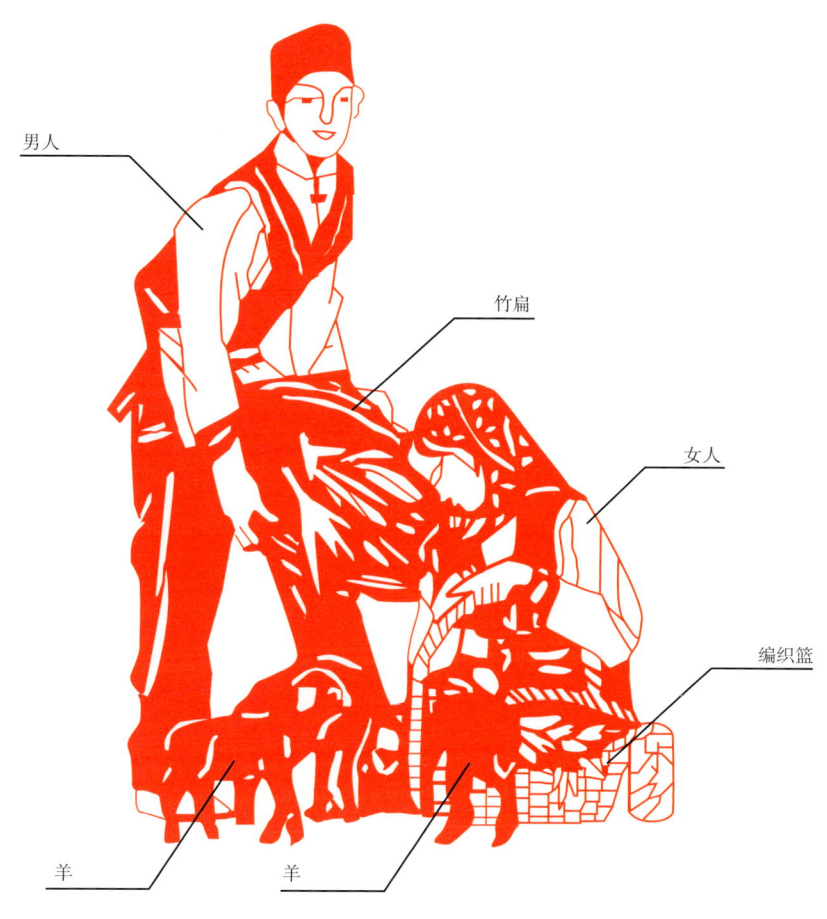

图二　东乡族剪纸名称结构图1

男人　　女人　　羊群　　竹篮　　东乡族字样

图三　东乡族剪纸单元结构图2

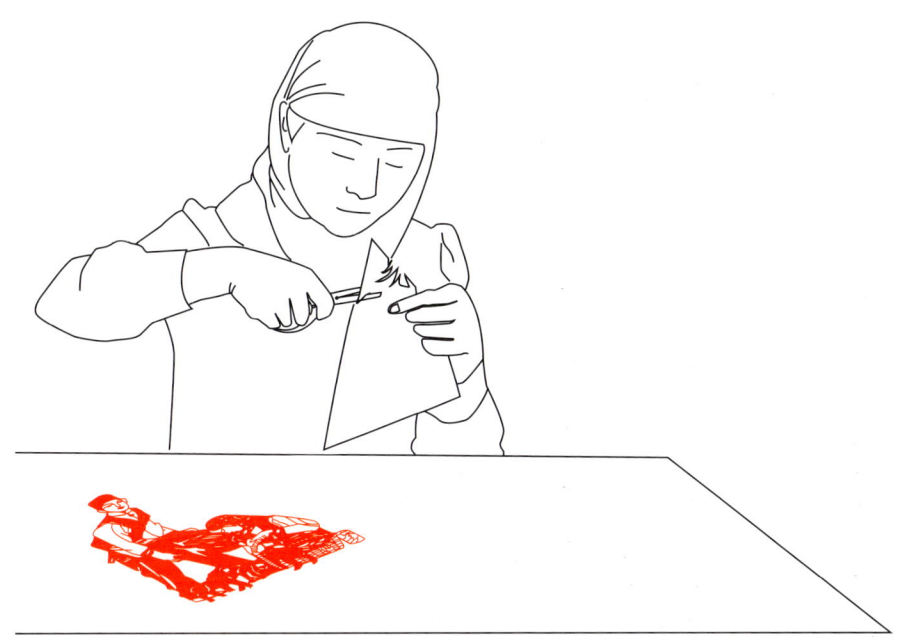

图四 东乡族剪纸状态示意图

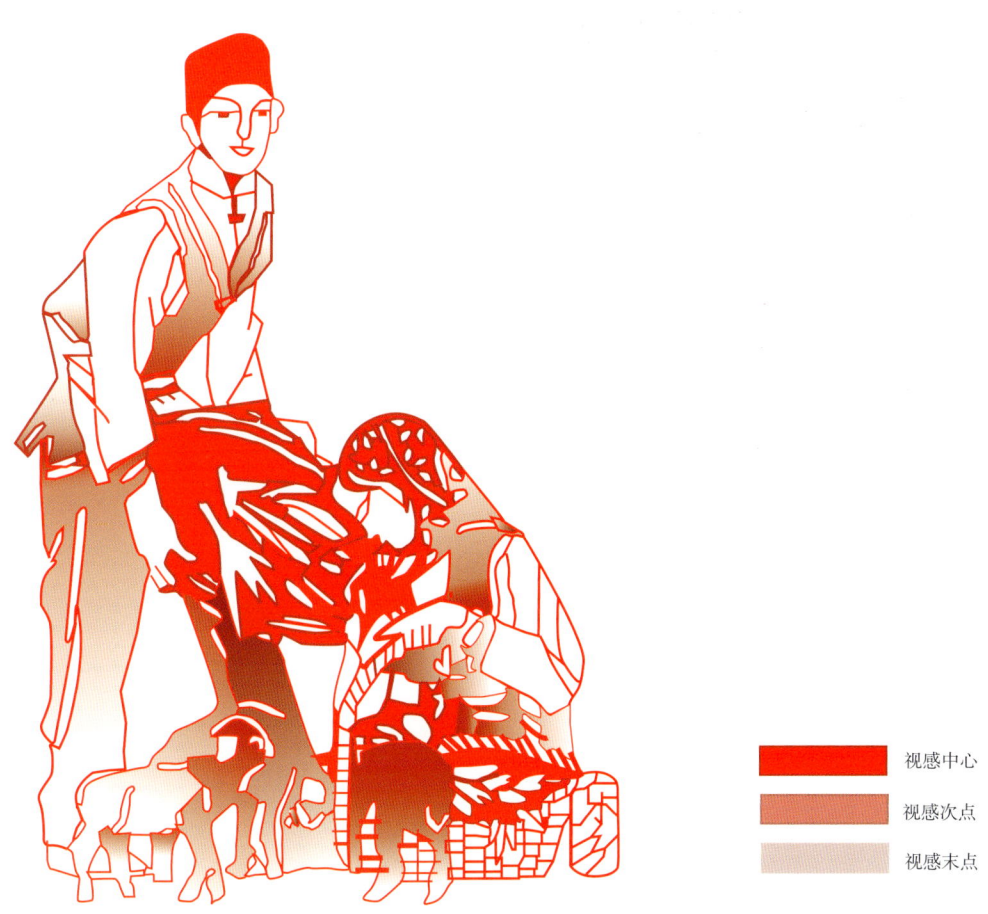

■ 视感中心
■ 视感次点
■ 视感末点

图五 东乡族剪纸视觉中心分析图

第六章 东乡族传统手工艺

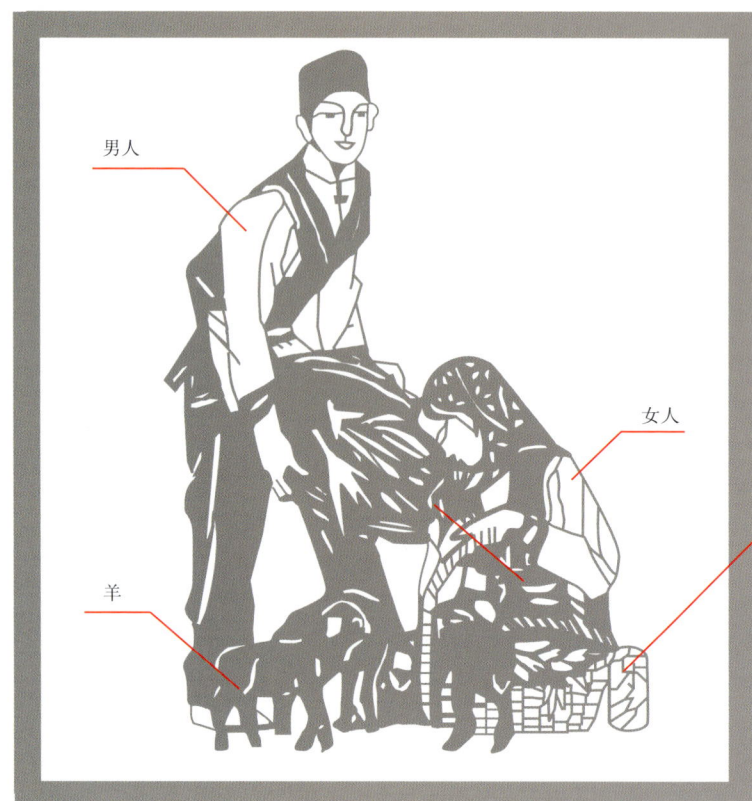

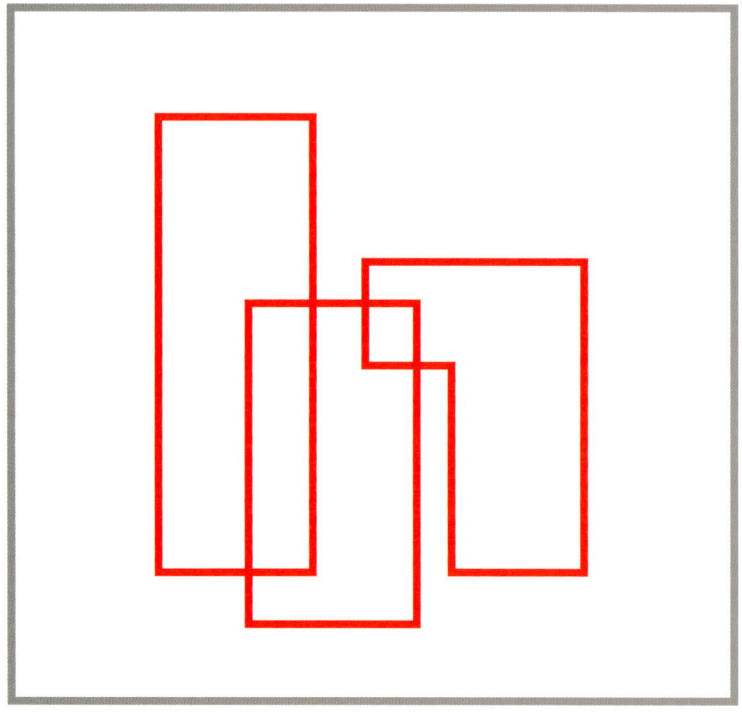

图六 东乡族剪纸构图对比分析图

东乡族草叶纹四系瓷罐

图一 东乡族草叶纹四系瓷罐主图

草叶纹四系瓷罐,是东乡县民俗博物馆珍贵展品。

这件陶罐制品,造型上为短颈,丰肩,圆腹,假圈足。短颈为瓷罐的一个常见特点,丰肩和圆腹让瓷罐在造型上更多了美感。瓷罐底部的假圈足设计更是让瓷罐多了些在文化上的造型感。在图纹上是被在工艺品上广为利用的草叶纹。西汉以后,出现了花叶纹和草叶纹镜,而所谓"草叶纹",有人认为可能就是"麦穗纹",这就反映了古代中国以农业社会立国的历史。

古代人类大多依山傍水而居,他们需要寻找贮水、汲水、贮存和蒸煮食物的器具。从技术上来讲,很早就知道土壤加水就具有可塑性,加上用火的丰富经验这些都是制作陶器的准备条件。另一个条件就是要"定居"。因为陶器不易携带,既笨重又容易破损。当然,陶器的生产又促使定居生活逐渐巩固下来。古人为了使枝条编制的器皿耐火和密致无缝而涂上黏土,经过火烧之后,黏土部分很坚硬,进而发现成型的黏土不要内部容器也可以烧制成器,这可能是最原始的陶器。

我国已发现新石器时代早期的残陶片,质地粗糙,厚薄不等,掺杂有大小不等的石英粒,质松易碎。用以烧制这些陶器的原料都是就地取土。根据这些陶片中存在的矿物,以及测量少数陶片的烧成温度,可以确定这些陶器的烧成温度大致在700℃。在这些遗址中没有发现窑炉遗迹，可以推断是平地堆烧的。器型都是用盘筑或手工捏成型的罐、钵之类的小型陶器。虽然这些陶器原料粗糙、造型简单、烧成温度低，但这毕竟是人类利用化学变化制造器物的尝试，它大大地改进了原始人的生活质量。

东乡族人们利用自己的智慧，对前人的创造加以改进，融入自己创新就变成了现在我们看到的草叶纹四系瓷罐。

图片来源

图一至图九　张婧怡　制图

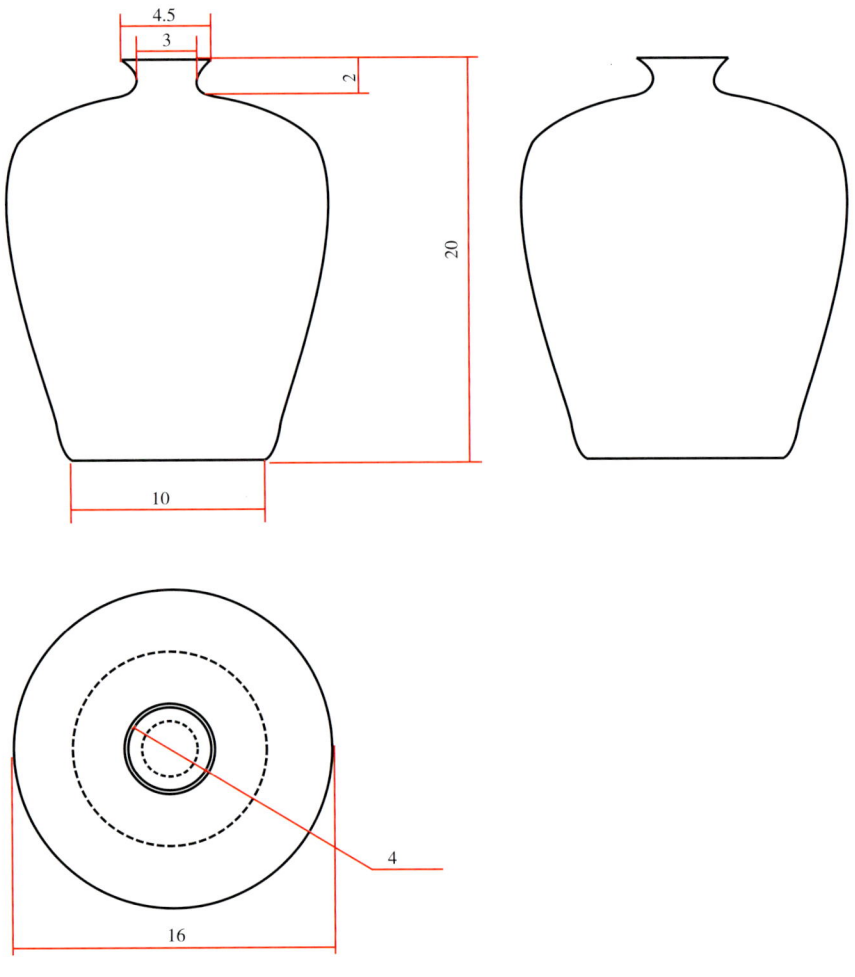

图二　东乡族草叶纹四系瓷罐三视尺寸图（单位：cm）

图三　东乡族草叶纹四系瓷罐制作工艺图

图四　东乡族草叶纹四系瓷罐线框稿

第六章　东乡族传统手工艺

443

图五　东乡族草叶纹四系瓷罐线框上色

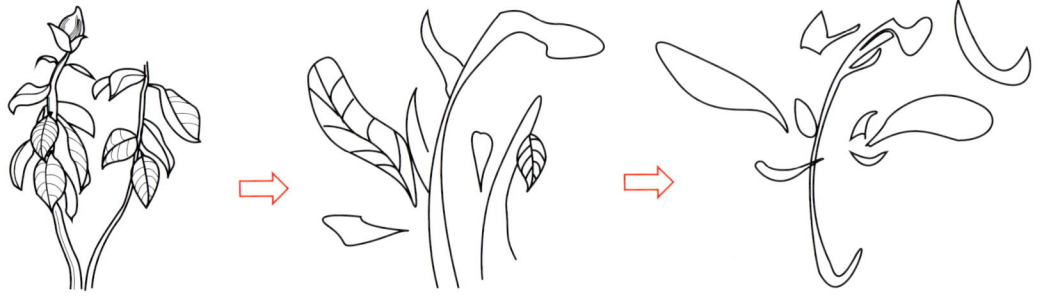

图六　东乡族草叶纹四系瓷罐细节图——草叶纹

444

图七　东乡族草叶纹四系瓷罐使用图

松鹤文

草叶纹

图八　东乡族草叶纹四系瓷罐对比图

第六章　东乡族传统手工艺

445

图九　东乡族草叶纹四系瓷罐上色图

东乡族开天古教砖雕

图一　东乡族开天古教砖雕主图1

开天古教，是中国穆斯林对伊斯兰教的尊称，中国伊斯兰学者根据伊斯兰教史和故事传说，并结合中国"盘古开天辟地"的传统文化，创"开天古教"说，因此，中国内地清真寺及拱北等处多有悬挂和伫立写有"开天古教"的牌匾及砖雕。案例中介绍的砖雕位于甘肃临夏回族自治州东乡族自治县，是伫立在韩则岭拱北旁，正反两面刻有中文及阿拉伯文"开天古教"的石刻。

韩则岭拱北始建于1425年，墓主人为元至元六年来中国传教的阿拉伯先贤哈穆则，他归真后，葬于东乡龙家山，其后裔及信教群众为了纪念他，在此修建拱北。拱北旁，伫立一长方形青砖，此长方形青砖为组合砖，由若干块砖组合而成。青砖正面中心处刻有雄浑有力的"开天古教"四个中文大字，左右两旁从左至右刻有四列小字，分别是清道光年间、清同治年间、中华民国时期及改革开放时期四次修缮拱北时所刻的日期。青砖反面，则是对应正面文字雕刻的阿拉伯文字符。此砖雕为浮式砖雕，上面所刻字符均是饰金雕刻而成，整体示人以庄严肃穆，明亮洁净之感。

东乡族的砖雕风格古拙朴素，用力刚劲洗练，雄浑有力，取天然材料进行雕刻，具有沉淀感，其材料及制作方法的良好结合，在作品的质感、韵味上得到了完整的体现，呈现出了砖雕作品的艺术表现力及感染力。

图片来源
图一、图二　资料来源：fotoe
图三至图五　张雪　制图

图二　东乡族开天古教砖雕主图2

图三　东乡族开天古教砖雕阿拉伯文文字翻译图

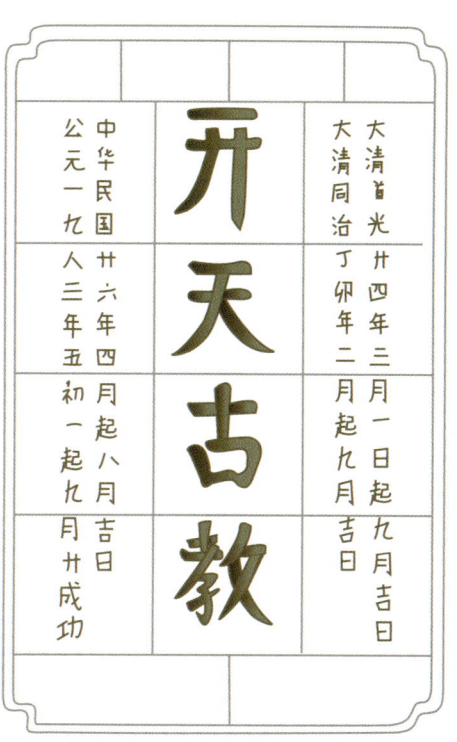

图四　东乡族开天古教砖雕中文上色图

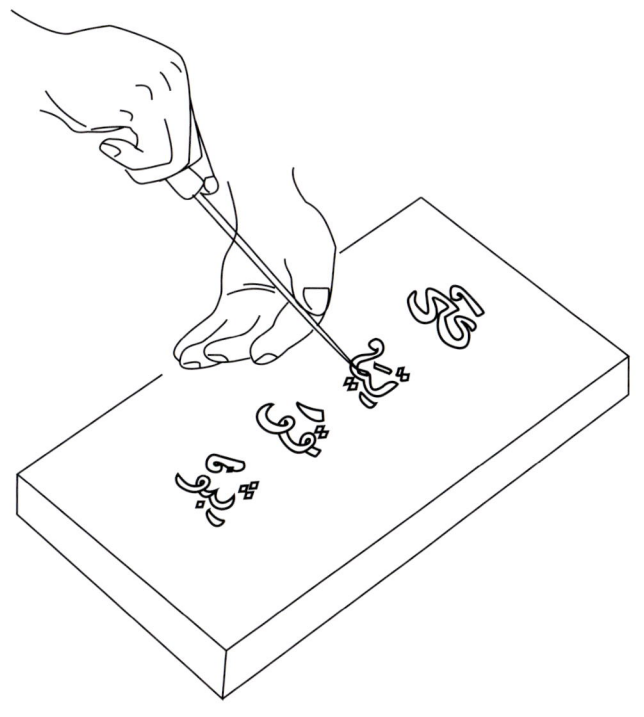

图五　东乡族开天古教砖雕雕刻工艺图

东乡族梅瓶

图一　东乡族梅瓶主图

梅瓶，古称为"经瓶"，缘由为瓶体修长，在宋代有此雅称。同时它也是一种小口、短颈、丰肩、瘦底、圈足的瓶式，并且造型秀美、受到颇多赞誉的，以口小只能插梅枝而得名。梅瓶大多用于盛放液体物质，同时兼具陈设装饰的功能，另外还可以被作为冥器随葬，也是上层统治者等级地位的标志。本案例的高为24厘米，口径为5厘米，底径7厘米。

梅瓶最早出现于唐代，流行的时间为宋辽时期。梅瓶造型独特。梅瓶造型，高度一般较低；口部圆浑厚实，没有明显的线角转折；肩部向上抬起，线条饱满而有力；腹部之下，呈垂直状，有的微向里收；在足部的结束部分，稍向外撇。梅瓶外形仿照鸡腿。一种上粗下细、状如鸡腿的长腹瓷瓶，用于运水之用，这种鸡腿瓶被很多现代学者视为梅瓶的雏形之作。小口的作用是为了避免盛装的水溅出，辽墓壁画中还有表现契丹人运输鸡腿瓶的画面。同时梅瓶小口、短颈、丰肩，用绳索捆绑后背运很方便，此造型使绳扣越勒越紧，特别适合生活需要，满足人们的生活需要。

一件生活中的实用器皿，不仅具有实用

价值，而且也有艺术价值。这也是非常难得的。体现东乡族在很久之前不仅关注使用性，也同时关注审美情趣，让它成为东乡族人生活中的必需品，在此基础上也装点东乡族人的生活。

图片来源

图一至图六　赵晓君　制图

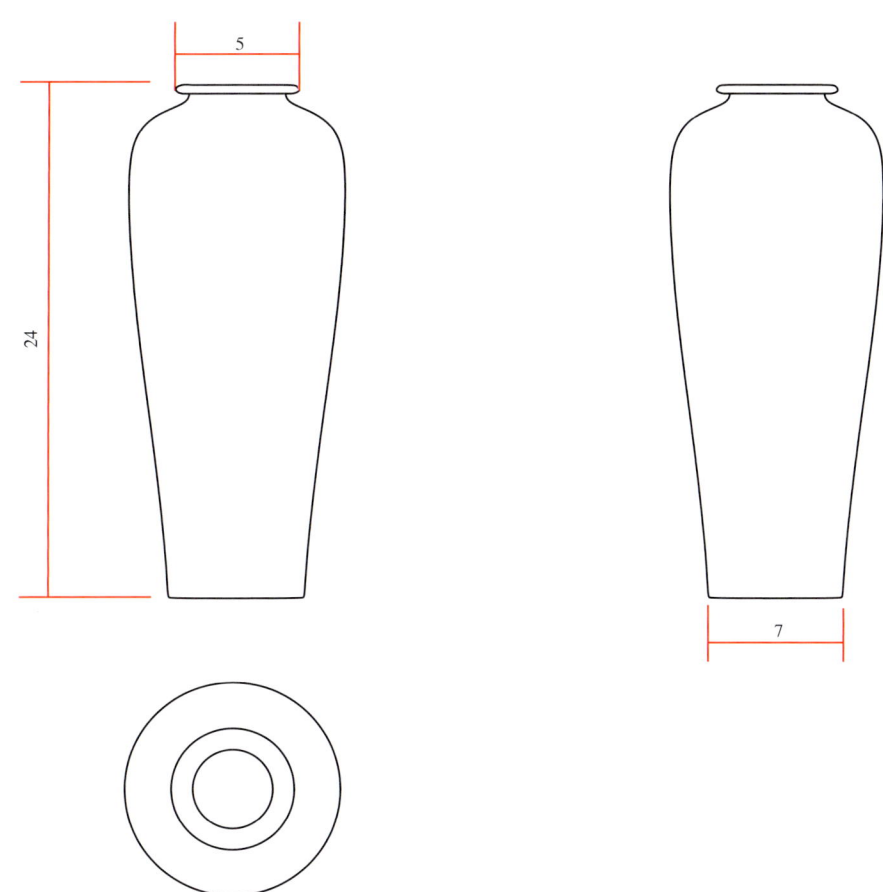

图二　东乡族梅瓶三视尺寸图（单位：cm）

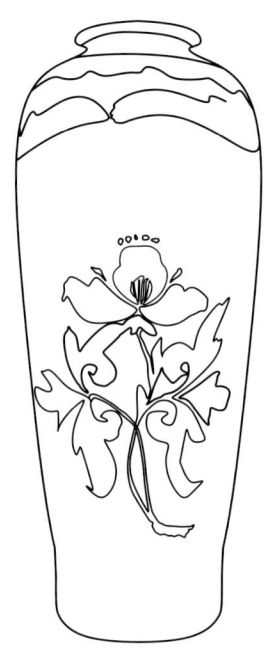

图三 东乡族梅瓶线稿图

图四 梅瓶制作流程图

图五 梅瓶对比图

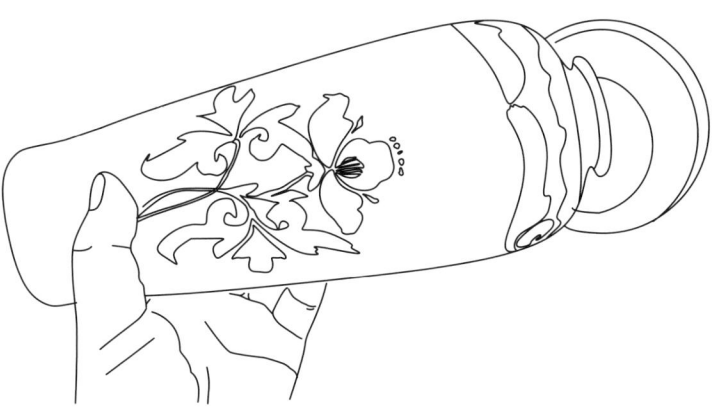

图六 梅瓶使用图

图五 东乡族拜毯线框图1

图六 东乡族拜毯线框图2

图七　东乡族拜毯效果图1

图八　东乡族拜毯效果图2

图九　东乡族拜毯细节图1

图十　东乡族拜毯细节图2

东乡族木香瓶

图一　东乡族木香瓶主图

木香瓶，亦名香插，出自宁夏博物馆。为东亚汉字文化圈传统用于净化空气的一种室内用品、常见的祭祀供具之一，也是清雅的室内陈设品。高20.4厘米，内径长度为6.1厘米，外径6.2厘米。

一般是将特制的香料或者香花放入瓶内，使香气从中溢出。香瓶用于插放棒香的有基座，有各种款式，以适用于不同规格的香。材料多样，其中又以黄杨木最为常见。抑或用紫檀、竹子等做成，材质十分讲究，工艺一般都非常精美，切雕工多为镂空，较为经典的图案有商山四皓、惠山五老、竹溪六逸、竹林七贤等。

案例中的香瓶是木质材料的，颜色古朴自然，十分雅致，与文人贤士所追求的高洁品质有相同之处。既净化了空气，其精美的做工、雕刻技术，又装饰丰富了房间。

图片来源
图一至图七　林志兵　制图

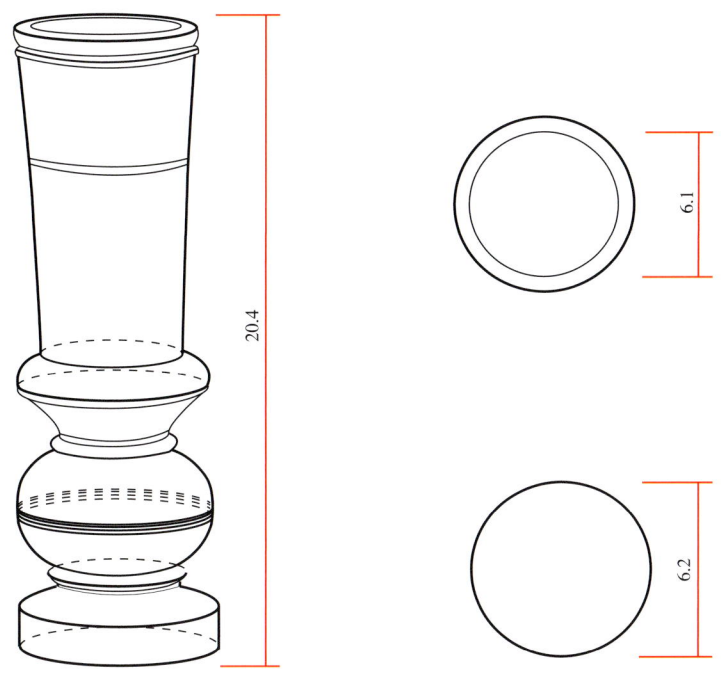

图二　东乡族木香瓶尺寸图（单位：cm）

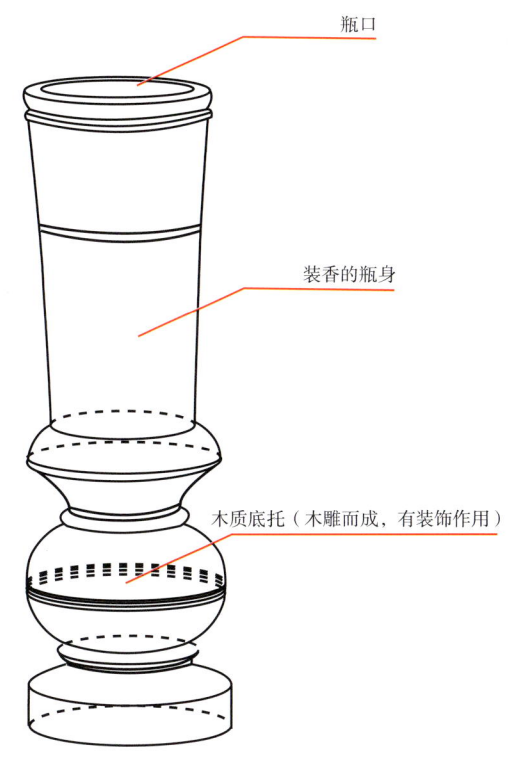

图三　东乡族木香瓶名称图

把香放置于木香瓶中便于取拿

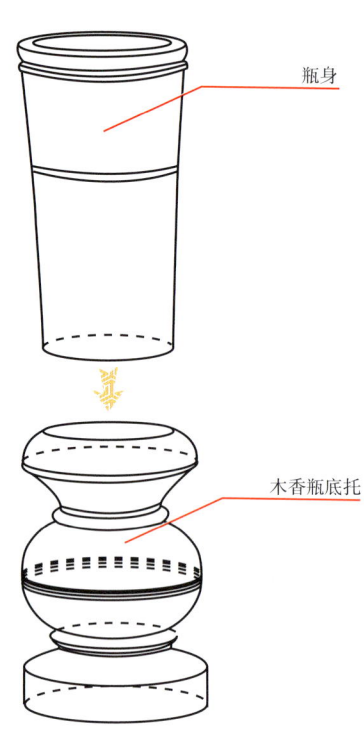

图四　东乡族木香瓶结构组合图

瓶身

木香瓶底托

图五　东乡族木香瓶操作分析图

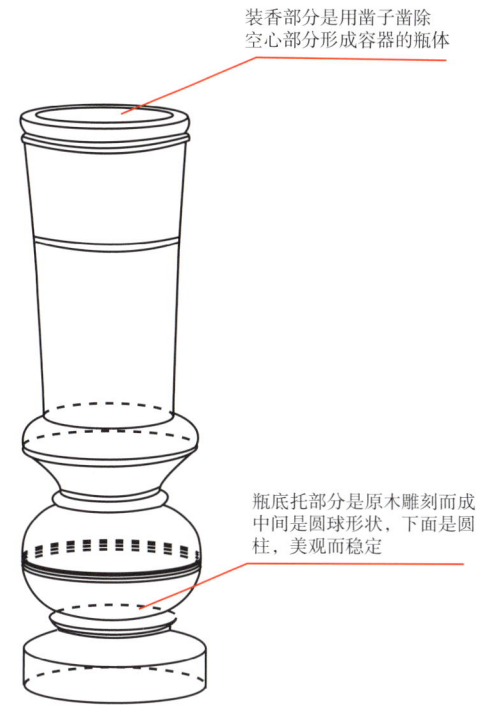

装香部分是用凿子凿除空心部分形成容器的瓶体

瓶底托部分是原木雕刻而成 中间是圆球形状，下面是圆柱，美观而稳定

图六 东乡族木香瓶工艺分析图

图七 东乡族木香瓶对比图（单位：cm）

第七章 东乡族传统民俗

东乡族香炉

图一　东乡族香炉主图

阿拉伯文桥耳铜香炉，尺寸为高14.7厘米，腹径19.5厘米。仿明铸。侈口，方唇，矮束颈，桥型双耳，扁鼓腹略下垂，圜底，三锥状足。底款"大明宣德六年工部尚书臣吴邦佐监造"。外腹壁以珍珠纹为底阳刻三组阿拉伯文，意为"最贵的记主词（吉克尔）是念清真言（万物非主，唯有真主，穆罕默德是真主的使者）和赞颂真主"。

香炉是最常见的香具，其外形各式各样，如博山炉、筒式炉、莲花炉、鼎式炉等等。材质多为陶瓷或铜、铝等金属，也有石、木等材料。明清以来流行铜炉，铜炉不惧热，而且造型富于变化。其他材质的香炉，常在炉底放置石英等隔热砂，以免炉壁过热而炸裂。宋代洪刍《香谱》记载斯时焚香用的香为经过"合香"方式制成的各式香丸、香球、香饼或香的散末，而非今日之线香。其原料为蜜、枣膏、白芨水、蜡（软香）等等。焚香需要借助炭火之力，并非直接燃烧。焚香时需不断往香炉内添加各种配料，以保证香气的质量。香炉中的炭火燃得很慢，火势低微，久久不灭。

香炉在华人社会历史久远，本来只供焚香用，后来被爱好古物的人收藏，成了人们玩赏的古董和艺术品了。年代久远、质料名贵、雕工精美的铜香炉更是价值不菲，已失去焚香供养的意义了。

图片来源
图一至图七　张灿斌　制图

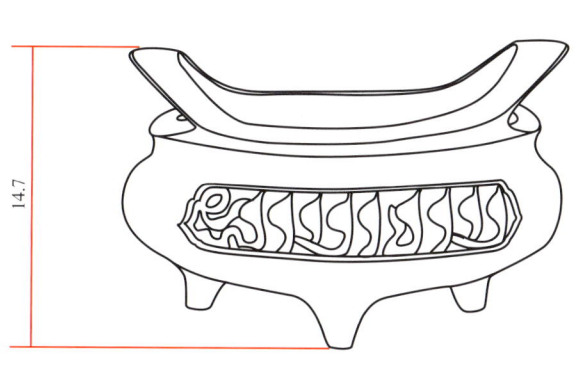
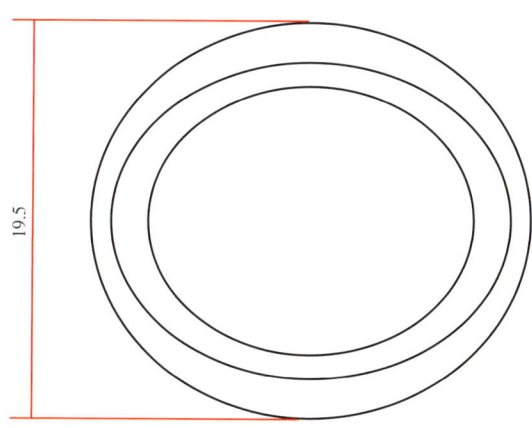

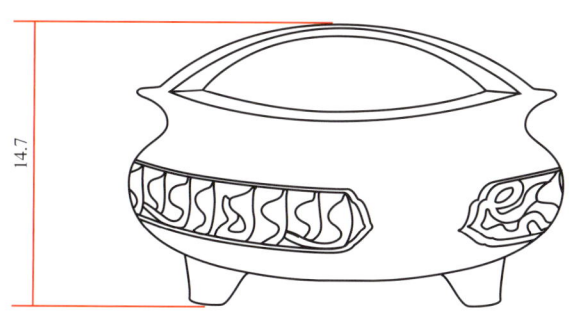

图二 东乡族香炉三视尺寸图（单位：cm）

图三 东乡族香炉名字解析图

图四　东乡族香炉上色图

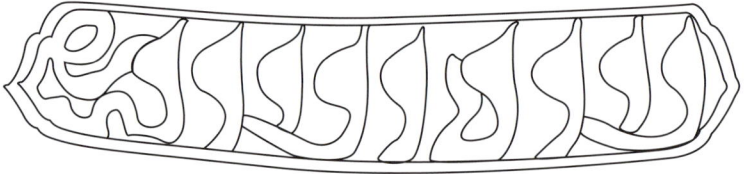

图五　东乡族香炉花纹

图六　东乡族香炉浇铸操作图

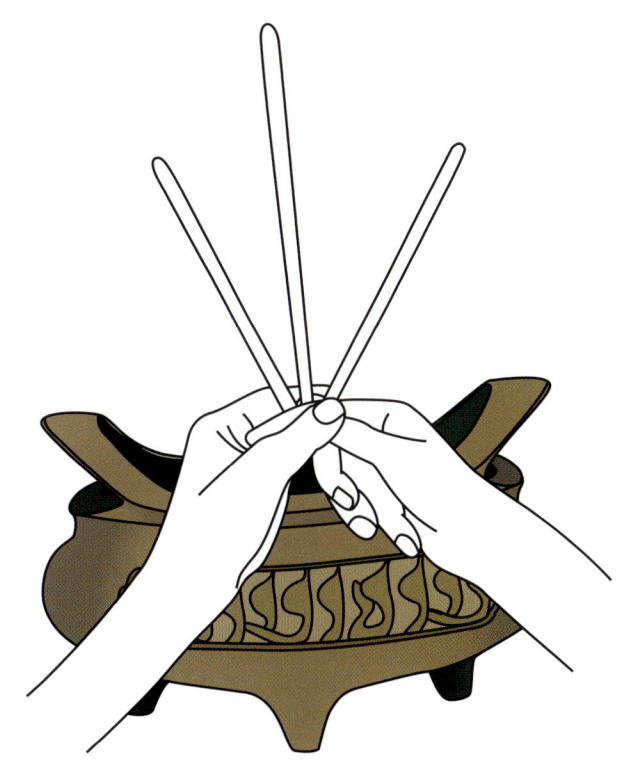

图七　东乡族香炉使用图